宁波大学中国语言文学系学术文库

近代汉语
及语文辞书研究

周志锋　著

ZHEJIANG UNIVERSITY PRESS
浙江大学出版社

目 录

上 编

1

下 编

上编

论俗字研究与大型字典的编纂

　　大型字典的一个显著特点是收字数量多。在庞大无比的汉字大家族中,"正字"的数量其实是有限的,占更大比重的则是所谓"俗字"。这就决定了大型字典与汉语俗字之间有着密切的联系。但是在过去很长一段时间里,由于人们重视不够,俗字研究一直比较薄弱,以致直接影响了大型字典的质量。比如近年来相继出版的《汉语大字典》(以下简称《大字典》)、《中华字海》(以下简称《字海》)等虽然在俗字收录、考释方面取得了很大成绩,但仍然存在着严重的缺陷。张涌泉先生曾从"选定正确的字头""纠正辨析的错误""抉发俗字的渊源流变""提供准确的用例""增补漏收的俗字""考索'无可考据'的俗字"等方面系统地论述了俗字研究对大型字典编纂的作用,[①]诚为通家之论。笔者才疏腹俭,仅就平时读书所得,结合《大字典》等辞书,举例性地谈谈俗字研究对大型字典编纂的意义。

一、增字条

　　收字力求齐备,这是大型字典所追求的一个重要目标。大型字典采录字条的办法主要有两种:一是根据历代字书、辞书以及与之相关的各种语言文字著作进行辑录;二是直接从文献典籍中搜获。根据现有辞书收录汉字已属不易,而要自己去群书中搜集则更难乎其难了。而许多俗字恰恰是散见于载籍而不见于"经传"的。这就需要广泛披览，细心挖掘，认真辨析整理，进而把它们增补到大型字典中去。以下数例即是《大字典》《字海》所漏收的。

厴 《三遂平妖传》第十二回：“贫道收得些汤火药，敷上便不疼，疮厴便脱落。”（北京大学出版社 1983 年版，第 93 页）下文：“这个不为奇妙，即时下落疮厴，交你无事。”

按：该回“厴”字凡五见。张荣起先生校注：“厴，疑应作‘瘢’或‘痂’。得月楼本、清刻八卷本亦均作‘厴’。”（出处同上）“厴”与“瘢”或“痂”字形迥异，无由致误，张氏所疑非是。四十回本《平妖传》第三十回亦作“厴”，皆可证其字本不误。又，《绮楼重梦》第三十八回：“小钰轻轻摸摸他的火疮，已是结了一层硬厴。”（《古本小说集成》本，第 918 页）下文：“退了厴，行坐如旧。”（第 921 页）“厴”字虽不见于古今字书，但我们从《集韵·琰韵》检得“厴”字，释为“疡痂也”，於琰切。用“厴”字音义施于以上各例，文义密合。而“皮”“肉”意义相近，可见“厴”即《集韵》“厴”字的换旁俗字。今吴语犹管疮痂为“厴”或“疮厴”，可旁证。

迋 《一片情》第十一回：“你这欺心的亡八！你怎不摸摸心，横着肠子去笪迋子。清水的毯儿丢着不入，到去弄那屎屁股。”（《明代小说辑刊》第一辑第 2 册，巴蜀书社 1993 年版，第 781 页）下文：“我若曾笪甚迋子，把我妈来与驴子入！”（第 781 页）下文：“王龙不见二人在席，只道这后生笪这迋子。”（第 792 页）《八段锦》第二段：“我若去弄迋子，把娘毬来与驴子入！”（同上第 853 页）下文：“王龙不见二人在席，只道他是弄迋子。”（第 858 页）

按：“迋”字字书不载，以形义推之，当为“娃”的换旁字。“笪迋子”“弄迋子”指男子与男孩肛交。“娃子”原泛指小孩，亦可专指男孩，为使表意更加明确，故形符易“女”为“子”。又，“笪”是个多音多义词，“笪迋子”之“笪”当是用同“搭”。《金瓶梅词话》第五十四回：“玳安道：‘二爹，今日在那笪儿吃酒？’”元张国宾《合汗衫》第二折：

4

"只看张家,往日豪华,如今在那搭?""那筐"同"那搭",即哪里。而"搭"有勾搭义。"筐珪子"犹勾搭男孩,也即弄男孩、禽男孩。

　　綹　《咒枣记》第七回:"(神道)生得眉清目秀,齿白唇红,傅粉的脸,三綹的髭髯。"(《明代小说辑刊》第一辑第 4 册,第 634 页)又第十三回:"也有锯作两半的,也有锯作三架的,也有锯作四綹的。"(第 670 页)

　　按:"綹"即"绺"之声符换用字。"绺"从"咎"声,声符与"绺"字实际读音从上古即有距离,故《说文》"绺"字注为"读若柳"。后世或径借"柳"为之,如《型世言》第三十七回:"这番李良雨也不脂粉,也不三柳梳头,仍旧男人打扮。"撷取"绺""柳"二字各一半,于是造出了"綹"这一新的俗字。

　　擸　《一片情》第十四回:"只见那腊梨扯落巧姐的裤儿,擸起单裙。"(第 815 页)下文:"有好事的擸起腊梨的裙来看。"(第 825 页)

　　按:"擸"字字面生涩,辞书无考,其实就是"嚣"的增旁俗字。吴语里"嚣"有揭、掀义,[②]如冯梦龙《山歌・荷包》:"你有子铜钱银子但凭你阁来呵,只没要无钱空把布裙嚣。"揭、掀与手有关,故俗作"擸"。

　　以上四例均采自明清白话著作。类似这种不见于古代字书的唐宋以降新造俗字,《大字典》《字海》失收的不在少数,笔者另有专文讨论,此不赘举。直接从文献中搜罗僻字犹如大海捞针,很艰苦,但又很有意义。

二、补音义

　　这里所说的"补音义",不是增补为大型字典所漏略的本义、引申义、假借义及其读音,而是补充与某个汉字同形而异字的俗字音义。俗字常常有与其他音义不同的字同形的情况。人们在造字的时候,所造的俗字恰巧与已有的一个字(往往是僻字)形体重合了,于是就出现"异字同形"现象,即这个俗字的字形与甲字相同,音义却与乙字相同。这类俗字的音义很容易引起误解,也常常为大型字典所遗漏。例如:

揪 měi ①贪。《方言》卷十三:"揪,贪也。"②惭愧。《方言》卷二:"揪,愧也。晋曰揪。"《广雅·释诂一》:"揪,惭也。"(《大字典》,下同)

按:以上二义都不能解释下面的例子,即《老残游记》第二十回:"小金子屋里先来的那客用袖子揪着脸,嗤溜的一声,跑出来了。"(齐鲁书社1981年版,第242页)《〈老残游记〉续集遗稿》第三回:"(逸云)飞跑进了自己屋子,揪上脸就哭。"(同上,第285页)严薇青先生注"揪"字云:"揪(měi 每):本义是贪,这里疑借用为'蒙'。"(同上,第253页)也属臆测,不足据。此"揪"实即"侮(捂)"之俗字,遮盖或封住的意思,本作"侮",如《西游记》第七回:"那大圣双手侮着眼,正自揉搓流涕。"《初刻拍案惊奇》卷十七:"(知观)不敢声高,忍着痛,侮着鼻,急急走去开了小门,一道烟走了。"《二刻拍案惊奇》卷五:"真珠姬也不晓得他的说话因由,侮着眼只是啼哭。""侮"既然表遮盖义,"人"作形符就不太合适了,于是改从"手"。新造的"揪"字与当贪、惭愧讲的"揪"形同实异,《大字典》当补其"wǔ"音、"遮盖或封闭"义。

姟 gāi 古代最大的数目名。《集韵·哈韵》:"姟,数也。十兆曰经,十经曰姟。"(例证略)

按:"姟"尚有一音一义当补,hái,同"孩"。《法苑珠林》卷六十"杂咒部":"此十五鬼神常游行世间,为婴姟小儿而作于恐怖。"(上海古籍出版社1991年版影印本,第438页。下引版本同)下文:"诵此咒者……亦能令彼婴姟小儿长得安稳,终保年寿。"(第439页)《入唐求法巡礼行记》卷三:"于乞丐中,有一孕女怀妊,在座备受自分饭食讫,更索胎中姟子之分。"(《近代汉语语法资料汇编·唐五代卷》,商务印书馆1990年版,第135页)下文:"今见斋会于食堂内,丈夫一列,女

6

人一列,或抱姣儿,儿亦得分。"均其例。"孩"俗作"姣"者,"子""女"义类相近,"娩"字又可从"子"作"挽"(见《说文》),"婴"字可赘加"子"旁,也可赘加"女"旁,适其比类。

商 (一)dì 生物的基趾部位。(二)shì 和。(三)zhāi 同"摘"。弦乐指法之一,无名指向外。(书证略)

按:《汉语大词典》"商"字条只列一音一义:"shì '适'的古字。"所收音义皆不够齐全。"商"字还应增补一个音义,即:shāng,同"商"。俗书"商""商"不分,"商"字每当"商"用,古书例子极为繁夥,兹举数事:《法苑珠林》卷六"受报部"引《贤愚经》:"其诸商人,共将一狗。"(第 47 页)又卷二十八"杂异部"引《譬喻经》:"五百商人,各舍一珠。"(第 208 页)《二刻拍案惊奇》卷二十一:"父是个盐商,与母俱在堂。"(上海古籍出版社 1985 年版影印本,第 1031 页)又卷二十五:"起初钱巳与赵申商量救人,本是好念头。"(第 1246 页)大型字典不载"商"字这一音义,究其原因,大概是把它看作"字之讹"。这种看法其实是不正确的。首先,文字讹误往往"偶一为之",而"商"作"商"用却古籍习见,说明这种用法有广泛的群众基础,书写者与阅读者并不把它当作"讹字"来看待。何况,"商"字原义生僻罕用,一般人未必知道。其次,讹变俗字是俗字的一种,在大型字典中理应有它的一席之地。如果不予收载,既不利于"存古"——古书用字情况不能得以如实反映;又有碍于"利今"——给人们查考带来了诸多不便。事实上,古代文字学家很早就注意到"商"俗书作"商"的现象,如唐郎知本的《正名要录》即把"商"与"商"的关系跟"斷"与"断"、"牀"与"床"等的关系等量齐观,以为"正行者(指每组的前一字)楷,脚注(每组后一字)稍讹"。[③]郎氏客观地承认"商"是"商"的俗字并予以载录,实为高明之举。今人以讹字视之,反而显得不知变通了。

三、正讹误

俗字的形体结构往往歧异多变,使用的频率一般也要比正字来得低,加上可资利用的材料比较贫乏等原因,辨析起来较之其他常用字更为困难。古代的字书于俗字的诠释每有失误的,《大字典》等当代大型字典在分析俗字形、音、义诸方面时也有不当甚至错误的地方。利用俗字知识就能帮助我们发现一些问题并加以纠正。兹举数例:

鞲 bāng 《改并四声篇海》引《川篇》布江切。鞋帮。《改并四声篇海·革部》引《川篇》:"鞲,鞋鞲也。"

按:《字海》"鞲"字条云:"鞲,bāng 音帮。鞋帮。见《篇海》。""鞲"释为"鞋帮",是;注为 bāng 音,尽管有根有据,却大可怀疑。笔者认为,《川篇》"布江切"的读音是根据"鞲"字其形有"方"、义为"鞋帮"臆测出来的,之所以误读,是由于不识俗字。今谓"鞲"即"鞔"或"鞔"的俗字("鞔"字《大字典》失收,今补一例,《禅真逸史》第十九回:"那小厮喊道:'老猪皮止可将去鞔鼓,那里还揎得哩?'""鞔"字通作"鞔","鞔"有"鞋帮""蒙鼓"等义)。"曼"及"曼"旁底下"又"俗书作"万"("万"表读音),"万"又讹作"方"等,④于是形成了一大批异体别构,"曼""幔""漫""慢""缦"等字"又"又作"方"(参《大字典》有关条目),即其例。"鞲"作"鞲"者,与"幔""漫"等字字形演变的轨迹正好相同。据此,我们可以断言:"鞲"无布江切 bāng 音,而应读为母官切 mán 音。

弖 dàn 《字汇补》都叹切。人名用字。《字汇补·弓部》:"弖,人名。柳子厚《赵矜墓志》:'矜曾祖曰弖安。'"按:《柳河东集·故襄阳丞赵君墓志》作"弘安"。

按:《大字典》已经揭示了"弖安"的异文作"弘安",但终因过分迷信古代字书而致裁择失当。其实,《字汇补》注音有误,释义也不全面。"弘"实即"弘"之别构。俗书"厶""口"相通,故"弘"字右边或作"口"(见《直音篇》);而"口"旁俗书可作"几"(如"否""寻"之"口"或作"几",《弘明集》等例多不举),反过来,"几"旁俗书可作"口"(如"微"俗作"微"、"没"俗作"没"),故"弘"字又作"弘"。《碑别字新编》:"弘",辽《马直温妻张氏墓志》作"弘"。《法苑珠林》卷三十三"洗僧部"引《杂譬喻经》:"古人施一犹有弘报,况今檀越能多行者。"(第257页)又卷三十八"故塔部"引《菩萨本行经》:"受福弘大,无自穷尽。"(第294页)又卷四十"感应缘"引《汉法内传》:"明帝既弘佛法,立寺度僧。"(第309页)均其显例。又,《字海》"弘"字条释云:"弘,dàn 音旦。人名用字。字见《字汇补》。"误同。《汉语大词典》"弘"字条释为"同'弘'",甚趩。

　　刣　同"割"。《古今小说·陈希夷四辞朝命》:"有个樵夫在山下刣草。"

　　按:根据《大字典》体例,"同某"表示异体关系(见《凡例》第14条),第八卷《异体字表》正把"刣"列为"割"的异体字。异体字声符替换是以音同音近为前提的,"刣"从"乍"声,与"割"的读音相去甚远,怎么能构成异体关系呢? 其实,"刣"是吴语,是"斫"的俗字。从读音看,从"乍"得声的"作"吴语与"斫"同音。从意义看,吴语"斫"有二义:一为砍,如斫柴;一为割,如斫草、斫稻。⑤《简明吴方言词典》把"刣"看作是"斫"的异体字,是很正确的。《汉语大词典》《字海》均谓"刣"同"割",都未能探明这一俗字的本源。"刣"字再补一例:《北宋三遂平妖传》第四回:"又早是用药只一剂,依着时医,动了药箱便是两三袋、十来剂还未收功,随你茅柴一般堆起药料,千人刣,万人配,也打发不开这起病人。"此"刣"亦同"斫"。

　　嘃　yì 《广韵》羊益切。①叫,啸。晋郭璞《咸巫山赋》:"禽鸟栖阳以晨鸣,熊虎窟阴而夕嘃。"

按：《汉语大词典》此字释为"号叫；咆哮"，《字海》释为"嚎叫"，注音、例证俱与《大字典》相同。"嘷"标 yì 音，本于《广韵》，查《广韵·昔韵》："嘷，嘷川"，羊益切。《广韵》只说当川名讲的"嘷"读"羊益切"，别的没说。当号叫讲的"嘷"与当川名讲的"嘷"义不相属，为何也读 yì 音？实在令人费解。稍加考稽，笔者发现，原来是字典编者把两个音义各异、字形相同的汉字混在一起了，郭璞赋中的"嘷"实为"嗥"的俗字。俗书"皋"及"皋"旁与"睪"混而不分，故"嗥""皞""翱"等字可从"睪"，"泽""释"等字可从"皋"（详参《碑别字新编》有关条目）。再从文献用例看，《经律异相》卷三十二引《大智论》："父母嘷咷，啼哭懊恼。"（上海古籍出版社 1988 年版影印本，第 172 页）卷后音义引作"号咷"（第 179 页）。《法苑珠林》卷七十六"引证部"引《出曜经》："手自抓掴，举声嘷哭，驰走东西。"（第 543 页）下文："说此语已，嘷哭投地。"卷后音义："嘷，胡高反。"（第 548 页）"嘷"字在以上二书中用例颇多，不赘引。考论至此，可以作如下概括："嘷"除当"嘷川"讲外，又是"嗥"的俗字，音 háo，意义可分析为二：1. 吼叫；2. 通"号"，大声哭叫。

四、释疑难

浩繁的汉字当中，有一部分是被认为"无可考据"的。这些疑难字绝大部分是历代民间流行的俗字。自《说文》起，我国字书就用"阙释存疑"的条例来处理它们，当代大型字典继承了这一做法。阙释存疑是一种科学的态度和方法，本身无可厚非，问题是有些所谓"无可考据"的字并非绝不可考。只要具备一定的俗字方面知识，广泛涉猎各种文献材料，充分利用古今研究成果，有许多疑难俗字其实是可以辨识的。而疑难俗字的破释，正是提高大型字典质量的一个重要方面。下面试释几例：

腺　向。师旷《禽经》："覆卵则鹳入水，鹅腺月。"张华注："伏月卵则向月取其气助卵也。"

按：《字海》"腺"字条云："腺，音未详。"释义、举证同上。这是一个有义无音的疑难字，字义是根据文意和古注猜出来的，其实字典编者并未真正"认识"这个字。实际上，只要把这个字的部件位置稍作挪动，就可以考索出它就是"遡"字。古代汉字的字形结构往往不很稳定，俗字偏旁易位的情况十分常见。"朔"可作"胏"（见《集韵·觉韵》），把"遡"字走之旁挪到"胏"的中间，便成"腺"字。"遝"（遁）又可作"腞"（见《字汇补·肉部》），适足比勘；"随"《说文》本作"遀"，后作"隨（随）"者，其理亦同。"遡"有"向"义，《洪武正韵·暮韵》："遡，向也。"此义古书经见，不赘举。

玄　hù　《字汇补·幺部》："玄，匣故切，音互。《释典》呼作低字。"

按：根据《字汇补》提供的信息，再结合俗字方面知识，这个字是不难考索的。"玄"实际上有二音二义：1. 音 hù，同"互"；2. 音 dī，同"氐（低）"。换言之，"玄"一字二用，既是"互"的俗字，又是"氐（低）"的俗字。"氐"及"氐"旁俗书作"互"，又变作"玄"；"互"及"互"旁俗书固可作"玄"，于是出现了"氐""互""玄"三者混用的现象。"低""坻""胝""羝""邸""诋"等字"氐"既可作"互"，又可作"玄"（参《大字典》有关条目），是其证。《法苑珠林》卷九十五"述意部"："四大浮虚，玄相乖反；五阴缘假，多生恼患。"（第 661 页）又卷九十八"讹替部"："释置经义理，更玄相求短。"（第 683 页）以上"玄"同"互"。至于"《释典》呼作低字"者，"低"古作"氐"，"氐"俗书作"玄"。《字海》"玄"字条释曰："玄，hù 音户。义未详。见《字汇补》。"不但字义仍付阙如，而且把"玄"字的另一音义也丢掉了。

鈕　音义未详。《字汇补·子部》："孨，俗谓割鈕草也。"

按：《字海》"鈕"字条云："鈕，音义待考。"书证同上。"鈕"实即

"铡"的俗字。《字汇·金部》:"铡,铡草也。""铡"字(兼有名、动二义)古或借"扎""札"为之,如《西游记》第四回:"力士官管刷洗马匹、扎草、饮水、煮料。"(人民文学出版社 1980 年版,第 44 页)又第八十四回:"我舍下院落宽阔,槽札齐备,草料又有,凭你几百匹马都养得下。"(第 1071 页)《梼杌闲评》第十九回:"进忠走近人家,见一老者在门前札草喂马。"(齐鲁书社 1995 年版,第 147 页)为了表意更加明确,于是在假借字"札"的基础上加注"金"旁,造出了一个新的形声字"鍘"。

附注:

① 张涌泉:《俗字研究与大型字典的编纂》,《中国典籍与文化论丛》第一辑,中华书局 1993 年版;又见张涌泉《汉语俗字研究》第六章,岳麓书社 1995 年版。

② 闵家骥等:《汉语方言常用词词典》,浙江教育出版社 1991 年版,第 657 页。

③ 转引自《汉语俗字研究》,第 253 页。

④ 参《汉语俗字研究》,第 56、171 页。

⑤ 参《汉语方言常用词词典》,第 781 页。

(原载《辞书研究》1999 年第 3 期)

说简化符号"刂"

　　简化符号是指用来替代烦琐写法的符号,这类符号没有表义或表音的作用,它是人们约定俗成的产物。在汉字简化过程中,常有用简化符号替代繁难偏旁的情况,比较典型的是"又",可以替代不同的部件,如:对—對;鸡—鷄;邓—鄧;戏—戲;权、欢、劝、观—權、歡、勸、觀;艰、难、汉、叹、仅—艱、難、漢、嘆、僅;轰、聂—轟、聶;叠—疊;等等。近代汉语里,曾经出现过一个相当活跃的简化符号"刂"(又作"刂""丨"等,变体作"丬"。下面以"刂"赅其他),一直未能引起人们足够的注意。①"刂"作为一个简化符号,在现行简化字里,它可以替代下列部件:1.代"𠂤"。如:师、帅、归—師、帥、歸②。2.代"臣"。如:临、监、览、鉴、坚、紧、竖、肾、贤—臨、監、覽、鑒、堅、緊、豎、腎、賢。③3.代"喬"。如:乔、桥、侨、荞、娇、骄、矫、轿、挢、峤—喬、橋、僑、蕎、嬌、驕、矯、轎、撟、嶠。4.代"良"。如:养—養。在近代汉字里,这一符号使用范围更广,替代能力更强,可以替代"女""弓""糸""乡""𦥑""镸""昆""片""贝""耶""殳"等偏旁。本文拟以上海古籍出版社1990年影印本《古本小说集成》和上海博物馆1973年影印本《明成化说唱词话丛刊》的文字材料为依据,比较全面地考察简化符号"刂"的使用情况,探讨它的由来、负面影响以及最终只用于替代"𠂤""臣""喬""良"等几个偏旁的原因。

　　1.代"女"旁。这种情况最为常见。例如,《秦并六国平话》卷中:"因甚宫娥走得慢,脚小鞋弓惹步迟。……杀得宫娥如算子,丫叉尸首不堪闻。"(第 70 页)④《警寤钟》第七回:"委实这个防法绝妙,令人一刻难熬。"(第 93 页)又第十六回:"孩稚亦能说海氏,趋祠拜倒叫贞娘。"(第 200 页)《疗妒缘》第四回:"想我娘家好丫头甚多,出嫁时哥嫂要拨几个赠嫁,我都回了。"(第 73 页)《锦香亭》第七回:"不如痛饮中山酒,直到太平方怡醒。"(第 104 页)又第八回:"小姐既然立志自尽,红于自然跟随小姐前去,在黄泉路上也好伏侍小姐。"(第 128 页)《锦香亭》凡"女"旁字作"女"、作"刂"者互见,作"刂"者用例极多,如"娘"(第 11 页)、"婚姻"(第 71 页)、"姓"(第 104 页)、"嫌"(第 111页)、"妮"(第 125 页)、"如"(第 127 页)、"娱"(第 128 页)、"婢""姊妹""妪"(第 132 页)等字,"女"旁均作"刂",不枚举。《粉妆楼》第六十二回:"只因父亲出外贸易,家中继娘逼我出嫁匪类,故尔男妆出来,寻我父亲。"(第 559 页)《赵太祖三下南唐被困寿州城》第十二回:"'婚姻'二字乃人伦一生之大节⋯⋯倘非有媒妁之传、父母之命,与此钻穴相窥、逾墙相从何以异乎?"(第 159 页)又第十八回:"事不宜迟,贤侄媳快速往后营看调。"(第 246 页)该书他如"妃""娘"(第 30 页)、"姑""婶""姆"(第 121 页)、"姓"(第 190 页)、"娉婷"(第 232 页)、"娇""妖"(第 238 页)、"姐""婢"(第 266 页)、"妇"(第 267 页)等,"女"旁亦均作"刂"。《绿牡丹全传》第三十回:"二娘手中素有畜积,弄他几两你用用也好。"(第 296 页)下文:"自你去后,二娘谆谆求他留名。"(第 297 页)《五凤吟》第一回:"回头一看,与琪生恰好打个照面。"(第 5页)《前明正德白牡丹传》第七回:"文贵拜罢,即令取执事仪仗马轿,请婆媳上轿。"(第 92 页)又第八回:"可令画工画一苏州地图,图上装点许多娇冶士女、佳丽景物。"(第 94 页)《杀子报》第十三回:"等到那时叫了我,我不去,岂不要大娘娘见怪于我?"(第 196 页)并其例。

2.代"弓"旁。常见的是"张"写作"胀"。例如,《包龙图判百家公案·包待制出身源流》:"胀行首闻说,不觉泪下。"(第 13 页)《详刑公案·妒杀类·许兵巡断妒杀亲夫》:"糖须甜而不能以赛羊羔之美;桃颇妙而不足以夺帐台之好。"(第 310 页)《欢喜冤家》第续十二回:"帐朝相大哭起来,一门大小男女无不痛哭。"(第 429 页)《孔圣宗师出身全传·周齐君臣服圣》:"予口帐而不能嚼,予又何窥老聃哉!"(第 15 页)《五鼠闹东京传》卷二:"何员外亦是无计可施,特令小人来接先生去作个帐主,以辨真伪。"(第 51 页)《疗妒缘》第一回:"要嫂嫂吩咐丫鬟,不许到外边帐探。"(第 10 页)《幻中游》第九回:"秋英写了一帐阴状,往城隍台下去告。"(第 79 页)《锦香亭》第六回:"一月的状词难得四五帐。"(第 101 页)《醒梦骈言》第六回:"再过两日,帐维城夜来又得一梦,梦见他父亲帐士先回来。"(第 233 页)《前明正德白牡丹传》第十五回:"忽见家人慌帐入来,刘宇瑞疑惑,忙起身到傍边细问。"(第 187 页)又写作"㧑",如《换夫妻》第八回:"孙兴说:'现有礼银在此。'取出送与㧑老。"(第 58 页)又第九回:"三元劝了一番,遂即唤了妻弟㧑二旧同到县中买棺木之类。"(第 63 页)今民间作"㧑"(见《中华字海》第 12 页),即由上述写法发展而来。再如"强"写作"㷀",如《跻云楼》第十二回:"吐蕃兵势太㷀,只可诱之使去,不可激之使前。"(第 134 页)又可写作"㷀"(俗书方口尖口相混),如《明成化说唱词话丛刊·花关索出身传》:"不是儿子夸好口,我退㷀徒落草人。"(一册第 4 页 a)《风流和尚》第七回:"幸喜手艺高㷀,不是结网巾,便是打鞋,易米度日。"(第 73 页)《换夫妻》第八回:"数皆前定,不可相㷀。"(第 58 页)《赵太祖三下南唐被困寿州城》第十二回:"余妖道法力高㷀,只有奴一人方可降服。"(第 165 页)复如"發"可写作"發",如《秦并六国平话》卷上:"赵王无计,發兵不得。严仲子再三启奏,赵王曰:'难以發兵。'"(第 27 页)又卷下:"(项羽)發兵将始皇冢掘了,取去殉葬金宝。"(第 102 页)

3. 代"糹"旁。例如,《明成化说唱词话丛刊·花关索出身传》:"三人结义分天下,子牙庙里把香焚。"(一册第 1 页 b)下文:"二人斗经三十合,看看斗经多时节,喜杀强徒落草人。"下文:"要(腰)间取出

15

缸绵索,执定缸绵九条索。"下文:"便似大鱼遭风浪,蜘蛛咭婀捉蜻蜓。"(均第5页a)又《花关索贬云南传》:"低处厌厌流鲜血,死尸伴倒阵前人。"(第36页b)下文:"小军报与姓姜人:'有一先生揭了榜,未敢厅前见虓军。'姜唯见说交相请,请入先生师父人。"(第38页b)又《包龙图陈州粜米记》:"四帝仁宗登宝殿,佛保天差罗汉身。仁宗七宝真罗汉,二班文武上方星。"(四册第14页b)《包龙图判百家公案》第八回公案:"小桃枝上春三月,岬柳风中燕一双。"(第55页)又第九回公案:"(吴应)偶迳其处,窥见全氏貌类西施,就有眷恋之心。"(第60页)

4.代"乡"旁。"鄉"可写作"䣄"。例如,《明成化说唱词话丛刊·花关索出身传》:"□出蒲州关城外,被人引去到䣄村。"(一册第2页a。又,"䣄"之右旁实作"即",下同)下文:"问言兄弟一双人,姓甚名谁那里住,生来元是那䣄人?"(第5页b)又《包待制出身传》:"行首见说心中喜,今朝遇见故䣄人。"下文:"借问䣄人年几岁,三郎又且说元因。"下文:"送在书堂得六载,思忆家䣄泪纷纷。"下文:"荷你看䣄故之面,结为姊妹,交我读书,无不知感。昨日去游春,我离家日久,欲待回䣄,因此烦恼。"(均四册第6页b)类推之,"響(响)"亦可作"響",如《花关索出身传》:"道童思量心烦恼,石中響亮好惊人。"(一册第2页b)下文:"振天一棒罗声嚮(通"响"),领军十万望西人。"(第6页a)

5.代"疋"旁。"疑"可写作"疑"。例如,《换夫妻》第三回:"只我再不提起,所以你不猜疑。"(第20页)《前明正德白牡丹传》第五回:"李通闻言,心中十分疑惑。"下文:"李通禀曰:'末将甚有疑心。这金牌除了军国大变,从无给发。今无故发出金牌,事属可疑。'"(均第60页)又第十一回:"李桂金闻言一想,今已破绽,若不言明,小姐必疑是男女私通了。即上前曰:'姊姊休要错疑。奴家乃李梦雄胞妹李桂金是。'"(第132页)又第十六回:"群臣不知所为,自然见疑。"(第204

页)又第十七回:"章士成喜曰:'公子不必迟疑。'"(第216页)又第二十一回:"阿伯不要错疑。家兄是个豪杰,怎肯失志去为盗?"(第268页)又第四十二回:"正德疑旗幡因何立在门中央。"(第542页)例多不备举。类推之,"擬(拟)"亦可作"㨝"。同上第三十五回:"若不以之报应,世人不知诚敬。可将君㨝问流,臣㨝绞罪。"(第450页)下文:"表到御前,正德深悯之,却不知此乃臣㨝绞之故。"(第451页)

6.代"镸"旁。"肆"可写作"㣁"。例如,《警寤钟》第二回:"寂然、众秃去了宗无,挑去心头之刺,拔除眼中之订(钉),任其饮酒食肉,纵赌宣淫,㣁无忌惮。"(第22页)《赵太祖三下南唐被困寿州城》第二十九回:"当日忍饥疾跑数十里,又一府城,乃锦绣繁华之地,岂少酒㣁茶坊。"(第406页)《前明正德白牡丹传》第二十四回:"但劣奴猖横,㣁无忌惮,待本藩来日骗到校场羞辱他一番。"(第306页)

7.代"旡"旁。"既"可写作"㑆"。例如,《风流和尚》第七回:"绿林说:'田善主㑆然来到此处,没有不到小房待茶之理。'"(第80页)《换夫妻》第一回:"丈夫㑆去,我有五个银,买些水族同去一游。"(第3页)又第八回:"㑆承远雇,还有何教?"(第58页)又可写作"㲱"。如《京本通俗小说·西山一窟鬼》:"王婆起身道:'教授㲱是要这头亲事,却问乾娘觅一个帖子。'"(第69页)又《拗相公》:"㲱无好语遗吴国,却有浮词诳叶涛。"(第148页)又《冯玉梅团圆》:"百姓㲱没有钱粮交纳,又被官府鞭笞逼勒,禁受不过,三三两两逃入山间,相聚为盗。"(第205页)下文:"城㲱破,则君乃贼人之亲党,必不能免。"(第210页)

8.代"片"旁。"牌"可写作"㫷"。例如,《明成化说唱词话丛刊·包龙图断曹国舅公案传》:"狂风落在高衙府,赫杀公㫷两个人。"下文:"两个公㫷便转身,回转天汉州桥上。"(均六册第7页b。又,"㫷"之右旁实作"畁",下同)下文:"㫷军打开银校椅,当街坐定相公身。"下文:"公㫷同我归家去,我问孩儿三个人。㫷军根(跟)了公公去,直

17

到家中问子孙。"（均第 8 页 a）下文："一夜五更天明晓,五百兵婢听事因。"（第 12 页 b）下文："四帝仁宗亲封我,与我天婢大府门。"（第 31 页 b）下文："君王见他多清正,与他金婢令旨文。"（第 32 页 b）

9.代"贝"旁。例如,《壶中天》第七回："人于万物最为灵,赋命未形先定。"下文："人禀天地阴阳五行之气以生,其性情善恶、富贵贫践、寿夭穷通,皆赋于未形之先,求之勿得,却之不能。"（均第 1 页）

10.代"耶"旁。"爺"可写作"介"。例如,《锦香亭》第五回："小人闻得老介中了,就要来伏侍的……小的已具了一个手本,辞了本官,正要来谒见老介,不想老介差人来唤小人。小人一定要跟随老介了,望老介收用。"（第 70 页）《粉妆楼》第八回："锦上天道:'大介休要性急,门下又有一计。'"（第 68 页）又第四十二回："程介在傍听得明白,心中暗喜。"（第 372 页）又第七十三回："当下马介辞别众人起身去了,李介等一同回朝缴旨。"（第 661 页）《五虎平南后传》第一回："狄介吩咐备酒,设上西楼,与宫主宴乐。"（第 10 页）又第二回："包介宣罢旨意,狄介谢恩,起来接了圣旨,当时与包介重新见礼,分宾主坐下。"（第 17 页）《绿牡丹全传》第八回："只恐大介呼唤,不敢远离。"（第 82 页）又第十回："那家人道:'我家介与你家介不知何事,家人仗剑追寻,不知你家介朵与何处?'"（第 103～104 页）《狐狸缘全传》第二十一回："吕祖介将妖狐断喝了戮(?)句。"（第 435 页）

11.代"殳"旁。"發"可写作"夵"⑤。例如,《九云梦》卷二："檀板一声,清歌自夵。"（第 48 页）又卷三："翰林退至花园,治行即夵。"（第 122 页）又卷四："时当暮春,碧桃花盛夵于栏外。"（第 217 页）又卷五："(承相)始乃夵笑曰:'吾与夫人只卜后生之相逢矣。'"（第 264 页）又卷六："(承相)乘雪色千里崇山马,夵猎士三千人拥向城南。"（第 285 页）类推之,"廢"亦可写作"庎"。同书卷五："鸣剑之志虽展于今日,列鼎之养不及于亲闻,子职虚矣,人道庎矣。"（第 233 页）下文："是以贵富处身,而以贫贱待母,人伦庎矣,子职隳矣。"（第 268 页）

18

"刂"可以替代的部件还不止这些，因为使用不普遍，这里不再讨论。

用"刂"来替代"女""弓""糸""乡""彑""镸""阝""片""贝""耳""殳"等偏旁，多由草书演变而来，而避繁求简是这种演变的内在动力。简化符号"刂"最初见于写本、抄本，进而约定俗成，在刻本中也广泛使用，上引《古本小说集成》的语料，大多即为刻本。这说明，在元明清时期，简化符号"刂"已有广泛的基础，已为一般文人和民众所认同、所接受。

使用简化符号既给文字书写、刻印带来了便利，又符合文字简化的总趋势，因而是有积极意义的。但是，一味求简，把许多本来形义各不相同的部件都用同一个符号来替代，其负面影响也是非常明显的。首先是打破了汉字的六书结构，模糊了部件的固有形义，使人难以因形见义、因形读音。其次是造成了异字同形、文字相混的现象。例如：

牌　上面已经说过，"刂"可以替代"片"旁，"牌"可以写作"牌"，举的语料是《明成化说唱词话丛刊·包龙图断曹国舅公案传》。而"刂"又可以替代"女"旁，则"婢"也可以写作"牌"。如《赵太祖三下南唐被困寿州城》第十五回："当时刘小姐咒言呼喝，一刻四牌俱集在目前。小姐命牌将公子马匹解下。"（"牌"之右旁实作"卑"，下同）下文："此事除四牌之外，无一人知者。"（第 203～204 页）下文："四牌環知心会意，随即将残馔收拾去。"（第 206 页）又第十八回："刘小姐直入，四牌随后入内。"（第 244 页）又第十九回："主牌五人纷纷追逐，伤唐兵千余。"（第 266 页）这就造成了"牌"一字两用：既是"牌"的俗字，又是"婢"的俗字。

帰　"帰"是"歸"的俗字，《宋元以来俗字谱》已收释，从敦煌变文到元明清通俗文学作品用例颇多，此不赘举。因为俗书"女"旁常写作"刂"，所以"婦"亦可写作"帰"。如《鸳鸯配》第四回："（桂子）拍手笑道:'罢了,罢了,我的丑态通被你这小贼帰在背地里瞧破了。'"(第47页)《警寤钟》第三回:"那小姐空担媳帰之名,未得丈夫之实。"(第31页)《疗妒缘》第四回:"只见许多宦家内眷,仆帰俊婢侍从搀扶,家人在前引路。又有许多小家帰女无人随从,弄出多少丑态。"(第71页)甚至在同一部书里,"帰"既可作"歸"的俗字,又可作"婦"的俗字:《赵太祖三下南唐被困寿州城》第二十九回:"冯茂喜曰:'今与小姐私结下缘缔,同帰宋,立战功以示帰附之诚。'小姐曰:'业已成夫帰,自当合从君家去就,但且暂瞒过父亲。日间已说过将汝起解,今又背地成却夫帰,倘若父亲闻知,未明他心执责否?'"(第403页)上文"帰"字凡四见,上两个同"歸",下两个同"婦"。

归 "归"是"歸"的简化字,始见于清初通俗文学刻本《目莲记弹词》。"妇"是"婦"的简化字,亦始见于清初刻本《目莲记弹词》。出于上述同样的原因,"妇"亦可写作"归"。如《赵太祖三下南唐被困寿州城》第十二回:"但小生祖宗三世以来,芳名颇有,清白自许,所有聘归结姻,皆凭媒妁通传,父母所命。"(第160页)下文:"奈男女两不同心的战杀,一个要演英雄,一人要成夫归,此乃各的志向不同。"(第161页)又第十九回:"(甥儿)染了卸甲冒风病症,已有两月之久,未得痊瘥,故不能出堂与甥归相会。今现安枕于后堂,倘要见会他,甥归往后堂可也。"(第267页)又第二十二回:"当时皇姑又将被妖道飞刀所伤,得刘媳归灵丹救解。"(第299页)同书"归"又有用作"歸"简体的,如第二十一回:"王爷险起一命归阴。"(第295页)然则该书"归"亦一字两用:既是"歸"的俗字(今为简化字),又是"妇"的俗字。

这些实例表明,使用简化符号会导致同形异字,这给作品的表达和读者的解读造成了障碍,无疑是不可取的。

从合理性角度看,以上两个消极因素制约了简化符号"刂"的广泛使用。从必要性角度看,"女"旁、"弓"旁特征明显,且笔画本身不多(只有三画),其实没有太多理由简作"刂";"纟"旁"象束丝之形",

虽笔画多了些,但简作"丿",形义顿失;"乡""臣""臤""旡""片""贝""耶""殳"等部件简作"丿"之后,就笔者目力所及,所涉及的只是"鄉"(包括以"鄉"为部件的字)、"疑"(包括"擬")、"肆"、"既"、"牌"、"賦"、"贱"、"爺"、"發"(包括"廢")等少数字,构字能力不强,类推价值不大,因而也就缺乏生命力。

正是出于上述种种原因,简化符号"丿"除了代"女"旁、"弓"旁、"耶"旁出现频率稍高外,其余代"糸""乡""臤""臣""旡""片""贝""殳"等旁都只见于少数几种书,未能形成气候。

相反,用简化符号"丿"代"自"旁、代"臣"旁、代"咼"旁等,有历史渊源,有类推价值,使用范围广,出现频率高,又不会造成文字混淆,因而在汉字简化运动中最终被人们所接受。而"丿"代"女""弓""糸""乡""臤""臣""旡""片""贝""耶""殳"等旁在文字发展的长河中昙花一现,最后悄然退出历史舞台。"物竞天择,适者生存"这一生物界的规律也同样适用于简化符号"丿"。

附注:

① 张涌泉先生在《汉语俗字研究》第三章"俗字的类型"中,讨论过代替符号"丿",举有"歸"俗作"帰","臨"俗作"临","賢"俗作"贤","肆"俗作"肂","既"俗作"旡"等例,认为其中的"丿"皆为简省符号。详参该书第 72 页。

②"歸"俗书或作"歸"(左旁一撇多省。参《碑别字新编》第 408页)。将这一俗体的左旁简作"丿",再取右旁"帚"之上部,即成简体"归"字。

③ 用来替代部件"臣"的简化符号今作"刂",不作"丿"。但在草书楷化过程中,"臣"有作两竖的,有作一点一撇的,有作一竖一撇的,不一致(参《简化字源》第 161、322、324 页)。这说明,作为简化符号,"丿"和"刂"没有本质的区别。

④ 引文后径注页码者,皆出自《古本小说集成》本;凡引自《明成化说唱词话丛刊》者,则另加说明。为了便于打印,在不影响问题讨论的前提下,引例中的僻异字均改为通行字。下同。

⑤ "夼"之上部"䒑"实际写法互有差异,这是因为俗字书写具有随意性的特点。"脐"亦如此。

参考文献:

[1] 李乐毅:《简化字源》,华语教学出版社 1996 年版。

[2] 秦公:《碑别字新编》,文物出版社 1985 年版。

[3] 谢世涯:《新中日简体字研究》,语文出版社 1989 年版。

[4] 张书岩、王铁昆、李青梅、安宁:《简化字溯源》,语文出版社 1997 年版。

[5] 张涌泉:《汉语俗字研究》,岳麓书社 1995 年版。

(原载《汉语史学报专辑〔总第三辑〕·姜亮夫 蒋礼鸿 郭在贻先生纪念文集》,上海教育出版社 2003 年版)

明清俗语词考释

一、跋嘴

《三宝太监西洋记》第十七回：“正是午牌时分，众匠人都在过午，猛然间作房里罗罗唆唆，泛唇泛舌。三宝老爷最是个计较的，叫声：‘左右的，你看作房里甚么人跋嘴？’……一霎时拿到了作房里跋嘴的。老爷道：‘你们锚便不铸，跋甚么嘴？’那掌作的说道：‘非干小的们要跋嘴。缘是街坊上一个钉碗的，他偏生要碗钉，因此上跋起嘴来，非干小的们之事。’”

按：“跋嘴”，拌嘴，吵嘴，辩嘴。此义《汉语大词典》失载。这个词写法多种多样，或作“剥嘴”，同书第五十三回：“第四十九名番军是个儿子替老子，年貌不同，番军和他剥嘴，不肯放他进去。”或作“拨嘴”，《封神演义》第十六回：“子牙暗想：‘几个月全无生意，今日撞着这一个，又是拨嘴的人。’”或作“博嘴”，明冯梦龙《挂枝儿·查问二》：“簪儿那里去了？ 汗巾儿送与谁？ 实实的说来！ 冤家，休得要博嘴。”或作“白嘴”，《型世言》第三十六回：“事一明白，奶子要赶到冯外郎家，与他女人白嘴，道冤他做贼，害他出丑受刑。”或作“勃嘴”，民国《象山县志》：“口角曰勃嘴。”或作“驳嘴”，《汉语方言常用词词典》：“驳嘴，粤方言。顶嘴；吵嘴。”跋、剥、拨、博、白、勃、驳等古代都是入声字，声近而通用。今兰银官话、江淮官话、吴语、粤语均有此词（参《汉语方

23

言大词典》第3040、3295、3870页)。

《红楼梦》第五十二回:“宝二爷才告诉了我,叫我告诉你们,坠儿很懒,宝二爷当面使他,他拨嘴儿不动,连袭人使他,他也背地里骂。今儿务必打发他出去,明儿宝二爷亲自回太太就是了。”其中“拨嘴”一词,《汉语大词典》释为“犹噘嘴”,周定一主编《红楼梦语言词典》释为“找借口”,均未允当。此“拨嘴”亦是拌嘴、辩嘴、顶嘴之意。

“跋嘴”(举一以赅其余)由拌嘴、吵嘴、辩嘴义引申,又有饶舌、多嘴的意思。例如,《型世言》第十五回:“沈刚也就变脸道:‘老奴才,怎就当人面前剥削我?你想趱足了,要出去,这等作怪!’沈实道:‘我生死是沈家老奴,再没此心,相公休要疑我。’连忙缩出去。花纹与甘毳便拨嘴道:‘这样奴才是少见的。’便撺掇逐他。”《东度记》第二十三回:“陶情笑道:‘精精晦气,方才出门,便撞着这个拨嘴老汉。’”又第四十四回:“那僧们听得,便笑起来,说道:‘东度师父真真的有些拨嘴。我等初相见,问声祖师在何处,乃是好去迎接。乃答道在我等心头!’”(此两例系黑维强先生提供)《三宝太监西洋记》第十六回:“看看的是九月初四日,每日三本进朝,皇木还在洲上,不得下水。万岁爷心里想道:‘长老今番也有些谄了。’天师心里想道:‘这和尚今番却有些跋嘴了。’”后一例是说,碧峰长老曾“袖占一课,初五日寅时,皇木一齐到厂”。但时至初四日,尚无动静,所以天师以为他“跋嘴”了。“跋嘴”即饶舌、多嘴,意谓他当初不该口出此言。《汉语大词典》释此“跋嘴”为“走嘴;失口”,许少峰主编《近代汉语词典》释为“刚说完便出丑,犹打嘴”,虽切于文意,然未为确诂:从“跋嘴”的词义系统看,不可能引申出“走嘴;失口”等意思。

二、后宰门

元杨梓《霍光鬼谏》第一折:“来到朝门外,只怕撞着杨敞,不如只从后宰门入去。"

按："后宰门"，又作"后载门""厚载门"，帝王宫殿的后门。此词元明清通俗文学作品中繁有其例，胪举如次。《宣和遗事》前集："（陛下）莫若易服，装扮做个秀才儒生，臣等装为仆从，由后载门出市私行，可以恣观市廛风景。"下文："咱八辈儿称孤道寡，目今住在东华门西，西华门东，后载门南，午门之北，大门楼里面。"《西游记》第十回："如此二三日，又听得后宰门乒乒乓乓砖瓦乱响，晓来急宣众臣曰：'连日前门幸喜无事，今夜后门又响，却不又惊杀寡人也！'"又第三十八回："太子急忙上马，出后宰门，躲离城池。"又第七十七回："急赶至后宰门，封锁、梆铃，一如前门。"该书例多不遍引。《平妖传》第十五回："他见前门侍卫严紧，也未免心怀恐惧，不敢闯入。转到后宰门。"下文："昨夜有个牝狐死在东宫资善堂，今早畚出后宰门去了。"《宜春香质》月集第五回："国王与钮后欲待穿衣，兵已逼至。遂披上身衣，钮前王后，双乘战骑，往后载门逃出。"《梼杌闲评》第二十一回："庞公公骑着马……领我从厚载门入。"又第二十九回："待操练纯熟，又请皇帝亲阅。自厚载门至教场，一路都是明盔亮甲的官兵。"《武则天四大奇案》第三十九回："（张昌宗）当即用细绸将两腿扎好，勉强乘轿，由后宰门潜入宫中。"又第四十四回："（武三思）当时领旨，由后宰门出去，骑马出城。"《升仙传》第九回："承兄可记的，那一年在后宰门外，与人打不平么？"

又可泛指后门。如《醒世姻缘传》第四十回："姑子说：'我住的不远，就在这后宰门上娘娘庙里歇脚。'狄婆子说：'既在城里不远，你再说会子话去。'"此指济南府城的后门。《青楼梦》第二十一回："至大雄宝殿……捻香看了一回，见不甚好看，复从后宰门出去，却是一个方丈，门首供一架莲花，即造言佛升天之用。"此指大雄宝殿的后门。

又可指肛门。如《禅真后史》第三十三回："瞿琰令健婢抱瞿璿坐于净桶之上。少顷,只听得后宰门豁刺地振动,恰似吕梁洪开闸一般,門 門 月 月倾下水来。"《醋葫芦》第六回:"连忙带转马头,略下些又是一拄,却直滑到尾骶骨边,几乎错进了后宰门去。"

"后宰门"亦见于小说外著作。如《明史·王之寀传》:"畀我枣木棍,导我由后宰门直至宫门上,击门者堕地。"明汪砢玉《珊瑚网·王右丞江山雪霁图》:"此卷是京师后宰门拆古屋于折竿中得之,凡三卷,皆唐宋书画也。"明祝允明《怀星堂集·跋王右丞画真迹》:"大内(指皇宫)后宰门有丹漆巨挺,一以支北扉,不知几何年矣。"

与"后宰门"相对,还有"前宰门"一词,义为宫殿的前门。如《武则天四大奇案》第四十回:"从前宰门迤北而行,一路俱有御道。"下文:"从前宰门出去,将御道走毕,那个松林后面便是这白马寺所在。"下文:"由前宰门出去,向大路一直而去。"

《汉语大词典》及各种近代汉语词典均不收"后宰门""前宰门"等,故为表出。

三、农

《醒世姻缘传》第七十五回:"衣裳如今时下就冷了,你或者买套秋罗,再买套纻丝,里边小衣括裳,我陪上几件儿,农着过了门,慢慢的你们可拣着心爱的做。"

按:上海古籍出版社 1981 年版《醒世姻缘传》注:"农着——等着、候着。"岳国钧主编的《元明清文学方言俗语辞典》释曰:"农着,等着。"均不确。"农"是个方言词,义为将就,凑合,敷衍,勉强对付。今冀鲁官话、江淮官话、吴语仍有此语(参《汉语方言大词典》第 4123、5006、6247 页)。明顾起元《客座赘语·诠俗》:"家败而姑安之,事坏而姑待之,病亟而姑守之,凡皆曰脓。"清胡文英《吴下方言考》卷七:"䢁,充也,勉强也。吴中谓勉强而充曰䢁得过。"义并同。方言俗语常无定字，"农"这个词在明清通俗文学作品里有许多写法。或作"脓"，《金瓶梅词话》第六十九回："老太太快使人请他来，不然这个疙子也要出脓，只顾脓着，不是事！"《野叟曝言》第六十一回："秃子放手道：'也罢，是你说情，我便脓着些罢。'"或作"浓"，《醒世姻缘传》第八十四回："大家外边浓几年，令亲升转，舍亲也或是遇赦，或是起用的时候了。"或作"哝"，《九尾龟》第一百六十七回："格两年格生意，说末说勿好，到底还哝得过去，勿会去欠啥格债。"或作"攏"，《清风闸》第十五回："我阴灵引领你到小继家借贷些须，攏过残冬，明正大发。"又第二十一回："于是众人在二老爹家草攏一夜。"或作"矓"，清李渔《风筝误》第十三出："不妨，我另有个救急之法，权且矓过一宵，再做道理。"（"攏""矓"两形人未及之）或作"能"，《红楼梦》第三十七回："这绢包儿里头，是姑娘上日叫我作的活计，姑娘别嫌粗糙，能着用罢。"复音词则或说"浓济"，《醒世姻缘传》第九十二回："陈先生的女儿嫁的是个兵房书手，家中过活，亦是浓济而已。"或说"浓补"，《警寤钟》第十三回："夫妇相劝相慰，一个单管读书，一个专心针指，倒也浓补了几年。"或说"脓拌"，见《汉语方言大词典》第 5006 页。或说"敷𪒠"，见王世华、黄继林编纂《扬州方言词典》第 32、342 页。现代汉语则说"糊弄（hù nong）"。

由于不明这一方言词，今人训释多有误解者。例如，《海上花列传》第十二回："耐住来哚客栈里，开消也省勿来，一日日哝下去，终究勿是道理。"《汉语大字典》释曰："哝，方言。拖延。"《金瓶梅词话》第四十一回："姐姐，你知我见的，将就脓着些儿罢了，平白撑着头儿，逞什么强！"许少峰主编《近代汉语词典》释曰："脓，收敛，迁就。"均未达一间。"哝""脓"实即将就、敷衍、凑合的意思。《红楼梦》第七十五回："素云又将自己脂粉拿来，笑道：'我们奶奶就少这个，奶奶不嫌腌臜，能着用些。'"又第六十八回："那里为这点子小事去烦琐他？他劝你能着些儿罢！"《汉语大词典》于前一例"能"注为"通'耐'。受得住",音 nài;后一例"能着"注为"犹耐着",音 nài zhe。把"能"当作"耐"的通假字,殊非其当。《红楼梦》是用北京话写的,北京方言"脓"变读为 néng,与"能"同音(参徐世荣《北京土语辞典》第 294 页。又,清俞正燮《癸巳存稿》:"京师语称你侬音若你能。"),然则"能"犹"脓",也即将就、凑合的意思。

顺便提一下,上引上海古籍出版社 1981 年版《醒世姻缘传》第七十五回"我陪上几件儿,农着过了门",齐鲁书社 1980 年版《醒世姻缘传》作"我陪上几件,克农着过了门",齐鲁书社 1993 年版《醒世姻缘传(足本)》作"我陪上几件儿,克农着过了门"。"克农"不辞,齐鲁书社两种本子文字均有误,上海古籍版是。"克"为"兒"之讹。齐鲁书社 1980 年版"克"当为"儿",且属上;齐鲁书社 1993 年版既有"儿",不当再有"克"。

四、朔腮

《西游记》第五十八回:"(六耳猕猴)模样与大圣无异……也是这等毛脸雷公嘴,朔腮别土星,查耳额颅阔,獠牙向外生。"

按:《汉语大字典》释此"朔腮"之"朔"为"凹陷",解释很确切。《听月楼》第十八回:"见他生得……两道扫帚眉,鼠耳鹰鼻陷腮。""朔腮"与"陷腮"同义。但"朔"何以有"凹陷"义,却颇费猜详。有人从"朔"字的本义中去寻找联系和答案,认为:"朔"的本义是月相,指每月初一至初十日所呈现的月相。这段时间的月相是不圆的、凹陷的,用这样的月相来形容猴儿那瘦削的腮帮子是非常贴切而生动的。所以这个"朔"应是凹陷的意思。还举一个旁证,"朔"与"望"相对,"望"也是月相名,指每月十五日的月相,此月相呈圆圆的状态,圆即满,所以"望"又有饱满之义,此亦可佐证"朔"有凹陷义(参朱祖延《喜看遗愿化宏图》,《词典研究丛刊》[8],四川辞书出版社,1987 年 5 月;半窗

《释"朔腮"》,《湖北大学学报》1986年第1期)。认为"朔"之凹陷义由其本义月相引申比喻而来,不失为一种对"朔"字这一僻义理据的积极探索,但该结论还可进一步推敲。我认为,"朔"当凹陷讲,恐非引申所得,乃是通假所致,即"朔"通"缩"。理由如次:1."朔""缩"二字,现代汉语读音不同,但《广韵》前者所角切,后者所六切,都是入声字,在今天许多方言里(如吴语等)读音完全相同,故得通用。众所周知,《西游记》使用了许多淮安方言和吴方言。用方言读音作为判断这二字音同音近的依据,这在逻辑上是讲得通的。2.《西游记》里,同音通假的现象相当普遍。即如描写孙悟空脸腮的,除用"朔"外,或用"凹"(第六十七回有"凹颉腮"一词。"颉"字讲不通,疑为"颔"或"颏"字之讹),或用"别"(第二十回有"别颏腮"一词),其中"别"即"瘪"之借字("别土星"的"别"也同"瘪"。"土星",星相术指鼻子)。3.更重要的是,我们发现,元明清通俗文学作品当中,形容腮帮子、脸庞瘦削凹陷的,罕用"朔"字而常用"缩"字。(作"朔腮"者再举一例,即《唐三藏西游释厄传》卷七:"这长老仔细定觑一看,你道他是何人,怎生模样?尖嘴朔腮,金睛火眼。")"缩"有收缩、收拢义,引申之,可当凹陷讲。例如:元杨梓《霍光鬼谏》第一折:"眼嵌缩腮模样,面黄肌瘦形相。"元无名氏《独角牛》第二折:"常言道我虎瘦呵雄心在,你可便休笑我眼嵌缩腮。"又第三折:"你这等面黄肌瘦,眼嵌缩腮,一搭两头无剩,你可到的那里!"《醒世姻缘传》第七十九回:"把个狄希陈缠得日减夜消,缩腮尖嘴,看看不似人形。"《女仙外史》第二十四回:"一人五短身材,缩腮如猴,姓孙名翥。"《飞龙全传》第十五回:"头高额狭瘦黄肌,脸缩嘴尖眼闪灼。"下文:"头长尾短腮边缩,嘴瘦毛柔额广平。"《后西游记》第三回:"我看那人尖嘴缩腮,定然鄙吝,不像个肯把人白吃的。"《万年清奇才新传》第十六回:"只见他生得形容丑怪,大不类父母相貌,蛇头鼠眼,尖嘴缩腮,身材又极矮小。"《黑籍冤魂》第一回:"所以吃烟的,一个个抗肩缩腮，面黄肌瘦，三分不像个人，七分倒像个鬼。"《七侠五义》第二十八回："又往脸上一看，却是形容瘦弱，尖嘴缩腮。""缩"字又写作"索"，《三宝太监西洋记》第二十回："原来是一个老猴婆，金睛凹脸，尖嘴索腮，浑身上一片白毛。""索"与"缩"吴音相同，"索"也是"缩"的通假字。

明无名氏《齐天大圣》第三折："可不知怎么又生下我这样尖嘴缩腮，毛手毛脚，这等磣东西来。"《续西游记》第三十七回："那众妇正笑盈盈，你来温存，我来摸索。一摸着行者痒毛，行者骨的一声笑起来，现了个毛头毛脸、尖嘴缩腮的猴子像和尚。"同是描写孙悟空的猴脸，一作"朔腮"，一作"缩腮"，尤为显证。

五、推

《型世言》第三十二回："任天挺只得将田地推抵，孑然一身，与一个妻惠氏苦苦过日。"下文："他是少了宦债，要拿（鼎）去推的，出不起大钱，只可到十五六两之数。相公假的当了真的卖，他少的当了多的推，两便益些，不知肯么？"下文："孙监生道：'先时推一百八十两赌钱，我要一百八十两。'"下文："水心月道：'兄呀，他当日看鼎分上，便把你多推些。如今论银子，他自要一百八十两。'"

按："推"，抵押。首例"推抵"连文，其义尤显。《醒世奇言》第八回："（上心）一日到夜只是赌，不消半个年头把分与他的田产尽行推了赌帐，连那丫鬟使女也都赌帐推完了。江氏只叫得苦。上心无钱赌了，没处生发，思量把江氏去抵押钱钞。"下文："况你兄弟又不在面前，知道他是怎样把田产推与人家的？本县今日只好重治这些人的赌来消你那口气罢了。"诸例"推"亦为抵押义。上古汉语里，"抵"有"推"义。《广雅·释诂三》："抵，推也。"《大戴礼记·夏小正》："抵，犹推也。"近代汉语里，"抵"引申而有抵押义，清梁绍壬《两般秋雨盫随笔·赊抵折》："以物质物曰抵。"由于词义相互渗透和影响，"推"亦获得了抵押义。

六、戏丫麻

明无名氏《鸣凤记》第四出："[丑]牛大叔，昨日小礼到了么？……[副末]这个有了。只是少些。[丑背云]这个戏丫麻，一百两银子还嫌少哩。[副末]你怎么骂我？[丑]岂敢骂大叔。我慈溪乡语，但是敬重那人，就叫他是戏丫麻了。[副末]如此多叫我几声，折了银了罢。[丑]这个就叫戏丫麻，戏丫麻，嵯娘戏丫麻。[副末]怎么有个娘字在里面？[丑]娘者是好也。[副末]罢罢。我不计较了。"

按：本出题为《严嵩庆寿》，说的是浙江慈溪人赵文华"名登黄甲，官拜刑曹"后，为了"附势趋权，市恩固宠"，趁严嵩寿庆之际，用厚礼贿赂严嵩父子，甚至连"他家书房内罗龙文、门上牛班头，又各送银一百两，求他为先容之地"。上文是赵文华赴严府祝寿时与"门上牛班头"的一段对话。其中"戏丫麻"一语，人民文学出版社出版的《中国戏曲选》注："戏丫麻，戏弄人的话，原义不详。"吉林人民出版社出版的《元明清戏曲选》注："戏丫麻——刁钻古怪、脾气不好的人。"前一家谓"原义不详"，犹不失审慎；后一家径释为"刁钻古怪、脾气不好的人"，则属臆测之词。其实，这是一个粗俗的詈语，是赵文华用"慈溪乡语"骂人。慈溪今属宁波市，下面试以宁波方言破译它的"原义"。"戏"，犹入、合、性交，如《型世言》第二十七回："那皮匠又赶去陈公子身上狠打几下，道：'娘戏个，我千难万难讨得个老妈，你要戏渠！'"今宁波话犹称交媾为"戏"。"丫麻"，宁波话有二义，一是贬称嘴巴，二是指女性生殖器（参笔者与朱彰年、薛恭穆、汪维辉合著《宁波方言词典》第25、168页。下引版本同），例中当是后一义。女阴称"丫麻"，仅限于老派宁波话,可见它是古语的遗留。今则称为"卵脬"或"脬"(参《宁波方言词典》第 168、215 页。又,《广韵·质韵》:"脬,牝脬。"譬吉切)。作为詈语,就有"侬阿姆戏卵脬""戏侬阿姆脬""娘戏脬"等等说法。我们认为,古语"戏丫麻"与今语"戏卵脬""戏脬"是一脉相承的。从上下文看,"戏丫麻"相当于今之口语"娘戏脬",也与近代汉语"人娘的""人娘贼"意思相近。

这里还有一个旁证。《石点头》第十四回:"那男色一道,从来原有这事。读书人的总题,叫做翰林风月;若各处乡语,又是不同:北方人叫炒茹茹,南方人叫打篷篷,徽州人叫塌豆腐,江西人叫铸火盆,宁波人叫善善,龙游人叫弄苦葱,慈溪人叫戏虾蟆,苏州人叫竭先生。话虽不同,光景则一。"《石点头》是明代小说,作者为天然痴叟。文中介绍了各处乡语关于"鸡奸"的不同说法,其中慈溪叫"戏虾蟆"。颇疑"戏丫麻"与"戏虾蟆"是一语之转,因为男女性交跟男子与男子性交毕竟有诸多类同之处。

参考文献:

[1] 李荣主编:《现代汉语方言大词典》,江苏教育出版社 2002 年版。

[2] 许宝华、宫田一郎主编:《汉语方言大词典》,中华书局 1999 年版。

[3] 高文达主编:《近代汉语词典》,知识出版社 1992 年版。

[4] 许少峰主编:《近代汉语词典》,团结出版社 1997 年版。

[5] 张季皋主编:《明清小说辞典》,花山文艺出版社 1992 年版。

[6] 岳国钧主编:《元明清文学方言俗语辞典》,贵州人民出版社 1998 年版。

(原载《古汉语研究》2004 年第 3 期)

吴方言与明清白话著作语言互证研究

方言来自古汉语,更准确地说,是明清古白话的直接继承和发展。而明清白话著作由于语体性、通俗性的特点,大量使用了当时的方言口语,其中有许多既"非雅诂旧义所能赅,亦非八家派古文所习见"(张相语)。这就决定了方言与明清白话著作语言有着密不可分的联系。在现代汉语七大方言中,吴方言是一种颇有影响颇具特色的方言。明清白话作品有相当数量是吴语作家创作的,有的虽非吴语作家所写,但也带有明显的吴方言色彩,因而吴方言与明清白话著作的关系尤为密切。把吴方言研究与明清白话著作语言研究结合起来,互相参证,互相发明,可以解决许多疑难问题,取得较好的效果。

明清白话著作的语言虽属"白话",但其中不乏难晓费解之处。一个重要原因是使用了方言俗语。这些方言俗语往往没有旧训可稽,出现的频率也不高,利用传统的训诂方法很难索解,而借助活的方言则可以使一些疑难词语涣然冰释。例如:

蒱 明杨尔曾《韩湘子全传》第二十九回:"(人熊)便伸出那熊掌来,把韩清从头到脑蒱了又蒱,捏了又捏。"字又作"搹",如明冯梦龙《山歌·诈困》:"姐儿做势打呼屠,凭郎君伸手满身搹。"又作"蒲",如明西湖渔隐主人《欢喜冤家》第七回:"(陈彩)把手在上边蒲摸。"又作"捕",如清李伯元《文明小史》第四十七回:"(劳航芥)拿手把自己的头发捕了两捕。""蒱(搹、蒲、捕)"究系何义?虽然从上下文亦能知其大概,但若联系吴方言,就可得其确诂。考《苏州方言词典》第27页:

"婆,抚摩:头浪碰痛哉,快点婆婆。"《简明吴方言词典》第 215 页:"匍,抚摩。"又第 342 页:"搂,用手接触一下物体或接触后按着轻轻来回移动。"《汉语方言大词典》第 6334 页:"搴,抚摩。吴语。"以上各字写法不一,但显然是一个词。求其本字,当作"抚"(参《苏州方言语音研究》第 193 页)。"抚"为轻唇音,吴语里读作重唇音,于是就用"蒲"等来表示。

咱伊　明陆人龙《型世言》第二十七回:"皮匠道:'便四六分罢。只陈副使知道咱伊?'"下文:"妇人道:'我叫你不要做这事,如今咱伊?还是你依同我将这多呵物件到陈衙出首便罢。'"从上下文看,"咱伊"犹"怎么办"。"咱"用同"咋",元曲即有之,该书同回:"咱日日在个向张望?"亦其例。"伊"按字面则无从解释。今宁波话有"伊""咋伊"的说法,"伊"是弄、办的意思,"咋伊"即怎么办。如:"侬讲该锁修勒好,侬伊呐!""揩揩伊伊,房间整勒半日。""火车票买弗着,咋伊?""平时弗用功,考试起来咋伊伊?""伊"本字无考。朱彰年等编(以下简称朱编)《宁波方言词典》第 471 页记作"劈",汤珍珠等编(以下简称汤编)《宁波方言词典》第 41 页记作"依"。有方言印证,"咱伊"的意思就清清楚楚了。

骜　明冯梦龙《山歌·笼灯》:"郎道:……你当初白白净净,紫气腾腾。你那间浑身好像个油篓,满面拌子个灰尘。人门前全勿骜好,头上箍子介条草绳。"又《鞋子》:"骜我松江尤墩衬里,外盖绸缎簇新。爱我口儿紧括,喜我浅面低跟。"其中"骜"字辞书没有合适的义项。今谓"骜"即夸赞。宁波方言犹有此语,如:"该后生交关好,人家时格来骜其。"俗语有"自骜馒头白,咬开纯是麦""骜勒摘落吭蒂头"(意谓把人夸赞得毫无瑕疵)等说法。字又作"傲",如《缀白裘·翡翠园·拜年》:"所生一女小名唤做翠儿,不但面庞标致,更兼心性聪明,做出来个生活,十人九傲。"分别参朱编第 403 页、汤编第 91 页《宁波方言词典》"傲"字条。又,从"敖"得声之字多有高大、强健义,从"乔"得声之字多有高大义,自以为高大即自高自大就是"骄傲",把别人看作高大就是"夸赞"。这大概就是"骜""傲"方言当夸赞讲的缘由。

财饷　清无名氏《杀子报》第三回:"蒋妈妈一听此言,更加欢喜,暗想:'这个是端端正正的一票财饷,不要错过。'蒋妈妈自思道:'怪不道我昨日夜里做得好财饷梦,所以今日遇着这个财神菩萨。'"又第五回:"我这财饷非同小可,非但过日子快活,连那个棺材本钱都到手了。"下文:"蒋妈妈走到自己家中,对女儿说道:'娘的今日这个财饷,介末真真是一票好财饷,好不快活!'"此词不见任何辞书收释。字又作"财香",如清杜纲《娱目醒心编》第六卷第二回:"知道吾兄窘乏,特送大大一注财香到门,我兄不知要不要?"清五色石主人《八洞天》第五卷:"这大屋里时常鬼出,莫非倒有财香在内? 若肯容我到里面住下,便好掘藏了。"清落魄道人《常言道》第六回:"三十六着,吃为上着。吃得下肚,五分财香。"清陆士谔《新上海》第十三回:"我嫌沉重,没有带,那知就失掉了一大票财香呢。"考《上海方言词典》第 111 页:"财香,指钱财。"原来,"财饷(财香)"是个吴方言词,义同钱财。

由于不明方言,明清白话著作中的文字、词语被误校、误注、误释的不在少数。要纠正这些错误,同样必须依靠方言这块活的"化石"。例如:

劝　上海古籍出版社 1996 年版清潘昶《金莲仙史》第九回:"那疯婆把他二人一指,他两个伙伴自己拉住就打。二人从窑中打出,打至云溪观傍边,打得呼天喊地。观中的道士听见,开门来看,只见二个化子打得头破血流。那道士将他劝开。二人定神一看,却是自己两个伙伴打了半夜,打得满身疼痛,血流遍体。"(第 44 页)其中"劝"字,《古本小说集成》本第 159 页作"劼"。今谓作"劼"是。"劼",吴语,用力拉。《篇海》:"劼,着力牵也。都罪切。"民国《鄞县通志·方言》:"劼,堆上声。甬称用力牵曳曰劼。"今宁波此词习用,如"劼牢""劼断""越劼越长"(分别参朱编第 213 页、汤编第 166 页《宁波方言词典》);吴语区南通、上海、杭州、萧山、黄岩等地也习用;闽语如广东潮州、汕头、潮阳等地方言亦有此词(参《汉语方言大词典》第3450页)。上例是说两个化子互相拉住就打,打得头破血流,难分难解,道士将他们用力拉开。校点者不谙方言,轻易改字,既失其真,又违文义。

　　毡、毯　华夏出版社1995年版明杨尔曾《韩湘子全传》第六回:"女子道:'世界上只有戤门的毡,没有戤门的毯,你这等一个游手游食走千家踏万户的野道人,我倒好意不争嫌你,贴些家私赘你为婿,你反骂我没廉耻淫贱,你岂不是没福?'"注云:"戤(gài,音盖)——依靠。此通'盖',覆盖之义。毡——毡的俗字。毯——方言用语,指某种织物。读音不详。"(第164页)此因不达方言俗语,在校勘、注释方面多有讹误。"毡"当作"毡",《古本小说集成》本第148页、中州古籍出版社1989年版第51页正作"毡"。"毡"字不见古今字书,实即"卵"之俗字。吴方言里,卵有男性或雄性生殖器义,"毡"亦然,明醉西湖心月主人《宜春香质》月集第三回"毡"字二见,即指男性生殖器。本书"毡"字亦为此义。"毯"不是指某种织物,而是指女性生殖器。这个字亦不见字书收录,当是"毰"之异构,"毰"《玉篇》音披。披、片吴语同音或近音。清古吴娥川主人《生花梦》第九回:"(贡玉闻)便与钱鲁两个直打到后边冯小姐的内室,还千皮万乱的骂个不了。""乱"同"毡","皮"同"毰""毯",亦可旁证。"戤"也是个吴方言词,倚、靠的意思,而非覆盖。"世界上只有……,没有……"是一句粗俗的比喻,意谓在婚姻、性爱活动中,只有男性主动,没有女性主动的。近人陈炳翰《古董谚铎》卷二:"只有丑男戤笆门,无没丑女戤笆门。"文异义同。校注者把三个吴方言词的形、音、义都搞错了,致使文意扞格难通。

　　吞　明吴承恩《西游记》第三十四回:"伶俐虫道:'(葫芦)你拿着的。——天呀!怎么不见了?'都去地下乱摸,草里胡寻,吞袖子,揣腰间,那里有得?"例中"吞"或"吞袖子",曾上炎《西游记辞典》不收;陆澹安《小说词语汇释》收有"吞袖子",释为"双手缩进袖子里";《汉语大词典》收有"吞",释为"借作'褪'(tùn)。使穿着的衣服部分地脱离身体"。以上释义恐不确。此"吞"是把手伸进里面揣摸的意思。同书第二十六:"正说处,八戒又跑进来,扯住福星,要讨果子吃。他去袖里乱摸,腰里乱吞,不住的揭他衣服搜检。"用法相同。今宁波话管用手伸入洞孔、口袋等以掏取东西叫"扽"(记音字,音屯),如:"蟹洞里扽进去,摸着一只蟹。""裤袋里扽出一只角子。"(分别参朱编第137页、汤编第254页《宁波方言词典》)"扽"与"吞"音近,显然是一个词,可作旁证;苏北一带管把手伸进有一定深度的地方去摸取叫"吞",如"吞螃蟹"(参《汉语方言大词典》第2385页),字又作"捂",如"他手到我口袋里捂东西"(参《汉语方言大词典》第4705页),更是力证。

借掇 明凌濛初《初刻拍案惊奇》卷十一:"那周四不时的来假做探望,王生殷殷勤勤待他,不敢冲撞;些小借掇,勉强应承。"《汉语大词典》释此"借掇"为"以借为名取人钱物"。这是把"掇"理解为取了,误。其实此"掇"当训借、暂借,"借掇"系同义连文。明方汝浩《禅真逸史》第六回:"这老婆子却也没些转智,既无柴米,何不着人到我这里借掇,却在家里寻闹?"义同。清李玉《占花魁》第七出:"(丑)呀!赵兄为何这时候才来?(外)与老妈设处身价,到债主家去掇些银子,撮足一百两,又写了一张婚书,只等你领人手到家,着了花字,就拿了银子了。"明陆人龙《型世言》第二十七回:"若说要二三千银子,……无可掇那,怎生来得?"明东鲁古狂生《醉醒石》第十二回:"就是借贷的人多,他又平日多与内里相处,他便转掇应付。"又第十三回:"要房库为他朦胧那掇,也便得加一之数。"以上"掇"及"掇那""转掇""那掇"之"掇"亦均是借义。"掇"字此义不但有文献依据,而且有吴方言可以佐证。《汉语方言常用词词典》"掇"字条云:"掇,吴方言。……

②借钱（多指临时借用）。"举有一例，即《茅盾文集》第九卷："他的期限不长，至多三个月，'掇'了甲的钱去还乙，又'掇'了丙的钱去还甲。"老派宁波话亦管暂借钱为"掇"，如："钞票掇两块。"参朱编《宁波方言词典》第 339 页。

迄今为止，白话词汇研究、方言词汇研究都已取得了令人瞩目的成绩。但是，白话作品数量浩繁、汉语方言丰富复杂，目前的研究仍然远远不够。白话文献中有些词语由于使用较少、意义冷僻，常常不为人所注意，大型语文辞书乃至有关近代汉语的词典往往漏略其词其义；现代方言中有些词语由于缺乏书证，不明出处，一般也难以进入大型语文辞书。方言与文献互证，则可以挖掘出一批古词古义，弥补现有辞书在收词立项方面的疏漏。普通语文辞书不收其词的，例如：

雪乱　清夏敬渠《野叟曝言》第四十二回："刚到原处，又领着那一队三人自北而进，从南而出，轰雷掣电的搅得贼人队里雪乱。"又第五十一回："怎当素臣神勇，只一搅，把一二十个强盗搅得雪乱。"又第八十一回："关上领兵将官复被二嫂子杀掉，搅得雪乱。"又第九十九回："及至分说明白，放进营去，伏兵追兵齐杀进营，营中雪乱。""雪乱"一词，辞书不载，现代方言亦似无类似说法。但吴语"雪"可用作甚辞，《汉语方言大词典》第 5331 页："雪　⑫〈副〉非常。吴语。上海松江：～爽｜～亮。"然则"雪乱"即大乱，非常乱。"雪"本名词，"雪白""雪亮"即像雪一样白、像雪一样亮，也即非常白、非常亮。由此进一步虚化，"雪"产生了程度副词"很、非常"的用法。如宁波话很平称为"雪平"（徐州方言亦然），味道很淡为"雪淡"（参朱编《宁波方言词典》第 346～347 页，《徐州方言词典》第 163 页）；上海话非常干燥称为"雪燥"，食物等很爽口、性格等很爽快称为"雪爽"（参《上海方言词典》第 364 页）。不仅吴语如此，郭沫若《我的童年》有"雪嫩"一词，《汉语大词典》释为"形容非常嫩"；江淮官话（如江苏连云港）有"雪新"一词,《汉语方言大词典》第 5333 页释为"崭新";江苏东台方言还有"雪红""雪黄""雪黑""雪青"等说法(此为李葆嘉先生告知),并其证。通过以上梳理,我们不仅弄清了"雪乱"的意思,还对"雪"的甚辞用法有了进一步了解。

桌凳 《金瓶梅词话》第十三回:"少顷,只见丫鬟迎春黑影影里扒着墙,推叫猫,看见西门庆坐在亭子上,递了话。这西门庆掇过一张桌凳来踏着,暗暗扒过墙来。这边已安下梯子。"又第十四回:"然后到晚夕月上的时分,李瓶儿那边同两个丫鬟迎春、绣春,放桌凳,把箱柜挨到墙上;西门庆这边止是月娘、金莲、春梅,用梯子接着。"清谷□生等《生绡剪》第一回:"老脱登楼看看,十分欢喜,道:'清净得有趣。'又叫香公去问赵管家借张桌凳来。"据字面,"桌凳"即桌与凳,但施之以上各例,似未稳当。例一、例三"桌凳"前有数量词"一张""张"修饰,可知"桌凳"乃一物,即桌子。《金瓶梅词话》上一例写西门庆与李瓶儿逾墙偷情,下一例写李瓶儿把箱笼财物从墙上私通到西门庆家。翻越墙头要有东西垫脚,桌子高于凳子,所以搬来桌子当垫脚物。今宁波话犹称桌子为"桌凳",如"圆桌凳""八仙桌凳",分别参朱编第 302 页、汤编第 341 页《宁波方言词典》;舟山、嵊州亦然,参《汉语方言大词典》第 4769 页。

放上杠 清孙家振《海上繁华梦》初集第十二回:"子靖道:'……我也知你输钱,却不晓得撺掇白湘吟放上杠钱的是那一个!'""放上杠"犹垫付,今宁波话犹沿用,如:"该生意侬去做,本钿呒没我搭侬放上杠。"此词连有关吴方言的词典亦失收。

著把 清诞叟《梼杌萃编》第十八回:"他请的一位刑钱师爷,姓高,号竹岗,是浙江湖州人。生平做八股的功夫最好……但他却是个今之学者,重利不重名的,所以蜚声庠序十有余载,仍是一领青衿。每逢科岁乡场,就是他发财的时候,至少也有一两个著把,从没有放空的。"上文是说高师爷惯做"枪手",每逢考试就替人代枪以获取谢仪。"著"同"着","着把"犹成功。今宁波话仍有这种说法,如:"高考连考两年考弗进,该回着把了。"此词亦不见吴方言词典收录。

门分账　清颐琐《黄绣球》第十四回:"当了尼姑,靠菩萨吃饭,就不得不募人家几个钱,供养菩萨,自己带着沾些菩萨的光。虽然吃素念经是门分账,到底这募化就是第一件苦事。""门分账"指应该做的事。此词一般语文辞书不收,吴语则有之,参《杭州方言词典》第 209 页。也作"门份账",杨葳、杨乃浚《绍兴方言》第 259 页:"门份账,份内之事。"宁波方言则说"门门帐",义为应该、理该,参汤编《宁波方言词典》第 250 页。

傍早　明无名氏《一片情》第二回:"(杜云)晓得邵瞎子早晨有生意忙的,傍早钻入羞月房中去。"清王有光《吴下谚联》"傍早做人家"条:"齐家连治国以及平天下义理,皆在'做家'二字内通之。做者固惟日不足矣,是须傍早。"吴语"傍"有"趁"义(上海有"打铁要傍热,做事要傍急"的俗语),"傍早"即趁早,提早。今宁波话有此语,如:"火车快到站了,行李傍早整整好。"分别参朱编、汤编《宁波方言词典》第 404、228 页。又吴语如福建浦城话、闽语如福建松溪话也有此词,参《汉语方言大词典》第 6203 页。

普通语文辞书不收其义的,例如:

泥水　吴语可指瓦匠、泥水匠(分别参朱编、汤编《宁波方言词典》第 226、33 页,《杭州方言词典》第 15 页)。《别本二刻拍案惊奇》卷二十七:"只见泥水定磉,早已是间半开间。"明孙仁儒《东郭记》第四十出:"小子泥水是也。齐人老爷旧宅,造作衙院,墙壁都是学生砌括。"下文:"这样花子会做官,我每木匠、泥水、裁缝、厨子做吏部天官也做不住哩。"清大桥式羽《雪岩外传》第二回:"你去替他造园子,你又不是泥水木匠,你有什么好处呢?"以上即其例证。赣语、客话、闽语"泥水"亦有此义(参《汉语方言大词典》第 3659 页),亦其旁证。

把作　吴语有"(活儿、工程)把关、负责"的意思。如宁波话"把作师傅""徒弟做生活,师傅把作"。明罗浮散客《贪欣误》第二回:"这干内相领了银子,叫到了十几名银匠,要铸这银户限。只见银匠中走出一个来,道:'禀公公,小的们止会打首饰,制番镶,若要铸这银户限,须得个着实有手段把得作的,方好。"清大桥式羽《雪岩外传》第十回:"就是前儿监假山工程把作的,那个叫什么捷三,那人现在哪里去了?"此义连有关吴方言词典亦失收。

着力 吴语有疲劳、吃力的意思(参《金华方言词典》第216页)。此义古已有之。明吴承恩《西游记》第八十八回:"虽然打几个转身,丢几般解数,终是有些着力:走一路,便喘气嘘嘘,不能耐久。"今广西桂林亦有此语,参《汉语方言大词典》第5807页。宁波话也说"着力"。

斗风 吴语有逆风的意思,如:"撑斗风船"(分别参朱编第47页、汤编第193页《宁波方言词典》)。清陈忱《水浒后传》第十六回:"还差三十里江面,陡然转了西风……雪里蛆道:'不遇这斗风,此时已到家里了。'"又第三十二回:"偏生遇了斗风,白浪滔天,扯不得篷,只好泊在沙洲上。"南昌话也有这种说法,参《汉语方言大词典》第929页。

挖 吴语有爬义,如:"爬山挖岭""天亮头挖起交关早"(分别参朱编、汤编《宁波方言词典》第240、331页)。明陆人龙《型世言》第二十四回:"我差细作打听,他粮饷屯在隘后一里之地,已差精勇十个,挖山越岭去放火焚毁,以乱他军心。"(此据江苏古籍出版社1993年版)清潘昶《金莲仙史》第八回:"三人领命,各去爬山挖岭,搬来许多的干柴,至洞放下。"可参证。

参考文献:

[1] 鲍士杰:《杭州方言词典》,江苏教育出版社1998年版。
[2] 曹志耘:《金华方言词典》,江苏教育出版社1996年版。

［3］闵家骥等:《简明吴方言词典》,上海辞书出版社 1986 年版。

［4］闵家骥等:《汉语方言常用词词典》,浙江教育出版社 1991 年版。

［5］苏晓青、吕永卫:《徐州方言词典》,江苏教育出版社 1996 年版。

［6］汤珍珠、陈忠敏、吴新贤:《宁波方言词典》,江苏教育出版社 1997 年版。

［7］汪平:《苏州方言语音研究》,华中理工大学出版社 1996 年版。

［8］吴连生等:《吴方言词典》,汉语大词典出版社 1995 年版。

［9］许宝华、陶寰:《上海方言词典》,江苏教育出版社 1997 年版。

［10］许宝华、宫田一郎主编:《汉语方言大词典》,中华书局 1999 年版。

［11］叶祥苓:《苏州方言词典》,江苏教育出版社 1993 年版。

［12］朱彰年、薛恭穆、汪维辉、周志锋:《宁波方言词典》,汉语大词典出版社 1996 年版。

（原载《语言研究》2002 年第 3 期）

《越谚》方俗字词选释

《越谚》是晚清绍兴学者范寅撰写的一部记录和考证越地民谚口语的著作,也是一部研究近代吴方言的重要参考书。由于范寅好用冷僻字、俗体字和借用字,前后用字又往往自相矛盾,一般人难以识读。侯友兰等《〈越谚〉点注》(2006)一书,为读者阅读、利用《越谚》提供了很大方便。但点注本注解不够详尽,有些注解不够准确。本文选取《越谚》若干疑难方俗字词进行考释,兼与《〈越谚〉点注》商榷。

本文引文主要依据《〈越谚〉点注》本。点注本文字有误,则据光绪八年谷应山房刻本校正。引用时,与论述无关的内容从略,原文注音加"(音)"标示,引例注明点注本页码。为了把点注本的注释与范寅的自注相区别,所引点注本注释一律称为"今注"。

1.【觖】 挑一担鸳,觖一头会。(卷上"数目之谚第十")点注本无注,标点为:"挑一担,鸳觖一头会。"(第 86 页)

按:此谚上下诸条皆前后四字为句,本条自不应作三、五读。更何况,如此断句,文不成义。当作"挑一担鸳,觖一头会"。"鸳"即勿会(见卷下"两字并音"),"觖"字费解。卷下"单辞只义""觖"字条释曰:"觖,(音)'掘'。牛以角触人。"(第 300 页)考《广韵·薛韵》:"觖,角触。纪劣切。""觖"(见母字)与"掘"(群母字)音不合,吴语读"掘"而当"牛以角触人"讲的本字应作"觖",《说文·角部》:"觖,角有所触发也。"《广韵·月韵》:"觖,以角发物。其月切。"但是,即便用"觖"的"掘"音、"牛以角触人"义来解释"觖一头会"的"觖",还是讲不通。杨

43

葳、杨乃浚《绍兴方言》"谚语篇·事理"收了这条谚语,文字写作:"挑一担㧟,撅一头会。(只会蛮干)"(第459页)以"撅"易"𩏪",是。"撅"是多音字,此当读《广韵》居月切的音。"撅一头会"的"撅",查考有关吴方言词典没有合适的解释,笔者请教了绍兴籍学生汪阳杰同学及绍兴籍同事张宏洪先生,得知:"撅"音决,指用棍棒等把东西挑起来掮在肩上。《汉语方言大词典》:"撅,③背起;担起。胶辽官话。山东长岛:撅草|他撅粪篓子就走了。④用针、叉子等往外、往上挑。胶辽官话。辽宁大连。山东长岛:撅粪。"(第7026页)胶辽官话"撅"字这两个意思合起来正好相当于绍兴话里的"撅",而义项三"背起;担起"与"撅一头会"的"撅"意思更是非常接近。谚语字面意思为:不会挑一担,而会"撅"担子一头的东西。虽然"一头"的分量比"一担"少了一半,其实"撅"一头的东西比挑一担更加费力,因而此谚有讥人只会蛮干、不知变通的意思。①

2.【𨄔】 𨄔背贼 上(音)"屪"。夜盗先伏门壁后者。(卷中"人类")今注:"𨄔:同'钻',钻入,溜进。"(第156页)

按:《汉语大字典》:"𨄔,zuān 《广阳杂记》音钻,平声。同'钻'。进入;穿过。《字汇补·身部》:'𨄔,隐入也。今官牒多用此字。'清雍正年修《陕西通志·方言》:'𨄔,钻同。身入门中也。'清道光年修《辰溪县志·方言》:'隐身曰𨄔。'清刘献廷《广阳杂记》卷二:'衡山水月林主僧静音馈余𨄔林茶一包……𨄔,则安切,音钻,平声,衡人俗字也。此茶出石罅中。'清范寅《越谚》卷中:'𨄔背贼,夜盗先伏门壁后者。'唐枢《蜀籁》卷四:'耗子𨄔牛角,越𨄔越紧。'"《汉语大词典》:"𨄔,zuān 进入;穿过。清范寅《越谚·人类》:'𨄔背贼,夜盗先伏门壁后者。'"据《汉语大字典》可知,"𨄔"在清代曾被用作"钻"之俗字,通行于陕西、湖南(辰溪、衡山都属湖南)、四川等地。但是,吴语"𨄔背贼"的"𨄔"是否也是"钻"的俗字呢?答案是否定的。先看其音:范寅明确说"𨄔"音"屪"(《汉语大字典》《汉语大词典》都忽略了这一点),

"靥"，《广韵·叶韵》於叶切，是入声字，今绍兴话读［ieʔ］，自然与"钻"不同音。再看其义：吴语读［ieʔ］这个词有"躲藏；紧贴着物体藏匿身体"的意思，《越谚》就收了这个词，不过字写作"偮"。卷下"单辞只义"："偮，（音）'邑'。伺人不见，轻步立其背后。见《庄子·天地篇》。"（第 297 页。又，《庄子》"偮"字其实无此义）吴子慧《吴越文化视野中的绍兴方言研究》认为这个词没有合适的字形，释曰："ieʔ⁴：吸身躲好。"（第 115 页）明冯梦龙《山歌》写作"闟"，如《山歌·骚》："真当骚，真当骚，大门阁落里日多闟介两三遭。"（自注："'闟'音谒。"）又《老鼠》："结识私情像老鼠一般般，未到黄昏各处去钻。倚墙闟壁，转过画栏，穿窗入户，到奴枕旁。"（《汉语大字典》根据《集韵》"闟，阗也"之训，把以上两例"闟"释作"填"，误）今宁波话里亦有此词，字写作"閺"，如"閺壁贼""閺勒门后背"，正读［ieʔ⁵］（参朱编《宁波方言词典》第 320 页）。清末民初陈炳翰《古董谚铎》卷二："心不正，閺壁听。"要之，吴语"閺""偮""闟"是同一个词，音读入声，义为"躲藏；紧贴着物体藏匿身体"。就字形而言，"偮"和"闟"都是借用的，"閺"则是方俗会意字。可见，"閺"一字两用，既是"钻"的俗字，吴语里又别有音义。《汉语大字典》《汉语大词典》将其混为一谈，失之。

吴语"閺"求其词源当为"掩"（民国《鄞县通志·方言》第 3025、3111 页谓"閺"即"'隐入'二字之合音"，恐不确）。"掩"在先秦就有"藏匿"义，明清多当"躲藏；紧贴着物体藏匿身体"讲，如明李诩《戒庵老人漫笔·今古方言大略》："躲谓之掩。"《初刻拍案惊奇》卷六："巫娘子连忙躲了进来，掩在门边。""閺背贼"还可写作"掩背贼"，如《禅真逸史》第三十二回："适才开墙门买糖，若是走进一个掩背贼来，惹祸不小！""掩"吴语或读作入声，犹从"奄"得声的"腌""罨""渰""馣"等字，《广韵·业韵》均可读入声於业切，吴语与"靥""邑""谒"同音。笔者《明清小说俗字俗语研究》第 197 页"掩、渰、閺"条有详考，可参阅。

3.【朘】 镬剌 镬焦豆腐，朘住剌起。（卷中"器用"）今注："朘：本为挑取骨间肉。这里指挑取粘在锅底的烧焦物。"（第 184 页） 水饙饙 （音）"斥"。乏黏朘味。（卷中"臭味"）今注："朘，肥。"（第 252 页）

按："镬剌"即锅铲，字或作"镬枪""镬戗"等；"水饙饙"是形容粥、汤等加水过多而无黏糊味。这两个词语范寅的注释文字中，都有一个"朘"字。《说文·肉部》："朘，挑取骨间肉也。"首条今注即本此；次条释为"肥"，恐系据上下文推得。今谓两"朘"字同义，都是粘的意思，绍兴话音同"搭"（《广韵·末韵》"朘"读丁括切）。卷上"讔谜之谚第八"："湿手搦干面粎——粘朘不得脱手。"（第 74 页）粘、朘连文，其义更显。"朘"是个方言记音字，音义同"䵚"。《越谚》卷中"花草"："糯饭，饭伤热湿䵚住者。"（第 246 页）卷下"单辞只义"："䵚，（音）'搭'。水湿羽毛、纸帛，不能分开也。"（第 301 页）两相比较，可见"朘住"即"䵚住"，"黏朘"即"黏䵚"。今吴语、西南官话、江淮官话等管粘、紧贴叫"䵚"，字又作"掇""得""搭"等（这些字绍兴话、宁波话等同音），详参《汉语方言大词典》第 7515 页"䵚"字条、第 5392 页"掇"字条、第 5586 页"得"字条、第 5986 页"搭"字条。明冯梦龙《山歌》写作"瓢"（似为从取、得省声之讹变），如《山歌·眠得来》："衬里布衫那了能着肉，早蚕蛾瓢紧子弗分开。"（自注："'瓢'音得。"）又《烟条》："姐儿生来蒄条长介像烟条，情哥郎当面就瓢牢。"溯其源，颇疑本字作"黐"。《玉篇·黍部》："黐，黏饭也。"《广雅·释诂四》："黐，黏也。"《广韵·陌韵》："黐，黏儿。陟格切。""黐"本知母，今读端母，古无舌上音，犹从"商"得声的"滴""嫡""镝"等读端母。

4.【庲】 枕檫 枕为车水版，檫为船庲，各尽其长。（卷中"花草"）今注："庲：舍。"（第 238 页）

按：《汉语大字典》"庲"字条收有两音三义：一音 cù（趋玉切），义为"舍"；一音 là（卢达切），义为"庵"和"狱室"。今注即取第一义。但

"船舍"含混费解,恐非确诂。此"庩"当取第二音。卷中"屋宇":"庩脚屋,上(音)'辣'。放鸡鸭灰草之小屋。"(第 180 页)此即范寅读"庩"为入声"卢达切"之力证(《广韵·曷韵》"辣""庩"均为卢达切)。"船庩",吴语,船舷,船两侧的边儿。这个方言词有多种说法和写法,如"船榴子""肋子"等。《汉语方言大词典》:"船榴子,船舷。吴语。上海松江。"(第 5597 页)朱编《宁波方言词典》:"肋子,船边:船里货装勒贴肋子。"(第 117 页)宁波谚语有"人到三十顶风光,船到肋子顶会装"之说。今绍兴方言犹谓船边为"船肋沿"。本字当作"艦"。明方以智《物理小识·器用类·舟部》:"桅之高,少舟之长五十分之一,樯杅之衡为舟之阔,其底深浅视艦之棱,其柁与其底平,小舟之舵杆则可上可下。"《汉语大字典》举上例而谓"艦"字"音义未详",今以吴语证之,"艦"与"庩""榴""肋"等当是同一个词,笔者《大字典论稿》第 53 页有考,可参阅。"檫为船庩"是说檫树材质坚韧耐湿,可以作为制作船舷的木料。

5.【殕】 三十六桶 此草根似蒜者,采晒磨粉,漂过三十六桶水方可充饥,否则殕杀。(卷中"花草")今注:"殕:饱满。"(第 248 页)

按:"殕"有"饱懑"义(见《集韵·效韵》),然于义不合,当训呕吐。此草有毒,不经过"三十六桶"水漂淘,吃了要呕吐。《越谚》卷中"疾病"即有内证:"殕,(音)'毛'上声。呕吐。"(第 163 页)范寅好用僻字,且往往未必得当,这个词的本字其实就是"冒"。"冒"有"向外透;往上升"义,引申之,吴语当呕吐讲,今绍兴、宁波、杭州等地都有这个词。《吴越文化视野中的绍兴方言研究》:"冒:呕吐。"(第 114 页)《现代汉语方言大词典》:"冒,宁波。呕吐:吃勒勿落冒,和总冒掉。"(第 2678 页)又:"冒得唻,杭州。呕吐了:他晕车,冒得唻|刚吃落去,又冒得唻。"(第 2681 页)又,"殕"字点注本右边都写作"兒",不确,当作"皃"。"殕"从"皃"(古"貌"字)得声,不从"兒"。顺便说一下,"三十六桶"即石蒜,石蒜鳞茎有丰富淀粉,但有毒,民间以为要换三十六桶

清水浸泡冲淡,方可取粉食用,故称石蒜为"三十六桶"。宁波旧时也有这种叫法,参见周时奋《活色生香宁波话》第 200 页。

附注:

① 本条文字有改动。原文认为:"觚"用同"掇",是双手拿、端、搬的意思。"掇"本从"手",范寅易为从"角"者,犹"扛"俗可作"矼","捆"俗可作"觕"。文章发表后,发现此说不确,今特订正。

参考文献:

[1] 汉语大词典编辑委员会:《汉语大词典》,汉语大词典出版社 1993 年版。

[2] 汉语大字典编辑委员会:《汉语大字典》(第二版),四川辞书出版社、崇文书局 2010 年版。

[3] 侯友兰等:《〈越谚〉点注》,人民出版社 2006 年版。

[4] 李荣主编:《现代汉语方言大词典》,江苏教育出版社 2002 年版。

[5] 吴子慧:《吴越文化视野中的绍兴方言研究》,浙江大学出版社 2007 年版。

[6] 许宝华、宫田一郎主编:《汉语方言大词典》,中华书局 1999 年版。

[7] 朱彰年等:《宁波方言词典》,汉语大词典出版社 1996 年版。

(原载《中国语文》2011 年第 5 期)

《越谚》方俗字词考释

　　《越谚》是一部记录和考证晚清越地民谚方言的著作,也是一部研究古代吴语的重要参考书。该书自问世以来,以其宝贵的文献资料价值,屡为学者所称引。《越谚》看似"平白如话",但要真正读懂并非易事。其一,尽管《越谚》记录的是当时越地通行、妇孺皆知的方言,但时隔一百二三十年,有些已经废弃不用,难以索解;其二,《越谚》正文一般分辞条和注释两部分,有的注释比较简略,有的注释未必可靠,有的甚至没有注释;其三,作者范寅喜欢用冷僻字、俗体字、借用字和自造字,前后用字又往往自相矛盾。为了便于阅读和研究,绍兴学者对《越谚》进行了点注整理,出版了《〈越谚〉点注》(侯友兰等,2006 年)一书。但点注本注解不够详尽,有些注解不够准确。本文择取《越谚》若干疑难方俗字词进行考释,兼与点注本商榷。

　　本文引文主要依据《〈越谚〉点注》本,点注本文字有误,则据光绪八年谷应山房刻本校正。引用时,与论述无关的内容从略,原文注音加"(音)"标示,引例注明点注本页码。为了把点注本的注释与范寅的自注相区别,所引点注本注释一律称为"今注"。讨论的条目按书中出现的先后次序排列。

　　1.【嗳记】　嗳记拳头,打勿杀人。(卷上"格致之谚第四")今注:"嗳记:挨一下。'嗳',应为'授';'记',量词。"(第 33 页)

　　按:"挨一下拳头"未必"打不死人",如此解释文义不畅;且用于动作次数的量词《越谚》作"计"、作"击"而不作"记"。谚语是说什么样的一种拳头打不死人。"嗳记"是一个吴语词,一般写作"受记",也作"授记""授句"等。"受记"一词含义比较复杂,核心意思是警告。宋洪迈《夷坚志》支景卷十《婆惜响卜》:"驻足未定,闻河畔妇人叫呼曰:'婆惜你得你得!'盖吴人愠怒欲行打骂之词,俗谓之受记,非吉兆也。"(转引自曾良《明清通俗小说语汇研究》第245页)正德《姑苏志》卷十三:"受记,欲责人而姑警谕,以伺其惨之词。"《嘉定县续志·方言》:"受记,俗言责人而警之也。记亦读如句。本释氏语。"胡祖德《沪谚外编·偷鸡》:"失鸡人家恶声骂,授句要到房里抄。"此"授句"义为警告、威吓。明冯梦龙《山歌·捉奸》:"巡盐个衙门单怕得渠管盐事,授记个梅香赔小心。"(自注:"'授记'如限打之类。")此"授记"义为受警告、受威吓(刘瑞明先生《冯梦龙民歌集三种注解》第351页谓"疑是'授计'之误,即出主意、叮咛",误)。要之,"嗳记拳头,打勿杀人"意为用来警告人、威吓人的拳头打不死人。"受记"等详参《汉语方言大词典》第3486页、《明清吴语词典》第557页、《吴方言词典》第291页及第429页。

2.【淰】 一个鲫鱼十七八个淰。(卷上"格致之谚第四")今注:"一个鲫鱼十七八个淰:比喻心神不定。'淰',急流。"(第35页)

按:"淰"字《汉语大字典》收有"水急流声""水流很急貌"等义,分别读 xǐ、yì 等音,古代都读入声。此即今注所本,但施于句中都扞格难通。刻本作"灛",是。"灛"本为水名,音 yīn,这里用作方言借形字,从水,稳省声,音"稳",义为鱼类搅动水造成的浑水涡、鱼类搅浑水造成的"迷魂阵"。今宁波话里尚有"打浑"一词,朱彰年等编著《宁波方言词典》:"打浑,鱼、泥鳅等在水中搅动使水浑浊:泥鳅打浑|河鲫鱼打了一个浑,逃走了。"(第51页)"打浑"是动词,而"浑"是名词,宁波话正可读清音"稳[uəŋ⁴⁴⁵]"。越语"灛"与甬语"打浑"的"浑"当是同一个词。又学生俞娜娟告知,她老家绍兴现在仍有"打灛"这个词。"一个鲫鱼十七八个灛"字面意思是指鲫鱼行踪不定、善于变化。

引申之,比喻人心神不定、注意力不集中等。

3.【传】 要人传句好,一世苦到老。(卷上"格致之谚第四")今注:"传:夸赞。"(第36页)传我千年百岁,骂我跌倒就死。"传"去声。妇孺嚏时常谈。(卷中"风俗")今注:"传:夸赞。"(第272页)

按:注解近是而未切。"传"非一般的"夸赞",而是指念叨、在背后念叨别人好处。卷下"单辞只义":"传,去声。越妪面谀,辄曰'某传尔',或曰'我背后传尔'。如'经传'之'传',语最古雅而耐人寻味。"(第318页)说的就是这个意思。民俗,打喷嚏时往往认为是有人在念叨自己,《诗经·邶风·终风》即有"愿言则嚏"之句。越语"妇孺嚏时常谈"——"传我千年百岁,骂我跌倒就死"可与宁波谚语"一打喷嚏,有人来传"相比较,两"传"字同义。《汉语方言大词典》:"传,⑥背后说某人好话或念叨某人。吴语。浙江金华岩下:佢下便_{经常}传尔的。"(第2025页)字又作"诶",朱编《宁波方言词典》:"诶,念叨:侬调走后阿拉老长来诶侬……《鄞县通志》:'甬称……对人记念不忘时时提及其名曰诶。'"(第179页)

4.【犟】 滥眼堕贫犟,看见东西件色要。 此要货被攫,谑詈合言。(卷上"孩语孺歌之谚第十七")点注本无注。(第108页)

按:《汉语大字典》:"犟,zào 《越谚》音燥。方言。副词。表示程度高,相当于'极''剧'。清范寅《越谚》卷上:'滥眼堕贫犟,看见东西件色要。'"之所以这样解释,一是可能因为卷下"重文叠韵"有"犟剧剧,(音)'燥'。极不驯也"之说(第288页);二是可能编者把这句谚语理解为:滥眼堕落贫困到极点,因而看见东西件色要。也即把"犟"理解为通"稍","稍"有副词极、甚义(见张相《诗词曲语辞汇释》卷二)。殊不知,"堕贫"是名词,指明清以来生活在江浙一带的特殊贱民。这类贱民通称"堕民",贬称"堕贫"。《越谚》全书均称"堕贫",用例颇多;卷中"人类"有"堕贫"条,解释颇详;卷下"附论"还收有《论堕贫》一文。据此,"犟"释作副词"极""剧"显然讲不通了。友生阮咏

51

梅说:"㜷"当作"㜭",字之误。从音形义考察,此说可从。《玉篇·女部》:"㜭,姊也。"《广韵·肴韵》:"㜭,齐人呼姊。所交切。"此谚"滥眼"同"烂眼","件色"犹"样样",句意是说烂眼睛的堕民姐,看见东西样样要。宁波话里有句类似的谚语:"眼睛大只小(一只大一只小),看张东西样样要。"可以比勘。又,用训姊之"㜭"来解释"㜷",虽然文从字顺,但此谚出自"孩语孺歌之谚"的"孩语",童谚用这样怪僻而古老的字眼,令人费解。颇疑"㜷(㜭)"口语中就是"嫂",两字方音相同或相近(《越谚》"㜷"注音"燥",而"燥"与"嫂"《广韵·晧韵》中都是苏老切,同音);而嗜好古僻字的范氏用了一个训姊的"㜷(㜭)"。

5.【芃】 《舅舅》:舅舅舅舅,湖哩流流,岸上敨敨,草芃脚下跔跔。(卷上"孩语孺歌之谚第十七")今注:"草芃脚下跔跔:佝偻着身体蹲在草丛中。因衣服放在岸上晾晒,此时身上赤裸,故有此言。'芃',形容草茂盛。"(第110页) 笪 (音)"答"。数土堆草芃,曰"一笪""两笪"。(卷中"地部")今注:"芃:草茂盛貌。"(第126页) 稻叉 丢稻橥、叠稻芃用。(卷中"器用")今注:"芃:草茂盛貌。"(第187页)

按:考《说文·艸部》:"芃,艸(草)盛也。"《广韵·东韵》:"芃,芃芃,草盛皃。""芃"固然有"草盛貌"义,但在"草芃""稻芃"中,"芃"是名词,注解显然有误。为了更好地说明问题,我们把《越谚》相关材料放在一起进行考察。《越谚》除了"草芃""稻芃"外,还有"豆䈴""刺蓬""菱蓬"等说法。卷中"花草":"豆䈴,(音)'蓬'去声。豆之秆、叶茂密曰䈴。"(第245页)卷上"借喻之谚第五":"路埏刺蓬,逢人辄触。"(第46页)又"謰谜之谚第八":"鹅卵石丢东刺蓬哩——无兜无绊。"(第74页)卷中"饮食":"菱蓬鱼,中(音)'蓬'去声。鲥(当作鳜,下同)鱼夏躲菱蓬下,撤食甚鲜。"(第207页)下文:"钓来白鲦,亦夏热钓自菱蓬者,可烘鱼腊。"(第209页)"芃",《广韵》薄红切,与"蓬"同音;"䈴"字不见字书,是新造字,范氏自注读"'蓬'去声";"蓬",首版《汉语大字典》:"莈,hòng②草木初生。《集韵·送韵》:'莈,吴俗谓艸木萌曰莈。'清范寅《越谚》卷中:'鲚鱼,夏躲菱莈下,彻食甚蠡。'"《大字典》所引《集韵》训释与《越谚》例子音义不合。"草木初生"是动词,"菱莈"的"莈"是名词,且范氏自注也读"'蓬'去声"。今谓"芃""築""莈"三个冷僻字都可写作"蓬"。吴语凡丛聚或堆积之物叫作"蓬",字或作"篷"。"草芃"指整齐地堆在露天的大稻草垛,朱编《宁波方言词典》:"草蓬,叠在露天的大稻草垛。俗语:后生三斗三升火,草蓬脚下弗可坐。"(第 242 页。俗语极言年轻人精力旺、热量高,如果坐在草蓬脚下恐怕会引燃草蓬)"稻芃"指收割后叠在场地的大稻垛,字又作"稻篷",清茹敦和《越言释》卷下:"越人刈获既了,积而叠之于场,谓之稻篷。"又作"稻棚",《越谚》卷上"事类之谚第九":"年年高,节节高,稻棚叠起半天高。"(第 80 页)又卷中"花草":"叠稻棚,'叠棚'越音'突蓬'。稻割束稅,堆高待打。"(第 247 页)"豆築"指枝叶繁茂、交错重叠的豆丛。"刺莈"指荆棘丛,《中国歌谣资料第二集上·云南民歌·小妹头上管人多》:"高山砍柴刺篷多,小妹头上管人多。""菱莈"指茂密重叠的莲叶,《汉语方言大词典》:"菱蓬,由浮在水面的菱的茎与叶组成的伞形蓬盖。吴语。浙江绍兴。张士琇《范爱农的死》:'可是一游近,用手一摸,糟了,软软的,原来,那不是岸,却是大菱蓬。'"(第 5278 页)

6.【桯】 床桯 (音)"厅"。(卷中"器用")今注:"桯:古代放置床前的小桌。"(第 185 页)

按:"床桯"《越谚》只有注音,没有释义。点注本对"桯"字的解释则是采用了《方言》"榻前几"、《说文》"床前几"的训释。然而"桯"当"榻前几""床前几"讲,是古方言,遍考辞书,没有发现实际用例;《越谚》"床桯"也不可能是床前小桌的意思。此"桯"当是"横木"义。《说文·木部》:"桱,桯也。"徐锴系传:"桯,即横木也。"《广韵·青韵》他丁切。"床桯"指床沿横木,既可坐人,又可用来搁置床屉子。除了吴语之外,西南官话、江淮官话、湘语、赣语均有此词,字或作"床厅""床挺"等(参《汉语方言大词典》第 2832 页,《现代汉语方言大词典》第 2475、2476 页)。明代小说有写作"床厅"或"床杆"的,如《三宝太监西洋记》第十六回:"睡在店房之中,床厅儿都也淹了。"《禅真逸史》第二十二回:"(裴南峰)抬起头来,蹬地一声撞着床杆,额角上磕了一个大块。"又,宁波话床前坐人横木叫"床桯",门框叫"门桯",棕床四周木框架叫"棕绷桯"(参朱编《宁波方言词典》第 171、23、392 页),并可佐证。

7.【䡆】 京糰 糯粉馅糖,外䡆芝麻,油炸膀大,故曰"京"。(卷中《饮食》)今注:"䡆:环转不停。此为用黄粉包裹起来。"(第 200 页)

按:卷下"单辞只义":"䡆,(音)'累'。圜转不停也。"(第 295 页)吴语及西南官话等转动、滚动叫"䡆"。"䡆"是范寅自造字,又可写作"攍""勷""礧""擂""累"等。"外䡆芝麻"的"䡆",是其引申用法,释作"用黄粉包裹起来"不确,因为例中"䡆"的对象明明是"芝麻",与"黄粉"无涉。此"䡆"当是"滚动地沾上"义。本条下文:"金枣,粉质芋心,炸膀䡆糖,亦喜馃。""豆豉,瀹白豆䡆面粉,令颣而徽即成矣。"(均第 201 页)"珑擓豆,白豆外䡆黄粉,微甜。喜馃用。""葱管糖,形如葱管,麦糖䡆芝麻。堕贫做卖。"(均第 205 页)以上"䡆"都是"滚动地沾上"的意思。今宁波方言还有这种用法,如"金团䡆松花""油煠团䡆芝麻"。

8.【䲸鸟】 䲸鸟 黄雀。"䲸",(音)"马",越音"麻"。小鸟也。(卷中"禽兽")点注本无注。(第 220 页)

按:"䲸鸟"今作"麻鸟"(鸟音"刁"上声,《广韵·篠韵》都了切),即麻雀。《汉语方言大词典》:"麻鸟,①麻雀。㈠吴语。上海、上海松江。浙江丽水、孝丰、嘉兴、平湖。江苏吴江盛泽……㈡赣语。安徽东至。㈢闽语。福建福鼎。广东潮阳。"(第 5701 页)又作"麻吊"。《汉语方言大词典》:"麻吊,麻雀。吴语。浙江绍兴、嵊县崇仁、诸暨王家井、湖州双林。"(第 5702 页)《越谚》卷上"警世之谚第二":"只要年成熟,鷌鸟吃得几颗谷。"今注:"鷌鸟:麻雀。"(第 23 页)又卷上"格致之谚第四":"鷌鸟豆腐绍兴人。"今注:"鷌鸟豆腐绍兴人:意思是说,绍兴人像麻雀、豆腐一样遍布全国各地。旧时绍兴出师爷,遍布全国各地府衙,故有此谚。"(第 32 页)以上材料说明,"鷌鸟"即"麻鸟",也就是麻雀,其义甚明。"麻雀"与"黄雀"迥异。范寅释"鷌鸟"为"黄雀",是笔误("麻"误作"黄")还是疏忽? 不管出自什么原因,肯定是错的。《汉语大字典》:"鷌,mǎ 鸟名。黄雀。《玉篇·鸟部》:'鷌,鸟名。'《广韵·马韵》:'鷌,异鸟。'清范寅《越谚》卷中:'鷌鸟,黄雀,小鸟也。'又卷上:'只要年成熟,鷌鸟吃得几颗谷。'"《汉语大词典》:"鷌,mǎ 鸟名。黄雀。"例证是《汉语大字典》所引《越谚》两例。皆袭《越谚》而误。辞书"鷌"字当分两个音义:(1)mǎ(《玉篇》"音马",《广韵·马韵》莫下切),鸟名;异鸟。(2)má(《越谚》"越音麻"),麻雀之"麻"的俗字。

9.【鏖】 鏖屈鏖倒 谓人之故意冤枉我也。"鏖"字脱胎《汉书·霍去病传》"鏖皋兰下"。(《越谚剩语》卷上)今注:"鏖:谓打击之甚者。"(第 365 页)

按:《汉书·霍去病传》:"合短兵,鏖皋兰下。"唐颜师古注:"鏖谓苦击而多杀也。"范寅既说"鏖屈鏖倒"是"人之故意冤枉我"的意思,又说此"鏖"脱胎于《汉书》"鏖皋兰下"的"鏖",让人颇费猜详。笔者以为,"鏖屈鏖倒"的"鏖"与鏖战的"鏖"没有关系,本字当作"诮"。《集韵·效韵》:"诮,言逆也。於教切。"吴语管诬赖、毫无根据地说别人做了坏事叫"诮",如嘉兴话"伊勒拉诮我"、宁波话"诮人家做贼"(参《汉语方言大词典》第 2946 页)。绍兴话现在还有"诮""诮倒"的说法,《吴越文化视野中的绍兴方言研究》:"诮,诬陷。诮倒:诬陷人。"(第 280 页)犹可为证。

参考文献：

[1] 汉语大字典编辑委员会：《汉语大字典》(第二版)，四川辞书出版社、崇文书局 2010 年版。

[2] 侯友兰等：《〈越谚〉点注》，人民出版社 2006 年版。

[3] 李荣主编：《现代汉语方言大词典》，江苏教育出版社 2002 年版。

[4] 石汝杰、宫田一郎主编：《明清吴语词典》，上海辞书出版社 2005 年版。

[5] 吴连生、骆伟里、王均熙、黄希坚、胡慧斌：《吴方言词典》，汉语大词典出版社 1995 年版。

[6] 吴子慧：《吴越文化视野中的绍兴方言研究》，浙江大学出版社 2007 年版。

[7] 许宝华、宫田一郎主编：《汉语方言大词典》，中华书局 1999 年版。

[8] 曾良：《明清通俗小说语汇研究》，江西教育出版社 2009 年版。

[9] 朱彰年、薛恭穆、汪维辉、周志锋：《宁波方言词典》，汉语大词典出版社 1996 年版。

（原载《语言研究》2011 年第 3 期）

论《越谚》方俗字

　　清代范寅编撰的《越谚》是一部记录和考证越地民谚口语的著作,该书除了一部分谚语、歇后语和歌谣之外,也可以看作是一部方言词典。因为是方言著作,加上范氏好古求异,致使全书满是古怪冷僻字。这些古怪冷僻字大致可以分为两类,一类是用来记录方言词的方言字,另一类是区别于正字的俗字,本文统称为"方俗字"。《越谚》方俗字是研究汉语方言字和俗字的宝贵材料,特别是对大型字典编撰具有重要的参考价值,《汉语大字典》(以下简称《大字典》)有不少条目就是根据《越谚》收字立条、引例举证的。但是,迄今为止,人们对《越谚》方俗字的整理和研究还不够深入,大型字典对《越谚》的关注和利用也不够充分。有鉴于此,本文拟就这方面做些探讨。

　　本文所引《越谚》系光绪八年谷应山房刻本。引用时,与论述无关的内容从略,原文注音加"(音)"标示。

一、《越谚》方俗字的来源

　　《越谚》方俗字数量繁多,其来源主要有承古、借用和新造三个方面。

　　一是承古。范寅是一位传统语文学家,有很好的文字考据修养。《越谚》方俗字大多见诸古代字书韵书,渊源有自,只是一般很少用。例如:

　　零　卷上："天零馒头狗造化——可遇不可求。"下文："九月十二零，晚稻燥皱皱。"又卷中："天零哉，中（音）落。报雨。"《说文·雨部》："零，雨零也。"《玉篇·雨部》："零，雨零也。或作落。""零"为下雨本字，他书少见，《大字典》就只引上揭第二例一例。

　　肒　卷上："苍蝇从马肒，逐臭也。"下文："泰山倒来，人肒揸勿住。"下文："高上眉毛，低撞肒胈。"又卷中："肒胝，男子玉茎。卵子，即两肾。卵胈，即肾囊。按：肒出《五音集韵》，与卵均音鸾上声。""肒"同"卵"，有睾丸、阴茎等意思。《大字典》"肒"字条："（二）ruǎn①人的阴部。《玉篇·肉部》：'肒，人阴异呼也。'"无例证。范氏据以与"卵"杂用之。

　　唈　卷中："唈口，上（音）忌。不食荤腥油腻。《玉篇》。"下文："鲫鱼，此鱼专食土，烹食健脾，其脑随月盈亏，服药不唈。"《玉篇·口部》："唈，渠义切。吃唈。"此为范氏所本。此字《大字典》失收，《中华字海》："唈，jì吃。见《集韵》。"《集韵·志韵》："唈，食也。渠记切。"颇疑《集韵》"食也"之训文字有误，据《玉篇》当释为"食唈也"或"唈食也"。

　　粔　卷中："淘米粔水，粔（音）甘。此即渐也。《孟子》'接渐'。""粔"字出《集韵·谈韵》："泔，《说文》：'周谓潘曰泔。'或从米。沽三切。"他书罕用，《大字典》无例证。

　　二是借用。其中有的属于同音近音借用字，有的属于只借其形的新俗字。例如：

　　靬　卷中："笋靬，（音）干。会稽竹箭，味美天下，煮烘为靬，藉馈四方。"下文："淡菜，出宁波者佳。蛤靬也。"下文："蛏子，海沙地出，薄壳白肉而肥鲜，有两须，可靬。"《说文·靬部》："靬，日始出，光靬靬也。"《广韵》古案切。"靬"本是日出时光辉闪耀的意思，范氏借作"乾（干）"。

　　朡　卷中："糕靬，米粉作方条，焙热成靬，极朡脆，为越城名物。"

58

下文："肉脁，（音）松。熟肉红镬屡爁之，钅戈碎如棉脁起。"下文："脁
脆，（音）松菜。勩韧，不脁脆。"《大字典》："脁，cōng①肥胖病。《玉
篇·肉部》：'脁，肥病也。'②肥。《集韵·钟韵》：'脁，肥也。'"《越谚》
"脁"字与此两义都没有关系，而义同"鬆（松）"。

倂　卷上："做年倂见闰月。"下文："穷和尚倂见剧门徒。"下文：
"恶人自有恶人磨，蜈蚣倂见蜒蚰螺。""倂"，《大字典》音 bìng，凡列
"皆；都""直""罗列"三义。《越谚》借其字形而用作"碰"的俗字。

檮　卷中："檮器，上（音）寿。预为死具之讳。棺仅木料曰檮
板。"《大字典》："檮，dào 同'梼'。棺。《集韵·号韵》：'梼，《博雅》
"棺也"，或从片。'""檮"虽有"棺"义，但无"寿"音，其实本字就是"寿"
（还有寿材、寿坟、寿衣等）。范氏借用了"檮"字。

三是新造。《越谚》方俗字有不少不见于字书，是作者新造的。
例如：

啽　卷上："老鼠啽面粞——只够糊嘴。"又卷中："马熊，同治初
年，贼平民稀，豺狼出山啽人，呼为马熊。"下文："啽鸡野猫。""啽"同
"拖"，指动物用嘴叼走东西。此字不见他书，《大字典》"啽"字条即据
以立条。

霓　卷上："东霓西水级，落雨勿肯歇。霓、水级，皆虹也。"下文：
"霓高日头低，晒杀老雄鸡；霓低日头高，落雨要讨饶。"又卷中："霓，
吼去声。即虹。"方言虹称为吼（去声），字多作"鲎"，又作"吼""蛄"
"虹"等，范氏写作"霓"，似是独创，《大字典》"霓"字条即据上揭首例
立条。

躐　卷下："躐，（音）累。圜转不停也。"吴语及西南官话等转动、
滚动叫"躐"。字又可写作"擂""勴""礌""擂""累"等。"躐"是范寅自
造字，《大字典》"躐"字条即据此立条。需要补充的是，"躐"除了"环
转不停"的意思之外，还有"滚动地沾上"义（今宁波方言还有这种用
法），如卷中："京糍，糯粉馅糖，外躐芝麻，油炸脝大，故曰京。"下文：

59

"金枣,粉质芋心,炸胮臛糖,亦喜馃。"

此外,卷下"两字并音"中"颣""篇""甪""翼""晏""肴""鵉""㿎""㝐"等九字,大多为范氏新造,《大字典》或不收,或无书证,或只引《越谚》例。

二、《越谚》方俗字的使用特点

《越谚》使用方俗字的最大特点是大量使用古僻字,而使用古僻字的原因又是多种多样的。

有的是为了记录方言词而使用古僻字。如"趚",卷上:"草苫坟哩趚出恶鼈来。"又卷下:"趚,实洽切,(音)米石之石。疾走貌。趚来趚去、趚进趚出。《玉篇》。"《玉篇·走部》:"趚,行疾也。""趚"表示疾行,不见于通语,《大字典》即引上揭第二例一例。

有的是为了记录音变字而使用古僻字。如"蛣",卷中:"蛣蛛,(音)吉朱。即蜘蛛。屋檐结网者。"下文:"蛣蛛罗网。""蛣",《广韵》古屑切,字书收有两义(蟗,一种瓜虫;蝗类),都与蜘蛛无关。"蛣"其实就是"蜘"的音转。卷下:"只,(音)结。"方言"只"音结,可与"蜘"音吉比较互证。

有的是为了讲究用字有出典又标新立异而使用古僻字,分两类。一种是用字古僻而确有出处的。如"膉",卷中:"有气膉,(音)息。指臭败者。扬子《方言》。"《方言》卷二:"膉,息也。周、郑、宋、沛之间曰膉。"《玉篇·食部》:"膉,气息也。"《大字典》只引《方言》《玉篇》而无例证。再如"圂",卷上:"圂圂,奶之古文,音乃爱切,呼乳也。《集韵》。"又卷中:"盐圂,(音)乃。煎盐时,卤漏箦缝,遇火成乳。研食,味较鲜于盐。""圂"同"嬭"(奶),出《集韵·蟹韵》:"嬭,古作圂。"《大字典》只引《集韵》而无例证。另一种是用字古僻而其实音义不合的。如"髦",卷中:"小髦头,婴初生及鬌髻时称。髦,(音)毛。《正字通》。

见《北齐书·礼服志》。""髻"为古代少女的一种发式。吴语称婴儿为"小毛头"或"毛头","毛"就是本字。又如"臽",卷上:"粪臽石板——亦殨亦硬。"下文:"茅臽头点灯盏——照料。"又卷中:"臽生姑娘,厕圊鬼。"《说文·臼部》:"臽,小阱也。""臽"有 xiàn、kǎn 两个读音,有小坑、同"陷"两个意思,但施诸各例或音不合,或义不合。卷中:"湍潜臽,(音)镴塔坑。溏粪。"这条材料为我们提供了线索:"臽"音"坑",这里用作粪坑之"坑",字本可径作"坑"。

《越谚》使用方俗字的第二个特点是同一个词的写法前后抵牾,强求分别。例如:

胖/烂/胮 卷中:"胖头,此鱼头最肥大而美。畜荡鱼(引者按:疑作"鱼荡")者,春养冬网……"下文:"酸胖气。"下文:"棐,体胖。"卷中:"爆烂燸,(音)报胮蒲。用糯谷煨火炉,爆出烂起而脯。"下文:"烂,(音)胮。坚物遇火浮起也。"卷上:"黄胮搿年糕——出力不讨好。"又卷中:"酒酵,(音)高。可入面粉发胮者。"下文:"痌痌,大臀撅出貌。越谓肥胮肉动貌。"下文:"棐胮子,(音)葬烂。身躯肥大。"例中"胖""烂""胮"三形,其实可用一个"胖"表示。

烂/滥/灡/糷/殯/殊 卷中:"烂眼睉睞。"卷上:"滥眼堕贫孽,看见东西件色要。"卷上:"煮三年灡饭,有一头牛好买。"下文:"梅酸藕灡蔗空心。"下文:"看人学样灡肚肠。"卷中:"糷饭,饭伤热湿齾住者。"卷上:"好记心弗如殯笔头。"下文:"打弗着,殯狗脚。"下文:"骗得骗,屁股殊(原文从歹,下同)得大半边。"卷下:"烂、灡、殯、殊,皆音'滥'。火熟曰'烂';水齾谓'灡';腐溃为'殯',同'殊'。四字本分三义,俗似只识'烂'字,概书'烂',可笑也。"以上各字除了"滥"属同音借用以外,其余虽本义或有区别,但在例中均可写作"烂"。事实上,范氏一方面笑人不辨,一方面自己也混用,如"烂眼"与"滥眼"、"灡饭"与"糷饭"、"灡肚肠"与"殯狗脚"等。

《越谚》使用方俗字的第三个特点是用字太随意,考证欠严谨。

例如：

荎　卷中："荫山花，即杜鹃，生柴荎中，扫墓时盛开。"下文："柴荎，山间有一种盘错老根，逢春生稊，名此。荎音滋，从俗。""柴荎"即木柴的根，字当作"柴株"（《说文》："株，木根也。"越语滋、株音近）。清茹敦和《越言释》："今越人砍柴既了，又乞其根卖之，则谓之柴株。"《鄞县通志·方言（二）》"株（荎）"条："甬称草木斫后余根曰株。《说文》：'株，木根也。'系传：'在土曰根，在土上曰株。'《越谚》作'荎'，音滋，俗杜撰字，实即株之变音也。亦曰根株。"（第2903页）范氏用了一个当时流行的俗写"荎"字，让今人摸不着头脑。

褕　卷中："褕身，上（音）俞。雇工人外裳，蓝布为之，御秽浊者。按《史记·万石君传》'厕褕'二字，徐广二注，苏林、孟康、晋灼三说皆未确，师古《汉书》注是也。越之'褕身'，不近身而袭外，义实同。"又卷下："褕，（音）余。衣物围烘缸曰褕。凡物围绕亦同。"以上两条"褕"字皆求之过深，其实"褕"非本字，本字就是"围"。吴语"围"有文白两读，文读音"违"，如围棋、围墙、包围等；白读音"余"，如围身（即围裙，用染成蓝色的土布制作，劳作时围在身前保护衣服）、围巾等。围身、围巾的"围"今苏州、上海、宁波都读[ɦy]（参《现代汉语方言大词典》第4378页、《汉语方言大词典》第2673页）。卷上："当弗得经，当弗得纬。（音）裕。"又卷下："纬，（音）裕。纺铤间棉丝成个者。""纬"从韦声而读裕，可以旁证。

三、《越谚》方俗字的辞书学价值

上面说过，《大字典》已经采择了不少《越谚》方俗字的材料，但从总体看，可以利用的空间还很大。《越谚》方俗字对大型字典的编纂和修订具有多方面的价值，下面主要以《大字典》第二版为参照物，略述一二。

1.补充字条。例如：

刞　卷上："钝薄刀刞猪——越割阔。"（引者按："越割阔"当作"越割越阔"）"刞"同"阉"。《中华字海·补遗》："刞，音义待考。字出北大方正《汉字内码字典》。"《大字典》不收，可补。

橾　卷上："耐可甩患三橾稻，弗可丢患鲫鱼脑。"又卷中："稻义（义），丢稻橾、叠稻芄用。"又卷下："橾，（音）束。小束也。草一橾。""橾"同"葇""橾"。《集韵·铣韵》："葇，《说文》：'小束也。'或作橾。"范氏将"橾"字表义的"束"改为表音的"束"。"橾"字不见字书，可补。

敕　卷中："蠶不倒，敕泥为坐盘，裱纸为身首，画作弥勒佛形，为孩儿要具名此。"下文："缸灶，敕泥如瓮，口容尺四镬，旁有火门，贫贱家用。"下文："香，锉沉檀速降香木为屑，敕罨成条，祭祀用点。""敕"犹揉、团弄。制作砖瓦等，先要把泥揉得软熟，越语称为"敕"。"敕"同"拣"，但"拣"字《大字典》释曰："拣，liàn　①捶打物。②同'柬（拣）'。选择。"而无此义。"敕"字其形其义不见字书，可补。

2.补充音义。例如：

义　《大字典》："'義'的简化字。"可补：chā 同"叉"。卷上《义》（此与孩义手戏语）："义、义、义，义到外婆家。"下文《金角义》："金角义，银角义。"又卷中："夜义，《太平广记》引《河东记》有夜义骂僧事。"下文："义袋，即囊。盛米谷用。"《越谚》"叉"及偏旁"叉"或作"义"，或作"叉"。他书亦有其例，如《太平广记》卷三百八十一《皇甫恂》引《广异记》："寻见牛头人以股义义其颈去，恂得放还。"由于不明古书"义"及偏旁"义"实同"叉"，《宋元明清百部小说语词大辞典》把当拱手讲的"义手"之"义"误注为音 yì。

甩　《大字典》收有"挥动；摆动""扔，丢"等四义。可补：guàn 指圈形的东西或器物上的提梁。卷中："银镗箍，大门铁甩，客叩即鸣。屈戍也。"下文："担桶，厥桶有甩，成双。每容四五斗，汲水担之。"下文："四甩篮。"又卷下："甩，刮患切。……越俗篮甩、箱子甩等字从此。”下文：“倚，物之不相属者联属之。如倚柄、倚甩是也。”“甩”吴语音“掼”，此义实为“环”之音转。

駝 《大字典》：“tuó 囊；连囊。《广雅·释器》：‘駝，囊也。’王念孙疏证：‘《玉篇》：“駝，马上连囊也。”今俗语亦谓马上连囊曰駝。’《广韵·歌韵》：‘駝，駝负。’”可补 tuó 拿。卷上：“駝得猪头，无处寻庙门。”下文：“三月弗駝扇，好像种田汉。”下文：“手弗能駝，肩弗能挑。”又卷下：“佗、驼、駝，皆音驮。《集韵》分作三字，负荷曰佗，马负物曰驼，马上连囊曰駝。越语取物曰駝来，送物曰駝去，提物曰駝东，宜从駝。”绍兴、宁波一带管拿叫“驼”，明李诩《戒庵老人漫笔·今古方言大略》：“凡取物……宁波、浙东曰驼。”字或作“驮”“拕”等，写作“駝”的仅见于《越谚》。又，《说文·人部》：“佗，负何也。”一般以为，“驼”（举“驼”以赅其他）的拿义由“佗（驮）”的背负义引申而来。“駝”，《广韵》释为“駝负”，故范氏把它用作拿取字。又，《大字典》所引《广雅》与《广韵》材料当一分为二，加上《越谚》材料，“駝”字实有三个意思：囊，袋子；背负；拿。

3.补充例证。例如：

灩 《大字典》：“（二）yàn 以盐腌物。《广韵·艳韵》：‘盐，以盐腌也。灩，上同。’《字汇·水部》：‘灩，以盐腌物也。’”无例证，可补卷中：“灩菜，越俗贫富皆菜饭，冬腌，足用一年。灩音艳，出《广韵》。”下文：“灩鸭子，稻草灰和盐捣腌鸭卵，久则臭而黄变黑。”下文：“煞口，越谓臭灩菜煞口、煞饭。”

莿 《大字典》：“cì 草木的芒刺。《说文·艸部》：‘莿，茦也。’朱骏声通训定声：‘按：当为茦之或体。’《玉篇·艸部》：‘莿，芒也，草木针也。’”无例证，可补卷上：“摸奶触莿。”下文《九九消寒谣》：“六九五十四，笆头出嫩莿。”又卷中：“地杨梅，秋冬团花，如杨梅而莿疏，有叶无梗。”下文：“杨梅，核外攒莿，簇簇如绒球。”

餗 《大字典》：“同‘素’。蔬菜类的食品，与‘荤’相对。《集韵·

莫韵》：'餷，膳彻荤也。'……"无例证，可补卷中："餷斋，避上'荤菜'，全用植物米粉为之。又名'餷下饭'。"下文："斋嚼，和尚拜忏，餷饭外加钱。"下文："吃长餷，有嫠而终生茹者。亦有吃三年以报母者，曰报孃恩；其报父与舅姑及夫，亦各三年。"下文："吃花餷，此择日而间花吃者也。或吃观音餷、三官餷、雷餷、斗姥餷，名类不一，皆年有定月，月有定日，此外仍茹荤。"

4.纠正讹误。例如：

屏　《大字典》："屏，lòng 同'弄'。巷子。《越谚·蟢子窠》：'屏堂花猫赶老鼠。'"

《汉语大词典》："屏，同'弄²'。参见'屏堂'。"又："屏堂，小巷，巷子。清范寅《越谚·蟢子窠》：'屏堂花猫赶老鼠。'"其实，"屏""屏堂"是虚假条目。据《大字典》"主要引用书目表"，《越谚》依据的版本也是光绪八年谷应山房刻本，该本子"屏"实作"庰"。他如卷上："摸暗庰堂。"下文："天河对庰堂，家家人家晒酱缸。"又卷中："庰堂，上（音）弄。巷也。"并作"庰"，可证。"庰"字古已有之。《大字典》："庰，③同'弄'。里弄；巷子；胡同。《正字通·广部》：'庰，与弄通……今江北谓长巷曰庰。'"无例证。《越谚》"庰堂"用例正可作为例证。

鬾　《大字典》："鬾，qí　②南方之鬼。《集韵·尾韵》：'鬾（鬾），南方之鬼曰鬾（鬾）。'清范寅《越谚》卷上：'疑心生暗鬾。'又卷中：'鬾'。自注：'即鬼。'"又："鬾，同'鬾'。《玉篇·鬼部》：'鬾，鬼俗。'《广韵·尾韵》：'鬾，鬼俗。吴人曰鬼，越人曰鬾。'……《集韵·尾韵》：'鬾，南方之鬼曰鬾。'《类篇·鬼部》：'鬾，或从幾。'《中国谚语资料·一般谚语》：'耐可拨在行人轮旗，勿可拨俖子鬾拜帅。'"

以上"鬾""鬾"两条多有讹误。"鬾"条所引《集韵》实作"鬾"；所引《越谚》一作"鬾"，一作"鬾"（卷中之"鬾"其实不能用作书证），核刻本原文，其实都作"鬾"。不仅是这两个，《越谚》全书均作"鬾"。"鬾"条所引《玉篇》《广韵》《集韵》《类篇》均作"鬾"；所引《中国谚语资料》

出自《越谚》卷上,除了"甏"有误以外,"轮"当作"砬","勿"当作"弗"。要之,《大字典》"甏"义项二所有书证例字都与字头不合;"甏"条所有书证都失实,"甏"也就成了虚假条目;"甏"字失收,当补。

儳 《大字典》:"同'儳'。清范寅《越谚》卷上:'新人新郎官,饭吃九十九汤碗,菜卤淘淘再吃碗,污儳一桶盘,尿儳一竹管。'按:《越谚·叠文成义》:'儳音寨,谓出大恭小解痢疾不止者也。''儳'同'儳'。"

核《大字典》引书所依据的刻本原文,上两例"儳"实作"儳",且《越谚》全书"儳"用例甚多,而无一作"儳"者,"儳"其实也是虚假字条。又,《大字典》"儳"字条释曰:"zhài 大小便排泄不止。……《越谚·叠文成义》:'儳,音寨。谓出大恭小解痢疾不止者也。'"释义不够准确,书证的标点也有问题。正确的标点应为:"儳,音寨。谓出大恭、小解、痢疾不止者也。"范氏是说,"儳"有排泄大小便和拉痢疾(包括拉肚子)两个意思,而非"大小便排泄不止"。请看《越谚》用例:卷上:"门角落头儳污——勿图天亮。"又:"钱塘江儳尿——欠多。"又:"饿弗杀个伤寒,儳弗杀个痢疾。"《〈越谚〉点注》:"儳:在越方言中'儳'有'拉'(屎)、'撒'(尿)、'放'(屁)、'得痢疾'等含义。"(第39页)今宁波方言也有此词,字或作"撒",见朱彰年等《宁波方言词典》第458页。

㲀 《大字典》:"㲀,(二)qiào 《越谚》音壳。方言。黏物不熨贴。清范寅《越谚》卷中:'㲀,凡黏物不熨贴曰㲀起。'"

本条形、音均可商。形是范氏搞错了,音是字典编者搞错了。考《广韵·觉韵》:"㲀,㲀皱。胡觉切。"又:"皱,㲀皱,皮干。苦角切。"《集韵·觉韵》:"㲀,㲀皱,干也。辖觉切。"又:"皱,㲀皱,干也。克角切。""㲀皱"为联绵词,音学壳,吴语多单用"皱"。"燥皱皱"形容干燥的样子,《越谚》卷上:"九月十二零,晚稻燥皱皱。""皱起"指东西干后与粘着处脱开,中间凸起(今上海、宁波均有"皱"这个词,参《现代汉语方言大词典》第 4406 页）。可见"甍"应作"敆"。这个词范氏注为音"壳"，而"壳"今有 ké、qiào 两读，字典编者大概是联想到其义与"翘"有关，就取了 qiào 的音。《越谚》卷中："敆敆，（音）吉确。湿物乍燥。""壳""确"及"苦（克）角切"都读入声，吴语同音，按《广韵》反切，"敆"今音当为 què。总之，《大字典》既沿袭了《越谚》字形错误，又增加了新的注音错误。

蠦　《大字典》："蠦，má 同'蟆'。'蛤蟆'，也作'哈蠦'。清范寅《越谚上·三寸姑娘》：'三寸姑娘，芥菜地哩乘风凉。田鸡哈蠦来咹去，郎君哭得好凄凉。'"

"蠦"是第二版新增字。遗憾的是，本条存在着注音、释义、校勘等多种问题。"蠦"从霸声，"蟆"从莫声，二字怎么会音义相同呢？"也作'哈蠦'"的依据又是什么？核原文，"哈蠦"实作"蛤蠦"，《大字典》"咹"字条已引本例，正作"蛤蠦"。《越谚》还有两例，如卷上："蛤蠦礐床脚——竭力撑。"又卷中："蛤蠦，（音）葛霸。……即《本草》之蟾蜍。"吴语管蛤蟆叫"蛤蠦"，音葛霸（gé bà），字又作"蛤蚆""蛤巴""蛤霸""革巴"等（参《汉语方言大词典》第 6098～6099、7421 页）。

嘓　《大字典》："嘓，guō　②吃（儿童语）。《中国歌谣资料·越谚》：'熯块白鲞，拨宝宝嘓嘓饭饭。'"

注音、释义均可商。音当读去声 guò，义为用菜肴等下饭、下酒。本作"过"，如北魏贾思勰《齐民要术·脯腊》："（鳢鱼脯）过饭下酒，极是珍美也。"《醒世姻缘传》第二十三回："酒倒尽有，只是没有过酒的菜。"《越谚》即有作"过"的，如卷中："过酒胚，括糕果肴核之堪下酒者。""嘓"即"过"的增旁俗字，《越谚》除上例外，还有用例，如卷上："刻螺蛳嘓酒，强盗赶来弗肯走。"又，《大词典》"嘓"字条只收"象声词。小儿相应声"一义，义项不全。

孍　《大字典》："孍，同'嬾'。《龙龛手鉴·女部》：'孍，俗；嬾，正。'清范寅《越谚·孩语孺歌之谚》：'竹管里头一只孍鸡娘，杀杀请姨娘。'"又:"孂,同'嬔'。《龙龛手鉴·女部》:'孂','嬔'的俗字。清范寅《越谚·詈骂讥讽之谚》:'闲管鸡娘孂鸭卵。'"

考高丽本《龙龛手镜·女部》:"孂,俗;嬔,正。芳遇反,兔子曰～。又芳万反,鸟伏卵出也。"(《龙龛手鉴》无作"孂"者,"孂"当是"嬔"的变体)《大字典》"嬔"字条:"(一)fàn ①生子多而素质均匀。②蕃殖。③禽类生蛋。④鸟伏乍出。(二)fù 兔崽。"(书证均略)以上各个音义都不能解通《越谚》的"孂"。《越谚》"孂"字例多,尚有卷上:"孂小鸡,两妇戏言行房。"又卷中:"孂鸡娘,无卵空孂曰赖孂鸡娘,未卵曰鸡婆。"下文:"浴,孂逾卵期不出雏,以温汤浴之,动者仍孂,否则弃之。""孂"是禽鸟孵卵的意思,字古作孚、伏、抱等。《说文·爪部》:"孚,卵孚也。"徐灏笺:"孚、伏、抱一声之转,今俗谓鸡伏卵为步,即孚之重唇音稍转耳。"《越谚》卷下:"孂,(音)步。……文取音义稍近者借侻耳……出《龙龛》。"原来,范氏只是从《龙龛手鉴》借了一个自认为"音义稍近"的字来记录方言中"鸡伏卵"的那个词。《大字典》仅仅指出了"孂"的所谓"正字",而没有揭示它在《越谚》里的特殊含义。

《越谚》附论有《论雅俗字》一文,其中说:"天地生人物,人物生名义,名义生字,无俗之(则)非雅,无雅不自俗也。……今之士人,字分雅俗,意谓前用者雅,近体者俗。俗虽确切,弃之;雅纵浮泛,偭之。夫士人下笔,岂可苟哉?然雅俗之分,在吐属(谈吐),不在文字耳。今之雅,古之俗也;今之俗,后之雅也。与其雅而不达事情,孰若俗而洞中肯綮乎?"范氏与历代正统文人推崇正字、雅字而排斥俗字的态度不同,支持使用俗字,这是非常"开明"和"通达"的(参《汉语俗字研究》第3页)。但是,从《越谚》一书的写作实践看,似乎犯了矫枉过正的毛病。

参考文献:

[1]汉语大字典编辑委员会:《汉语大字典》(第二版),四川辞书

出版社、崇文书局 2010 年版。

［2］侯友兰等：《〈越谚〉点注》，人民出版社 2006 年版。

［3］李荣主编：《现代汉语方言大词典》，江苏教育出版社 2002 年版。

［4］许宝华、宫田一郎主编：《汉语方言大词典》，中华书局 1999 年版。

［5］张涌泉：《汉语俗字研究》，岳麓书社 1995 年版。

（原载《古汉语研究》2011 年第 4 期）

"令尊"类词语用法的历史考察

"令尊"是个古词语,今仍沿用。这个词意义单纯,用法却比较灵活。近读曾俊扬先生《"令尊"用法不当》一文,引起了笔者探讨的兴趣。该文说:

老作家汪曾祺先生在《张郎且莫郭郎》(《南方周末》一九九七年一月十日)一文中有一句话:"丁聪所以被称为'小丁',大概和他的令尊被称为'老丁'有关。"这里"令尊"一词用法不当。"令尊"是人称敬辞,意思是"你的父亲"。按照这个解释,原句显然不通,"令尊"当改成"父亲",才合乎文法。(《咬文嚼字》1997年第6辑)

这种看法,是否有道理呢?

一般说来,"令"作敬辞,多用于称对方的家属或亲属,如令尊、令堂、令慈、令岳、令妻、令正(政)、令阃、令兄、令弟、令姊(姐)、令妹、令郎、令嗣(似)、令爱(媛)、令媛、令孙、令亲等等。其中"令尊"一词,《现代汉语词典》(第6版,下同)解释说:"敬辞,称对方的父亲。"《现代汉语规范词典》(第2版)解释说:"敬词,用于称对方的父亲。"《汉语大词典》解释说:"称对方父亲的敬词。"曾先生立论大概即本于此。诚然,"令尊"类词语往往用于对话或书札中,含有"你的父亲"等的意思,但"你的"是隐含义,并非"令"等于"你的"。"令"有美、善义,如令名、令姿、令望、令闻、令德、令器、令声、令誉等,"令"作敬辞,正取此义。语言是发展的,在使用过程中,这类词可以派生出另外一些用法。首先,"令尊"类词结构进一步凝固,成为对对方家属或亲属的敬

称,为了使表意更加明确,可以在"令尊"等前面加上第二人称代词"你""你们"加以限定。例如:

(1)《西游记》第四十一回:"行者道:'哥哥,是你也不晓得。当年我与你令尊做弟兄时,你还不知在那里哩。'"下文:"你令尊叫做牛魔王,称为平天大圣。"

(2)《咒枣记》第十回:"适才遇着杨丰吉老丈,说道死的是你令尊,这娃子是你令郎。"

(3)《醉醒石》第三回:"娘子,你令尊在日,也是一个财主,怎的把你放到这样年纪才嫁出门?"

(4)《连城璧》申集:"只怕你令尊的家法,没有这般处得他痛快。"

(5)《锦香亭》第八回:"如今待我放出你令尊,封他作大大官儿。"

(6)《离合剑莲子瓶》第十回:"想你令尊在日,虽不叫巨万,尽尽可以过得。死去未过三年,怎么就说消条?"

(7)《升仙传》第三十七回:"我和你令尊又是同年又是一拜兄弟,如今久已不通信了。"

(8)《说唐》第八回:"贤侄,老夫想你令尊,为国忘身,归天太早。"

(9)《儿女英雄传》第二十四回:"我如今把你令尊令堂给你请到你家庙来,岂不早晚厮守?"又第十九回:"你令堂这口灵,你就果的忍心埋在这座荒山,不想他合葬不成?"

(10)元郑德辉《㑳梅香》第三折:"这声音九分儿是你令堂。"

(11)《醒世恒言》第二十二卷:"元礼道:'这是你令堂恻隐之心,留我借宿。'"

(12)《华光天王传》第十七回:"我当初与你令堂老夫人同囚在驱邪院。"

(13)《闪电窗》第五回:"你们的风流不风流,与我没相干,快请你令堂起来。"

(14)《二刻拍案惊奇》卷二十二:"张三翁赶上,一把拉住道:'是你的令岳,为何见了就走?'"下文:"今住的,原是你令岳家的房子。"

(15)《绣鞋记警贵新书》第十一回:"数月前你令叔到舍,称说需银应急。"

(16)《清风闸》第九回:"众人说:'孙小继,你的意思要招你令婶母不成?'"

(17)《金瓶梅词话》第六十一回:"你令正病才好些,你又禁害他!"

(18)《梦花酣》第十出:"只怕你的令政,像了这画,也是个人草藁哩。"

(19)《欢喜冤家》第续一回:"玉香笑道:'你的令政也差认了尊兄,亦被良人冒名宿歇了。'"

(20)《冷眼观》第十一回:"我前天在京里引见的那日,适巧你令兄放了俄国钦差。"

(21)《初刻拍案惊奇》卷二十三:"你令姊借你的身体,陪伴了我一年。"

(22)《梼杌萃编》第六回:"只要妹妹依了同着出京,你令姊的柔情淑德,难道还有什么不相容么?"

(23)《风月鉴》第十三回:"郑氏说:'你这话说错了。奚家也是旧族……就是如今也还过得。只要你令姐不嫌我们就是了。'"

(24)《兰花梦奇传》第九回:"你令表弟在此替你令弟说亲,我瞧各事都还相当,我就为你令弟不曾发过科第,所以尚在游移。"

(25)《听月楼》第十一回:"分明一个宝珠的阴魂出现,怎说是你令妹?"

(26)《西游记》第四十三回:"行者道:'你令妹共有几个贤郎?'"又第五十九回:"你令郎因是捉了师父,要蒸要煮,幸亏了观音菩萨收他去,救出我师。"

(27)《鼓掌绝尘》第十三回:"(众人)都劝解道:'比如你令郎不

来,那些都要被他弄完了,幸喜留得些还好。'"

(28)《听月楼》第六回:"柯爷见宣爷不认账,怒道:'你说令郎不在家,怎么有个凭据是你令郎笔迹,且情事显然,难道我冤赖你令郎么?'"

(29)《官场现形记》第一回:"将来望你们令郎,也同我这小孙子一样就好了。"

(30)《金瓶梅词话》第六十七回:"西门庆道:'多的你收着。眼下你二令爱不大了?你可也替他做些鞋脚衣裳,到满月也好看。'"

(31)《闪电窗》第五回:"(邹云汉)说道:'敝年兄娶你的令爱,费了些银钱,原是寻快活的。不料你们令爱终日炒闹,却没一些恩情,敝年兄的意思也冷了。'"

(32)《平山冷燕》第十九回:"你令爱得配此人,方不负胸中才学。"

(33)《照世杯》卷一:"张少伯道:'你令爱多少身价?'"

(34)《比目鱼》第五回:"若像你令爱那样性情,要想他趁人家的银子,只怕也是件难事。"

(35)《新上海》第二十回:"你令侄女受了聘了,配了个鼎鼎盛名的杨月楼呢。"

(36)《儒林外史》第二十一回:"你令孙长成人了,著实伶俐去得。"

作为"称对方父亲的敬词","令尊"前除了可加第二人称代词外,还可加"你家"等名词性词语。例如:

(37)《清风闸》第十五回:"当初你家令尊翁姓张,你们弟兄三个。"下文:"你家令尊当日借我家父亲四百两银子,至今本利未还,到了如今你开了店,认不得相好的了?"

以上诸例中,"令尊"之类再也不能理解为"你的父亲"等意思了。这与下列情况有点相似:"乃"有"其,他的"义,但在"他乃尊"(《金瓶梅词话》第九十三回)、"他的乃父"(《醒世姻缘传》第十六回)、"他乃

翁"(《儿女英雄传》第二十三回)、"他乃眷"(《儒林外史》第十九回)、
"他的乃弟""他乃兄"(《品花宝鉴》第三十九回、五十一回)、"他乃弟"
(《快心编》三集第四回)、"他这几个乃郎""钟趋(人名)的乃爱"(《姑
妄言》第四回)等说法中,"乃"与后边的"尊"等已凝固为一词,都不能
用"其"义来解释了。

其次,"令尊"类词既然凝固成了对对方亲属的敬称,推而广之,
自然也可用作对第三者亲属的敬称。这时,"令尊"等前面要加上第
三人称代词"他"。例如:

(38)《型世言》第十一回:"但是目下要写书达他令尊,教他来接
去,未得其便。"又第三十二回:"水心月道:'这他令尊估过几处才买,
都道值一百多两。'"

(39)《比目鱼》第三回:"我今把这个意思也写在上面,求在他令
尊面前说个方便,把我改做正生。"

(40)《红楼梦》第二回:"他令尊也曾下死笞楚过几次,无奈竟不
能改。"(商务印书馆《红楼梦语言词典》释此例"令尊"为"尊称对方父
亲",不确)

(41)《绿野仙踪》第四十三回:"苗三道:'这是泰安州温公子。当
年做过陕西总督,即他令尊也。'"

(42)《蜃楼志》第十四回:"老乌因他令尊兼署了盈库,气象大不
似从前。"

(43)《姑妄言》第五回:"及至他家的亲友闻知走来吊唁时,孰知
他令尊已出过殡了。"又第九回:"一个八九岁娃娃知道甚么?把他所
见他令堂的这行乐图细述,这话外边也就传开了。"

(44)《黄孝子》第九出:"我说是个叫化婆,你每说他的令堂,可知
他是骗子。"

(45)《欢喜冤家》第一回:"他父亲在京中去了,是他令堂悄地央
人接我,要我及早催他过门。"

（46）《歧路灯》第二十一回："我有个朋友,叫做林腾云,要与他令堂做寿屏,要一班戏,与我商量。"又第三十四回："与谭家这孩子一个甜头儿,他令堂就喜欢了,他再一次也肯来。"

（47）《照世杯》卷二："你家老爷在生时,与我极相好,他的令叔便是我的叔执了。"

（48）《型世言》第二十六回："如今我自领了银子去,等他令兄进来。只是他令兄,朝奉须打点一个席儿待一待,也是朝奉体面。"

（49）《连城璧》卯集："他令兄与我相熟的,待我去讨来。"

（50）《梼杌萃编》第十三回："有一夜,他令兄倒没有出去应酬,在家里住的。到了黎明,却就起来,到他妹子窗外一看,只见床面前摆着两双鞋子,晓得他令妹正在同一位新学朋友研究那体育功夫。"

（51）《歧路灯》第二十八回："咱说行事,他令弟与他个信儿,他自然回来。"

（52）《红楼梦》第五十九回："（那婆子）复又看见了藕官,又是他令姊的冤家,四处凑成一股怒气。"又第九十二回："冯紫英又问:'东府珍大爷可好么? 我前儿见他,说起家常话儿来,提到他令郎续娶的媳妇远不及头里那位秦氏奶奶了。'"

（53）《儒林外史》第十八回："仍旧立的是他二令郎,将家私三七分开,他令弟的妾自分了三股家私过日子。"又第三十一回："小侄已经把他令郎、令孙都接在此侍奉汤药。"下文:"凡他令郎、令孙来看,只许住得两天。"

（54）《歧路灯》第十八回："到了他令郎夏逢若手内,嗜饮善啖,纵酒宿娼,不上三五年,已到'鲜矣'的地位。"又第四十四回："周小川道:'怕他是装的腔儿。我恐王春宇回来,果然是他令甥,这脸上便不好看了。'"

（55）《型世言》第一回："他令爱现在此处,兄要一见么?"

（56）《快心编》三集第四回："若他令爱得归小儿,自然六礼全备;

他的侄女来时不成局面,自然退居妾媵。"

(57)《离合剑莲子瓶》第三十回:"陆老爷嫌贫爱富,他令爱贤德,不肯改节。"

(58)《蕉叶帕》第五回:"这老先生又是令先尊的同僚,他的令爱又是通家兄妹。婚媾甚宜,必然见允。"

(59)《新上海》第四十二回:"吴乡绅派人四处寻访,才晓得他令媛已与小阿四自由结婚了。"

用"令尊"类词指称他人的亲属,在"令×"前还可以加指示代词(后面可带量词)、数量词、各种称谓词或人名。例如:

(60)《梼杌萃编》第十三回:"这位令兄倒也深明只求保全自己的自由、并不侵人的自由的道理,所以也不去惊动他。"又第十四回:"他这令弟也答应了,就帮着他脱卸,两人睡了下来。他这令弟靠着他姊姊的酥胸雪股,也觉得异样香温。"下文:"他这令弟才交十三岁,这是个未脱茧的僵蚕。"下文:"他这位令弟名叫近仁,却是生成木讷,如同傀儡一般,可以听人播弄的。"

(61)《姑妄言》第四回:"他那令爱在闺中待字,信都不知,忽然间得了个女婿,大约也没有甚么抱怨父母处。"又第十二回:"家私籍没入官,阖家男妇发陕西庆阳府充军,王恩的令爱不消说是跟着去了。"

(62)《绿野仙踪》第四十三回:"既然有他两个令妹在这里,我们就暂时坐坐何妨!"

(63)《歧路灯》第二十一回:"敬约者,九月初十日汉霄林兄令堂陈老夫人萱辰。公约敬制锦屏,举觞奉祝。"

(64)《蜃楼志》第十四回:"他少奶就是大奶奶的令姊,闻说最贤慧的。"

(65)《型世言》第二十七回:"那皮匠便对陈公布道:'个是高徒么?'陈公布道:'正是,是陈宪副令郎。'"

(66)《醒名花》第五回:"(贾龙)道:'这就是令妹丈么?'翌王道:

'正是舍妹丈,陕西总戎陶药侯的令郎。'"

(67)《九云梦》卷一:"(道人)问曰:'君是避乱之人,必淮南杨处士令郎也。'杨生趋进再拜含泪而对曰:'小生果是杨处士子也。'"

(68)《五色石》第一卷:"原来陶寅翁的令爱已物故了,他前日原说有病。"

(69)《十二楼·合影楼》第一回:"风流才子的公郎,比不得道学先生的令爱:意气多而涵养少。"

(70)《青楼梦》第六十一回:"(挹香)道:'大贤媳,你是林哥哥令媛,闺训必谙,无庸愚舅琐琐。'"下文:"梦仙有三子二女,也替他们婚嫁,剩一第三儿子,聘了一位户部郎中之令媛,也算向平毕愿。"

以上"令"类词语的用法,更是远远逸出了尊称对方家属或亲属这一范围。

"他令尊"之类的说法,现代汉语里也不乏其例。除篇首所引汪曾祺先生一例外,再举两例:

(71)《鲁迅书信集·致增田涉》:"我觉得令郎比他令尊更为神气,这样说似乎颇不妥当,但照片是事实胜于雄辩。"

(72)吴组缃《山洪》二七:"又叫双全官和东老爹出面照料,吩咐他的令弟富黄瓜帮忙当差。"

综上所述,"他的令尊"这一说法于古有征,于理可通,不能说是"用法不当"。之所以造成误解,除了这类说法现在比较少见外,根本原因在于通行辞书对"令尊"类词的用例搜集不够全面,训释不够周密:只注意到尊称对方亲属的常见用法,而忽略了尊称他人亲属的特殊用法。

《汉语大词典》是一部古今兼收、源流并重的大型语文词典,在"令尊"类条目的收释方面,存在着不少疏失。表现在:1.词目有遗漏。如收了"令尊""令堂"而不收"令岳""令叔",收了"令弟"而不收"令兄",收了"令妹"而不收"令姊""令姐",收了"令子"而不收"令孙"。2.释义欠准确。除已论及的"令尊"外,如"令堂"释为"称对方母亲的敬词","令郎"释为"称对方儿子的敬词","令爱"释为"称对方女儿的敬词","对方"太狭窄,当改为"他人"。3.义例有矛盾。如"令正"条释曰:"称对方嫡妻的敬词。……《西游记》第五九回:'尊府牛魔王,当初曾与老孙结义,乃七兄弟之亲。今闻公主是牛大哥令正,安得不以嫂嫂称之!'"引文系行者与铁扇公主对话,此"令正"实为尊称第三者的嫡妻。《欢喜冤家》第十一回:"(你)原来是蔡官人的令政,失敬了。"用法相同。

《现代汉语词典》是一部规范性中型语文词典,对"令尊"这类古词语的处理方式自然可以与《汉语大词典》有所不同。比如"令尊"类词有许多现在不用了,只有一部分还继续使用(主要见诸书面语),《现代汉语词典》以常见的"令尊""令堂""令郎""令爱""令亲"等出条,简明扼要,突出重点,这样处理很好。但在释义方面,均释为"敬辞,称对方的××",总觉得不尽妥帖。如上所论,这些词语在近代汉语甚至现代汉语里还可用于尊称第三者的亲属,以上解释显然失之偏颇。我认为,释义可以改为这样:"令尊,敬辞,称他人的父亲,现多称对方的父亲。"余仿此。

事实上,不少语文辞书对"令尊"类词语已有正确的解释。比如《辞源》(修订本)"令"条第六义云:"对别人亲属的敬称。"并对令正、令兄、令弟、令似、令妻、令岳、令妹、令侄、令郎、令堂、令尊、令爱等都有相应的释义。《中文大辞典》"令"条第九义云:"敬词。今俗尊称他人之亲属,辄冠以令字。"《汉语大字典》"令"条第九义云:"对他人亲属的敬称。"吉常宏主编《汉语称谓大词典·正确使用称谓词(代序)》:"敬称本是敬称对方的,是天然的对称词,但也可以用于他称。不过这须在前边加个第三人称代词'他'。如令尊、尊翁、令兄、令舅兄等,加一个'他'就可转对称为他称了。明乎此,也就可以了解如何对第三者示敬了。"[①]洪成玉《谦词敬词婉词词典》"令尊令严"条云:

78

"敬称他人的父亲。"② 遗憾的是,比《辞源》《中文大辞典》后出的《汉语大词典》未能采纳。

附带说一下,戴昭铭先生《文化语言学导论》第十二章第三节为"古代称谓和礼仪习俗",其中第 4 点"称说对方亲属及有关事物"下云:"令类:'令'含有善美之意,又有'您的'之意,其前不必加代词。"③该章节既然讨论的是"古代称谓",这样的表述似有缺憾,因为"令"类词语不光用来"称说对方亲属";"令"的前面既可以加第二人称代词,又可以加第三人称代词。辛南生先生说:"'我同时窃以为'显然'犯规'。这种说法,犹如'你家的令尊大人''我的拙作'一样,'窃以为'失之于叠床架屋也。"④ 陈建民先生说:"至于'你的令尊在哪儿工作?''我的家父快七十了',都是常识性错误。"⑤据上所论,"你家的令尊大人""你的令尊"恐怕不能简单地与"我的拙作""我的家父"画等号,不能简单地看作语言"叠床架屋"的"常识性错误"。

附注:

① 吉常宏主编:《汉语称谓大词典·正确使用称谓词(代序)》,河北教育出版社 2001 年版,第 6 页。

② 洪成玉编著:《谦词敬词婉词词典》,商务印书馆 2002 年版,第 74 页。

③ 戴昭铭:《文化语言学导论》,语文出版社 1996 年版,第 218 页。

④ 辛南生:《既然有"我",何必再"窃"》,《咬文嚼字》2000 年第 1期,第 11 页。

⑤ 陈建民:《说话的艺术》(增订本),语文出版社 1994 年版,第 107 页。

(原载《语言文字应用》2003 年第 2 期)

"八抬八绰"及相关词语考辨

明清文献里,"八抬八绰"常用来形容坐轿出行规格高、派头大。这个词语有多种说法和写法,如"八抬八扱""八抬八插""八抬八擦""八抬八簇""八抬八撮"等。

写作"八抬八绰"的,如:

(1)那当驾官即备大轿一乘,黄伞一柄,锦衣卫点起校尉,将行者八抬八绰,大四声喝路,径至金光寺。(《西游记》第六十二回)

(2)朱家人也不打他,推的推,扯的扯,到像八抬八绰一般,脚不点地,竟拿上船。(《醒世恒言》卷三十四)

(3)宝玉向司道等拱手道:"再会!"全副执事,八抬八绰进节署去了。(《红楼圆梦》第二十一回)

(4)金顶鱼轩起得高,八抬八绰去滔滔。黄罗宝盖团团举,绿带云飘荡荡旗。(《再生缘全传》卷十四)(《续修四库全书》据清道光二年即1822年宝宁堂刻本影印本,下同。该书卷十九:"八抬八卓金襄轿,号衣号帽笃翅翘。""卓"当是"绰"之讹。)

(5)这架铺陈多沉重,八抬八绰尚招遥。御林三十来护卫,策马盘旋前后瞧。(同上卷十九)(此言抬铺陈,即抬被褥卧具等,是引申用法。)

(6)如若王大哥当真得了宋朝天下……你为御弟,我做王兄,公卿不做,公侯定封,当朝宰相,行同坐同,八抬八绰,真好威风。(《金台全传》第五十四回)

(7)我此时心里急于要想看那仙姑娘是个何等人物,也值得如此八抬八绰的供奉他?(《冷眼观》第二十五回)

(8)一到断过七,形容鬼揎掇着……把棺材生好牛头扛,八抬八绰的扛出门去。(《何典》第三回)(此言抬棺材,是灵活用法。)

写作"八抬八扱"的,如:

(9)扱,楚洽切,义与插通。……又引也,举也,俗以手舁物他徙曰扱,有八抬八扱之谚。(《通俗编》卷三十六)

写作"八抬八插"的,如:

(10)今俗以高官坐轿者,谓之八抬八插。(《南通方言疏证》卷三)

写作"八抬八擦"的,如:

(11)八抬八擦真显贵,绿纱隐隐坐夫人。(《再生缘全传》卷十)(中州书画社 1982 年版《再生缘》作"八抬八掉","掉"当是"绰"之讹。)

写作"八抬八簇"的,如:

(12)黄太尉穿大红五彩双挂绣蟒,坐八抬八簇银顶暖轿。(《金瓶梅词话》第六十五回)

(13)轿是八抬八簇肩舆明轿,轿上坐着朱太尉。(同上第七十回)

写作"八抬八撮"的,如:

(14)一月已到常州,飞英自泊船码头。琪生却坐着献轿八抬八撮,前呼后拥,来到宅中。(《五凤吟》第二十回)

(15)我北直军门卜为人是也,曾八抬八撮,前护后拥。(《聊斋俚曲集·磨难曲》第十七回)

规格稍低的则说"四抬四绰"等,如:

(16)钱青打扮整齐,另有青绢暖轿,四抬四绰,笙箫鼓乐,径望高家而来。(《醒世恒言》卷七)

（17）晁老儿乍离了那富贵之场，往后面想了一想，说："从此以后，再要出去坐了明轿，四抬四绰的轩昂……"想到此处，不胜寂寞。（《醒世姻缘传》第十八回）

（18）汪秀才船到泊里，把借来的纱帽红袍穿着在身，叫齐轿夫，四抬四插，抬上岸来。（《二刻拍案惊奇》卷二十七）（此据上海古籍出版社 1985 年版影印日本藏尚友堂刊本及该社 1983 年版章培恒整理、王古鲁注释本。上海古典文学出版社 1957 年版王古鲁搜录编注本作"四抬四绰"，该版本亦系王氏抄自日本尚友堂本，"插"作"绰"，恐系王氏误抄。）

"八抬八绰"及相关词语《汉语大词典》第一版不收（本文初稿完成于 2018 年 8 月，其时《汉语大词典》第二版尚未出版）。《汉语大词典》第二版第三册（征求意见本）第 566 页收了"八抬八绰"，解释说：

（绰 chāo）用八人抬轿、八人扶轿。绰，用同"策"，用手从旁扶。《西游记》第六二回："那当驾官即备大轿一乘，黄伞一柄，锦衣卫点起校尉，将行者八抬八绰，大四声喝路，径至金光寺。"《红楼圆梦》第二二回："宝玉向司道等拱手道：'再会！'全副执事，八抬八绰进节署去了。"亦形容如抬八人大轿般扛抬扶正。《醒世恒言·一文钱小隙造奇冤》："朱家人也不打他，推的推，扯的扯，到像八抬八绰一般，脚不点地，竟拿上船。"《何典》第三回："一到断过七，形容鬼撺掇着，就在阴山脚下寻块坏心地，做了鬼坟坛，在太岁头上动了土，把棺材生好牛头扛，八抬八绰的扛出门去。"

《汉语大词典》第二版对"八抬八绰"的训释很准确，很到位（其中"扶正"可改为"扶持"），不足的是没有关注这个词语众多的异说异写。另外，目前学界对"八抬八绰"及相关词语的解释言人人殊，所以还有进一步讨论的必要。

分歧主要集中在对"绰""扱"等字的理解上。

关于"绰"，有三种说法：

1.抬;扛;举。如《汉语方言大词典》"绰"条义项四:"抬。吴语。江苏苏州。"引例(16)一例。《明清吴语词典》"绰"条义项二:"抬;搬。参见'八抬八绰'。"《吴语字和词的研究》"绰"条:"'抬,搬'义所构成的复合形式有:【八抬八绰】……【四抬四绰】……"①《近代方俗词丛考》"八抬八绰"条:"'绰'作为动词与'抬'对言,也是'扛''抬'的意思。"②《明清小说辞典》"绰"条义项三:"举起。"引例(1)一例。

2.通"簇",围扶;拥围。如《白话小说语言词典》"绰"条义项七:"簇;围扶。"引例(18)一例。又"八抬八绰"条:"即'八抬八簇'。"引例(1)一例。《近代汉语词典》③"绰"条义项九:"通'簇',围扶;拥围。"引例(16)(18)两例。

3.通"策",扶。如例(18)古典文学出版社1957年版王古鲁注:"四抬四绰:这是指八个轿夫抬的轿子,四个人抬,四个人扶轿杠(叫做'绰'),八个人轮流替换'抬'、'绰'。"④《小说词语汇释》"绰"条义项四:"同'策'。参看'策'字条。"《汉语大字典》(第二版,下同)"绰"条义项九:"用同'策(cè)'。扶着人或轿。"《吴方言词典》"绰"条:"搀扶。"以上三书均引例(18)"四抬四绰"一例。

关于"扱",有两种说法:

1.抬;扛;举。如《汉语大字典》"扱"条义项五:"举。《广韵·洽韵》:'扱,举也。'清翟灏《通俗编·杂字》:'俗以手舁物他徙曰扱,有八抬八扱之谚。'"《明清吴语词典》"扱"条义项二:"(用手)抬,搬。参见'绰②'。□扱:楚洽切。……俗以手舁物他徙曰扱,有'八抬八扱'之谚。(通俗编36卷)"

2.扶。如民国《鄞县通志·方志(二)》第3006页"扱"条:"扱读若却。甬称以手助人舁物曰扱。俗有'八抬八扱'之语,谓八人舁物,八人从旁扶助之也。"《绍兴方言》"扱"条义项一:"扶:八抬八~。"⑤《〈越谚〉点注》"八抬八扱"条注:"'扱':扶持。"⑥

关于"簇",各家解释比较一致:

围随,如《金瓶梅词典》"八抬八簇"条:"八人抬轿,八人围随。"引例(12)(13)两例⑦。簇拥围随,如《近代方俗词丛考》:"'八抬八簇'意思是八个人抬轿,八个人簇拥围随。'簇'也是动词。"⑧簇拥跟随,如《白话小说语言词典》"八抬八簇"条:"八人抬轿,八人簇拥跟随。"引例(12)一例。簇拥随护,如《〈金瓶梅词话〉〈醒世姻缘传〉〈聊斋俚曲集〉语言词典》"八抬八簇"条:"八人抬轿,八人簇拥随护。"引例(12)(13)两例。

关于"撮",只见到一家训释:

撮拥;簇拥。《〈金瓶梅词话〉〈醒世姻缘传〉〈聊斋俚曲集〉语言词典》把"八抬八撮"作为"八抬八簇"的副条,看作异形词,并对"撮"字用括号加注:"撮,音 cuō,撮拥、簇拥。"引例(15)一例。又"撮"条义项五:"借作'簇'。聚集;围拢。例见〖八抬八撮〗〖撮拥〗②。"

此外,还有把"八抬八绰"的"绰"释为"宽绰"的⑨,把"八抬八插"的"插"释为"插杠而抬"的⑩,甚至简单地把"八抬八绰"释为"服务周到,伺候殷勤"、把"八抬八插"释为"高官坐轿"的,都不够准确,此不赘述。

经过以上梳理,我们发现,"八抬八绰"至少有三种解释,"八抬八扱"至少有两种解释,而合理的解释只能是一种。另外,"八抬八绰""八抬八扱""八抬八插""八抬八擦""八抬八簇""八抬八撮"这组词语相互之间是什么关系?是异形词,还是同义词?如果有的是异形词,有的是同义词,那么哪些是异形词,哪些是同义词?凡此种种,都值得深入探讨。

综合考察音义情况,笔者认为,这组词语其实可以一分为二:"八抬八绰""八抬八扱""八抬八插""八抬八擦"是一类,属于异形词,"绰"等义为扶;"八抬八簇""八抬八撮"是一类,属于异形词,"簇"等义为围拥。而"八抬八绰"及其异形词与"八抬八簇"及其异形词又是同义词关系。试述如下:

一、"绰""扱""撮"等确实有抬、扛义,但"八抬八绰"如果释为"八抬八抬",文义不通。

先看"绰""扱""撮"等有抬、扛义。"绰",如明李贽《开卷一笑》卷一:"绰轿执鞭,曰:我小人自当承受;揩台抹箸,云:大叔每不劳动烦。"清《荡寇志》第七十五回:"希真招手道:'衙内走不动,你们把轿子抬进来。'两个把轿子绰到厅上歇下。"清《九尾龟》第十五回:"汉良见小宝允了,大喜,连忙叫了抬轿的相帮,说知缘故。相帮们一齐好笑,却乐得弄他几个赏钱,就绰出轿子。""扱",除了上面已引的材料外,再如清翟灏《通俗编》卷三十八引《江湖切要》:"抬轿曰扱楼儿。""扱楼儿"又作"抬楼儿"(义为奉承、戴高帽),明朱有燉《继母大贤》第二折:"那王义虽是有些本钱,被那姓费的姓苗的每日哄着他抬楼儿,吃了他的。""撮",如清《两交婚》第十一回:"甘福忙将甘梦的这乘轿子,撮到县门前,方叫梦娘下了,走将进去。"

上揭材料表明,"绰""扱""撮"等都有抬、扛义,而且抬、扛的对象有的就是轿子。这也是各家把"八抬八绰"(以"绰"赅"扱"等)的"绰"释为抬或扛的主要理由。但是,即便如此,在"八抬八绰"中,"绰"还是不能释作抬或扛。如果把"绰"释作抬或扛,"八抬八绰"就是"八抬八抬"(以"抬"赅"扛"等),有几个问题不好解释。首先是语义与结构问题。"八抬八绰"是十六人抬,还是八人抬?《西游记辞典》"八抬八绰"条:"前八人后八人扛抬大轿。"《宋元明清百部小说语词大辞典》"四抬四插"条:"指八人抬的轿子。"均持前一说。更多的是持后一说,如《明清吴语词典》"八抬八绰"条:"八个人抬或扛(轿子或棺材等)。"今谓后一说八人抬是。据史书记载,皇帝、皇太后、皇后可以坐十六人及以上抬的大轿,至于大臣,《明史·舆服志》云:"文武官例应乘轿者,以四人舁之","违例乘轿及擅用八人者,奏闻"[11]。《清史稿·舆服志》云:"汉官三品以上""在京舆夫四人,出京八人""钦差官三品以上,舆夫八人"[12]。可见高级官员最多也只能坐八抬大轿。文献材料也证明这一点。明《西游记》第六十二回:"那当驾官即备大轿一乘,黄伞一柄,锦衣卫点起校尉,将行者八抬八绰,大四声喝路,径至金光寺。"下文:"八戒道:'你打着黄伞,抬着八人轿,却不是猴王之职分?'"(前说"八抬八绰",后说"八人轿")清《再生缘全传》卷十:"八抬八擦真显贵,绿纱隐隐坐夫人。"下文:"花轿巍巍八个抬。"(前说"八抬八擦",后说"八个抬")清《聊斋俚曲集·磨难曲》第十七回:"我北直军门卜为人是也,曾八抬八撮,前护后拥。"下文:"俺也曾坐八抬,俺也曾上金阶。"(前说"八抬八撮",后说"八抬")"八轿""八人轿""八人大轿""八人显轿""八抬""八抬轿""八抬大轿"等词语文献习见,所指相同。既然"八抬八绰"是八人抬,语义不是前后叠加,那么"八绰"是什么? 或许有人会说,汉语中有"一心一意""一生一世""一瘸一拐""一歪一扭"等说法,"心"和"意"、"生"和"世"、"瘸"和"拐"、"歪"和"扭"分别同义或近义,词语的后半截是为了凑足四字音节,加强文意,前后两个数字也不是迭加的。但我们认为,"八抬八绰"与"一心一意""一瘸一拐"等属于不同的类型,不能作简单类比;而与"三熏三沐""七纵七擒"等比较相似,前后两个动词意义各异,前后两个数词分别修饰各自的动词。"八抬八抬"仍指八抬的,我们没有找到同类的词例。其次是与"八抬八簇"等协调问题。"八抬八绰"与"八抬八簇"所表达的意思基本相同,"绰""簇"亦当义近。如果"绰"训抬,"簇"训拥围,那么两者字面意思的差别就太大了。

二、"绰""扱""插""擦"方言读音相同,古可通用,而"绰"有扶义。

"绰""扱""插""擦"古代都是入声字。《广韵》"绰",昌约切;"扱""插",楚洽切;《字汇》"擦",初戛切。这几个字方言读音相同或相近,常可通用。如"绰号"也作"插号",元明《水浒传》第六回:"那和尚姓崔,法号道成,绰号生铁佛。"明《禅真后史》第二十一回:"只因这刘爷慈祥好善,引动一个强盗,姓金,插号为焦面鬼。""绰趣"也说"插趣",明《古今小说》卷二:"又假意劝解小姐,抱持绰趣,尽他受用。"《元曲选·百花亭》第二折:"咱费了多少钱财,赔了多少工夫,占的这个表子,你只管来插趣,好没礼也。"《广雅·释诂二》:"扱,插也。"王念孙疏证:"插、扱古通用。"在《再生缘全传》同一部书中,"八抬八绰"也作"八抬八擦",如例(4)(5)之与例(11)。

"绰"有扶义,"扶""绰"常连用。如清《荡寇志》第七十七回:"慧娘叫那养娘扶绰,骑在狮子背上,坐稳了。"又第八十二回:"秀姑娘脚小走不来,我们一个在先,一个在后,扶绰你上去。"又第八十四回:"丽卿诈作病相,尉迟大娘扶绰着他,一步步挨到门楼下那条阔凳上坐了。"《明清吴语词典》"扶绰"条释为"扶,搀扶";《吴语字和词的研究》"扶绰"条释为"扶,搀扶。绰,指用力抬起人体的一部分"⑬。我们认为前者是。"扶绰"之"绰"义同扶,而非抬,尽管"扶持"往往含有"架起"的意思。"扶绰"最早写作"扶策"("绰""策"方言同音,"策"有扶义。字又作"拺""㨽"。《广韵·麦韵》:"拺,扶拺也。"楚革切,与"策"同音。《集韵·麦韵》:"㨽,扶也。或省。"),如五代孙光宪《北梦琐言》卷十六:"舟忽倾侧,上堕于池中,宫嫔并内侍从官并跃入池,扶策登岸,移时方安。"元吴昌龄《张天师》楔子:"强扶策恹恹病里身,空凝望盈盈月下人。"元明《三国演义》第一百六回:"(司马懿)去冠散发,上床拥被而坐,又令二婢扶策,方请李胜入府。"明贾仲明《玉壶春》第一折:"醉醺醺红妆扶策下瑶阶,气昂昂朱衣迎接离金殿。""绰"之扶义现代方言仍有保留,如《汉语方言大词典》"绰"条义项六:"搀扶。吴语。上海松江:~伊一把。"《现代汉语方言大词典》"绰"条:"扬州,上海。扶持:他行动不便,要人在旁边~住他走|我脚底下一趷,不是他在旁边一把~住,我就掼跌下来了(扬州)|伊走走走勿动,只好叫人~转去(上海)。"后者字头"绰"底下加了一个小圆圈,表示它是记音字。从出现时间及音义关系看,《小说词语汇释》谓"绰"同"策",《汉语大字典》谓"绰"用同"策",似乎不无道理。

三、"簇""撮"音近,都有围拥义。

《广韵》"簇",千木切;"撮",仓括切。"簇""撮"都是入声字,读音相近,义项亦多有重合。如都有聚集、聚拢义,唐黄滔《江州夜宴献陈员外》诗:"多少欢娱簇眼前,浔阳江上夜开筵。"唐卢仝《自咏三首》之二:"万卷堆胸杍,三光撮眼明。"都有配药、抓药义,元明《水浒传》第二回:"我有个医心疼的方,叫庄客去县里撮药来,与你老母亲吃。"《墨憨斋定本传奇·人兽关》第十五折:"这几样都是细药,我随身带得在此,簇去吃了便好。"尤其是都有簇拥、围拥义,宋元《清平山堂话本·杨温拦路虎传》:"忽然远远地望见一伙人,簇着一个十分长大汉子。"清《红楼梦》第二十四回:"正说着,只见一群人撮着凤姐出来了。"此外,"簇拥"又可写作"撮拥",如明《金瓶梅词话》第四十三回:"只见众堂客簇拥着乔五太太进来。"明《西游记》第九十三回:"那长老被众宫娥等撮拥至楼前。"清《醒世姻缘传》第四十一回:"戴氏们撮拥着魏氏上了轿。"

事实上,"绰""插"与"簇""撮"等的音义关系比较复杂,由于音近,它们之间偶亦通用。如"俏绰"(风流、俊俏)也作"俏簇",明《雍熙乐府》卷五引元彭寿之散套《八声甘州》:"平生放荡,俏绰声名,喧满平康。"《元曲选·货郎旦》第四折:"据一表仪容非俗,打扮的诸余里俏簇。""插科打诨"也作"撮科打诨",元高明《琵琶记》第一出:"休论插科打诨,也不寻宫数调,只看子孝共妻贤。"清《隋唐演义》第九十五回:"那黄幡绰本是个极滑稽善戏谑的人,平日在御前惯会撮科打诨、取笑作耍的。"但因为"绰"等有扶义,"簇""撮"有围拥义,这些意思在"八抬八×"中都讲得通,所以我们还是把"八抬八绰""八抬八扱""八抬八插""八抬八擦"与"八抬八簇""八抬八撮"分为两类。

四、近代汉语里还有"四抬四扶""八抬八捧""八抬八拥"等说法,可作旁证。

(19)只见县主相公坐下朱青纱幔的凉轿,四抬四扶,打着青罗伞行来。(《平妖传》第十七回)(此据上海古籍出版社 1981 年版。巴蜀书社 1995 年版《明代小说辑刊》第二辑第三册《北宋三遂平妖传》作："只见县主相公坐一乘青纱幔的凉轿,四抬四绰,打着青罗伞行来。")

(20)(叔宝)自己不晓得力大,用左手在轿扛上一拖,轿子拖了一侧。四个抬轿的,四个扶轿的,都一闪支撑不住。(《隋史遗文》第六回)

(21)刘状元满头缀金花,身着绣金黄袍,红缎翅子帽,足登二寸厚官靴,坐八抬八捧显轿。(清刘禺生《世载堂杂忆·太平天国佚史》)

(22)黄太尉八抬八拥大轿,一簇而入。(《新刻金瓶梅奇书》第六十五回)(此据清嘉庆二十一年即 1816 年刻本。明《金瓶梅词话》第六十五回作:"黄太尉穿大红五彩双挂绣蟒,坐八抬八簇银顶暖轿。")

例(19)"四抬四扶"与"四抬四绰"构成异文,例(20)明确说"四个抬轿的,四个扶轿的",例(21)说成"八抬八捧"(捧有扶、簇拥两义),例(22)"八抬八拥"与"八抬八簇"构成异文。上面四个不同说法,正是把"绰"和"簇"换成了"扶"和"拥"!这也恰好印证了上述两分法的观点。

"八抬八绰"及其异形词读音相同或相近,"绰"有扶义,从王古鲁先生释为"扶轿杠"起,《小说词语汇释》《汉语大字典》《吴方言词典》《鄞县通志》《绍兴方言》《〈越谚〉点注》等均把"绰""扳"释为"扶""挽扶""扶持",也符合一般人的语感,这些都是本文立论的重要依据。"八抬八簇"及其异形词读音相近,"簇""撮"都有围拥义,而古有"簇辇"一词(《汉语大词典》"簇辇"条:"皇帝出行时,拥随在车驾旁供役使的人。《金史·仪卫志上》:'捧日队从领人员一十七人,簇辇茶酒班三十一人。'"),辇既然可以"簇",轿自然亦可以"簇"(元明《水浒传》第三十二回:"众军汉拜谢了,簇拥着轿子便行……众人都笑,簇着轿子,回到寨中。")。可见"簇"按字面意思完全讲得通。"扶持"与

"围拥"两义非常接近(如"捧""扶策"等词都兼有搀扶、簇拥两义),所以"八抬八绰"及其异形词与"八抬八簇"及其异形词总体意思几乎没有什么差异,可以看作同义词。实际上,"绰""插"与"簇""撮"等方言音近,"扶持"与"围拥"义近,人们在使用这组词语的时候往往是模糊的、随意的、混用的,把它们当作同义词来使用。在"八抬八×"中,由于"抬"是常用动词,所以未见异文材料;"绰"不是常用动词,故文献中常用音义相同或相近的字来记录。

最后还要指出的是,我们说"八抬八绰"的"绰"是扶,"八抬八簇"的"簇"是围拥,这是就文字训诂角度而言的。实际情况未必一定要"扶"或者"簇拥"。《大清帝国城市印象——19世纪英国铜版画》"北京·八抬大轿"一节英国使节是这样描述的:"第三天,马路越来越窄越陡,使臣们只能放弃英国马车,改用中国轿子上路。马戛尔尼和他的使臣们也尝到了清朝高级官员才能享受的'八抬大轿'的滋味。'大轿用浅黄色的布幔,配上玻璃的窗子。八个人抬着,另外八个人靠近地走着,准备替换。'"⑭虽然这是晚清的材料,但对我们理解"八抬八绰"等的含义也不无帮助。

附注:

①《吴语字和词的研究》,第 84 页。

②《近代方俗词丛考》,第 283 页。

③《近代汉语词典》指白维国先生主编的《近代汉语词典》,下同。

④ 王古鲁搜录编注本《二刻拍案惊奇》,古典文学出版社 1957年版,第 579 页。

⑤ 杨葳、杨乃浚:《绍兴方言》,国际文化出版公司 2000 年版,第 207 页。

⑥ 侯友兰等:《〈越谚〉点注》,人民出版社 2006 年版,第 83 页。

⑦ 白维国：《金瓶梅词典》，中华书局 1991 年版，第 8 页。

⑧《近代方俗词丛考》，第 283～284 页。

⑨《汉语方言大词典》，第 123 页"八抬八绰"条。

⑩《近代方俗词丛考》，第 284 页。

⑪《明史》，中华书局 1974 年版，第 1611 页。

⑫《清史稿》，中华书局 1976 年版，第 3030 页。

⑬《吴语字和词的研究》，第 84 页。

⑭［英］托马斯·阿罗姆绘画、李天纲编著：《大清帝国城市印象——19 世纪英国铜版画》，上海古籍出版社、上海科学技术文献出版社 2002 年版，第 16 页。

参考文献：

［1］白维国主编：《白话小说语言词典》，商务印书馆 2011 年版。

［2］白维国主编：《近代汉语词典》，上海教育出版社 2015 年版。

［3］雷汉卿：《近代方俗词丛考》，巴蜀书社 2006 年版。

［4］李荣主编：《现代汉语方言大词典》，江苏教育出版社 2002 年版。

［5］石汝杰、宫田一郎主编：《明清吴语词典》，上海辞书出版社 2005 年版。

［6］石汝杰：《吴语字和词的研究》，上海教育出版社 2018 年版。

［7］徐复岭：《〈金瓶梅词话〉〈醒世姻缘传〉〈聊斋俚曲集〉语言词典》，上海辞书出版社 2018 年版。

［8］许宝华、宫田一郎主编：《汉语方言大词典》，中华书局 1999 年版。

［9］许少峰：《近代汉语大词典》，中华书局 2008 年版。

（原载《宁波大学学报》2021 年第 1 期。与研究生梁逍合作，梁逍为第一作者）

"按揭"补说

　　"按揭"(购房抵押贷款)这个词,已有多篇文章进行讨论。俞忠鑫先生《常用词语寻源》一文认为,"按揭"是半音半意的外来词。在广东话里,"按"有抵押的意思,"揭"则是英语 mortgage(意为抵押贷款)后半截[giʤ]的广东话音译。魏雨先生《试说"按揭"》也有相同的说法。姚德怀先生在《词语随笔》里则根据粤语"按"有抵押义,《中文大辞典》《汉语大词典》"揭"字收有借债义,说:"这样看来,'按揭'意为'抵押'也不难理解了。"魏雨先生看到姚先生文章后,写了《补说"按揭"》,改变了原来观点而从姚说。而后,李荣先生发表了一篇题为《说"按揭"》的长文章,支持姚先生的观点,并从音变角度讨论了"揭"字古今南北读音,列举了"按揭"在我国广州、香港、北京、上海四地的使用情况。[①]至此,除了"按揭"的出处尚未找到外,其余问题基本上说清楚了。本文想补充的是"按""揭"的一些文献用例。

　　先说"揭"。一般以为,"揭"字费解。其实,在近代汉语里,"揭"当借债、借贷讲,用例甚夥。例如:

　　(1)元关汉卿《救风尘》第二折:"咱这几年来,待嫁人心事有。听的道谁揭债,谁买休。"(陆澹安《戏曲词语汇释》释此例"揭债"为"还清债务",恐不确)

　　(2)元柯丹邱《荆钗记》第六出:"论才难布摆。钱难揭债,物无借贷。"

　　(3)明安遇时《包龙图判百家公案》第九回公案:"他道妇人甚是

美貌,心中不甘,实要价银一十五两,汝可揭借前来,称完领去,不得有误。"又第七十一回公案:"兄去问韩某揭借本钱,想必了事,何又忧闷?"

(4)明陆人龙《型世言》第三十二回:"(任天挺之父)才选得一个湖广都司副断事,未到任病亡,援纳等项,费去银千余两,无处打捞,还揭下许多债负。"

(5)明陆云龙《清夜钟》第三回:"开入帐的或是揭欠债尾,多年冷帐,是些泼皮光棍,追讨不出的。"

(6)明冯梦龙《警世通言》第十五卷:"金满闻得众人有言,恐怕不稳,又去揭债,央本县显要士夫,写书嘱托知县相公。"

(7)明张应俞《杜骗新书·丢包骗·路途丢包行脱换》:"我失银三两,作一包,是揭借纳官的,你客官若拾得者,愿体天心还我,阴功万代。"又《强抢骗·大解被棍白日抢》:"(王亨)家贫无措,揭借亲朋银十余两,独往北京,为办事使用。"又《衙役骗·入闻官言而出骗》:"胡氏难忍,即吐实未有强奸,只揭借不肯,故妆情告他。"

(8)明归正宁静子《详刑公案·奸情类·陈代巡断强奸杀死》:"邓魁先年揭(我)父本银未还。"下文:"先年邓魁揭本经商,屡年未还。"又《抢劫类·岑县尹证儿童捉贼》:"目下欲往江湖贩卖,倘积得分毫,亦得养老。奈缺少银两作本,故来见兄揭借几两,按月加利奉还,不知肯作成否?"

(9)明西周生《醒世姻缘传》第六回:"就是前日买这猫,难道二百五十两银子都是我自己的不成?也还问人揭借一半添上,才买了。"又第二十九回:"祁伯常素性酷好那田鸡……只是有了田鸡的时候,就是揭借了钱债,买一斤半斤,或煎或炒,买半壶烧酒,吃在肚里才罢。"又第三十五回:"他父亲把几亩水田典了与人,又揭了重利钱债。"

(10)清无名氏《警富新书》第十六回:"康熙四十八年,(梁)朝大置老北沙田数顷,为欠价银,与生父宗客揭出九五息银一千两,凑交田价。"

(11)清艾衲居士《豆棚闲话》第九则:"大家俱让着他,没奈何,只得将月粮指名揭了六钱银子与他,按日加一起利。"

(12)清李绿园《歧路灯》第三十回:"王中道:'揭债要忍,还债要狠。此时不肯当卖原好,若再揭起来,每日出起利息来,将来搭了市房,怕还不够哩。那才是揭债还债,窟窿常在。'"第三十二回:"若日后还不到时,就算揭的,每月与他三分行息。"又第四十八回:"谭绍闻听说改揭为借,心中早有八分喜欢。"又第六十六回:"少年公子性情,揭债极怕人知。"又第六十九回:"总之,揭账做生意,这先就万万不可。"此书用例甚繁,不备举。

(13)清邵彬儒《俗话倾谈·闪山风》:"(朱大宽)向闪山风生揭钱壹千文,计及一年,共计利银三两。"

(14)清黄世仲《廿载繁华梦》第二十一回:"可巧这时,那口记的办馆生理,也与周庸祐揭借了十万银子。"下文:"周庸祐就把口记的揭项利息交割一百四十块银子的事,对马氏说知。"

"揭"也可写作"结"。二字同为入声字,方言同音(如吴语),故得通用。例如:

(15)清墨憨斋主人《十二笑》第六笑:"到赌极的地位,衣服也肯脱下来,儿女也肯卖出去。加一的营债,也肯结借他几票。"下文:"开赌的囊家,圈人入局,引诱破家,引诱结债。"

(16)清烟霞主人《幻中游》第八回:"桂娘道:'我是八百银子买的,但能结得八百银子来把我赎出,我自有银子还他。'蔡寅贪恋桂娘的才色,次日回到家里,托人结了八百银子,亲自带到桂娘家来。"

关于"揭",我们还想说明几点。1."揭"当借债、借贷讲,在元明清时期,似乎是"通语"。从上面所举例子看,关汉卿是大都(北京)人,陆人龙、陆云龙兄弟是钱塘(杭州)人,《醒世姻缘传》是用山东方言写的,《歧路灯》豫语色彩极浓,《俗语倾谈》则纯粹是粤语小说。可见"揭"字这一用法古代很普遍,南北皆有之。不仅如此,在现代方言中,也可找到遗迹。冀鲁官话如山东聊城话、胶辽官话如山东莱阳话、吴语如浙江定海话、中原官话如江苏徐州话等"揭"都有或曾经有借债、借贷义(参《汉语方言大词典》第 6012 页,《现代汉语方言大词典》第 4151 页)。2."揭"与"借"属同义词,但两者有区别。"借"钱一般没有利息或只有低利息,"揭"钱则有利息甚至是高利息。苏晓青、吕永卫编纂《徐州方言词典》"揭账"条云:"旧指向人借带利息的钱。也说'揭'。'揭账'与'借账'不同,借账旧指向人借不带利息的钱。"②杜爱英《〈醒世姻缘传〉语词拾遗》"揭、揭借"条云:"它们不是一般的'借'。揭、揭借,指借利息很高的钱,即高利贷。鲁西南方言借高利息的钱叫做'揭钱',和借无利息或利息低的钱说法不同,这种说法在鲁西南(比如单县)口语中还有。"③姚雪垠《长夜》二八:"我跑到姐家去,央着姐夫求爷告奶地又揭了十几块。"自注:"揭高利贷叫做揭债、揭借,简称'揭'。"并其证。此外,上引例句本身也往往能说明这一点。3."揭"有上述意思,与"称""举"不无关系。《说文》:"爯,并举也。"(段氏"称"字注:"今皆用称。")"举,对举也。""揭,高举也。""揭"与"称""举"本同义,而"称""举"又有借贷、借钱义,如《管子·轻重乙》:"食称之国必亡。"《梁书·王志传》:"京师有寡妇无子,姑亡,举债以敛葬。"由于同步引申,"揭"也获得了此义。

再说"按"。上引讨论"按揭"的文章都提到,广东话里,"按"有抵押义(其实闽语如厦门话也有这种说法)。只是各家未能给出书证,甚至连大型语文辞书都不载此义。近读清代广东人乌有先生订粤语小说《绣鞋记警贵新书》,发现颇多其例。如:

(17)第五回:"惟有同姓婶娘田二十亩,情愿写数作按,俾还我们。"

(18)第十一回:"家叔与你生借银两,为甚将我田禾作按,岂不是张冠李戴?"

(19)第十二回:"当日显国按田,书明三个月为限。"

(20)第十回:"南村黄显国揭我白银三百两,将佺成通的田亩作按。"

(21)第十一回:"数月前你令叔到舍,称说需银应急,再四央恳,将你田禾写与我作按,揭去银三百两正。"

清好古主人《赵太祖三下南唐被困寿州城》也有用例:

(22)第十三回:"一妇曰:'世间有此骗食棍徒,还要假冒王亲国戚来吓恐谁人,今不管汝什么等人,欠帐须还钱,□果没有,且留马匹作按拆。'"(此据《古本小说集成》本。"拆"当是"折"之讹,"折"有抵偿义)

值得注意的是,例(20)、例(21)均"按""揭"二字并用。现在购房抵押贷款称为"按揭",当是由这种说法发展演化而来。

亢世勇、刘海润主编《新词语大词典》"按揭"条云:"一种先从银行贷款购物(如汽车、房子等),然后分期归还银行本息的购物方式。系英文'mortgage'的粤语音译。"④说解词源误。

附注:

① 俞忠鑫文见《中国语文》1997 年第 6 期;魏雨两文分别见《咬文嚼字》1997 年第 1 辑、《咬文嚼字》1998 年第 3 辑;姚德怀文见《词库建设通讯》1997 年 8 月总第 13 期;李荣文见《方言》1999 年第 1 期。

② 参见苏晓青、吕永卫:《徐州方言词典》,江苏教育出版社 1996 年版,第 138 页。又,该词典"揭"与"揭账"两条所有"揭"字底下都加有小圆圈,表示该字是同音代替,这种处理方法不妥当。因为"揭"并非同音代替,就是本字。

③ 见其第七届全国近代汉语学术研讨会论文,1996 年 10 月,湖

南张家界。

④ 亢世勇、刘海润主编:《新词语大词典》,上海辞书出版社 2003
年版,第 9 页。

(原载香港《词库建设通讯》2000 年 6 月总第 22 期)

"消夜"探源

夜间小食叫"消夜",也作"宵夜";又叫"夜宵",也作"夜消"。其得名理据是什么?王艾录《现代汉语词名探源词典》解释说:"消夜,夜宵儿。度过夜晚的时间,引申指过夜吃的点心,亦作'宵夜'。"(第205页)"夜宵,夜间吃的东西。'宵'通'消'。'夜消'同'消夜'。"(第220页)可见,《探源词典》是把"消"当作本字,"宵"当作借字,"消"取其度过、消遣、打发之义。这种看法具有一定的代表性,请看以下辞书的解释:

《辞源》(修订本)"消夜":"(1)度过夜晚的时间。《全唐诗》六四八方干《冬夜泊僧舍》:'无酒能消夜,随僧早闭门。'(2)宋人除夕,俗有果盘小食,称消夜。宋方岳《深雪偶谈》引薛沫《客中守岁词》:'一盘消夜江南果,吃果看书只清坐。'又吴自牧《梦粱录》六《除夜》:'是日,内司意思局进呈精巧消夜果子合,合内簇诸般细果、时果、蜜煎、糖煎……等品。'后来泛指夜间小食。粤人夜市之饮食店,仍叫宵夜。"

《辞海》(1999年版缩印本)"消夜":"亦作'宵夜'。(1)夜点心。吴自牧《梦粱录》卷六'除夜':'进呈精巧消夜果子合,合内簇诸般细果、时果、蜜煎、糖煎……等品。'(2)度过夜晚的时间。方干《冬夜泊僧舍》诗:'无酒能消夜,随僧早闭门。'"(引者按:"亦作'宵夜'"四字当删去。第一个义项例中"消夜"与名词"宵夜"不同义,详见下;第二个义项决不能写作"宵夜"。)

高文达主编《近代汉语词典》"消夜":"宋时指除夕、元宵节夜间所进的食物。后泛指夜间吃的食物。"(书证略)

以上说法粗看起来颇有道理,仔细推敲就会发现问题:1.宋代文献中的"消夜"是否就是果盘小食、夜点心的意思,是否就是后代当夜间小食讲的"消夜"的直接源头?2.如果"消夜"是由度过夜间时光义衍生出用来消磨夜晚的食物义,为什么又可写作"宵夜",甚至倒过来说成"夜宵""夜消"?

笔者以为,宋代"消夜"没有名词果盘小食、夜点心的意思,更不是后代夜宵义的源头;当夜间小食讲的"消夜","消"通"宵",《说文》:"宵,夜也。"宵、夜同义,"宵夜""夜宵"均为同义并列结构,故顺言倒言意思一样。"宵夜""夜宵"的夜间小食义来自夜晚义。下面分述之。

正如《辞源》所说,"消夜"一词始见于唐代,最初是度过、消遣、打发夜间时光的意思。到了宋代,出现了"消夜果"之类的说法,《辞源》举有"一盘消夜江南果""精巧消夜果子合"等两例,再举两例:

(1)宋周密《武林旧事·岁除》:"禁中以腊月……三十日为大节夜……后苑修内司各进消夜果儿,以大合簇钉凡百余种,如蜜煎珍果,下至花饧、萁豆……"

(2)宋吴潜《永遇乐·再和己未元夕》词:"火城春近,金莲地匝,消夜果边曾语。"自注:"元宵,宰执赐消夜果。"

上揭"消夜果"之类,是宋时除夕、元宵夜间食用,用来消遣长夜的点心果品,其中"消夜"仍是消遣夜间时光的意思。"一盘消夜江南果"中"消夜"与"江南果"不是同位语,而是偏正关系,意为用来消磨夜晚的江南果食;其他"消夜果子""消夜果儿""消夜果"等结构相同,"消夜"都是用来修饰"果"之类的,"消夜果"作为整体才可以表示一种名物。通行辞书引以上诸例而多以"消夜"出条,释为名词(除上举三部词典外,还有:龙潜庵《宋元语言词典》第785页:"消夜,宋俗,除夕元宵夜间所进食物。"许少峰《近代汉语词典》第 1257 页:"消夜,旧俗除夕晚上守岁,用吃果食来度过整个晚上,因谓此果食为消夜。"等等),均误。《汉语大词典》以"消夜果"立目,释为"夜间食用的点心",近是,只是未能点透"消夜"的本义和结构。

"消夜"(包括异写、异说)当夜里吃的酒食、点心讲,文献用例多见于清代作品。例如:

(1)清魏秀仁《花月痕》第二十八回:"跛脚伺候过消夜,先自睡了。"

(2)清王濬卿《冷眼观》第十二回:"我想留他用点消夜,他再也不肯,只得随他走去。"

(3)清邹弢《海上尘天影》第二十八回:"秋鹤不能再却,说道:'也好。'便跟了子嘉走进一个广东宵夜馆子里。"

(4)清李渔《连城璧》巳集:"劣兄昨日到家,因一路平安,还个小愿,现带些祭余在船上,取来做夜宵就是。"

(5)清吴敬梓《儒林外史》第二十八回:"三人点起灯来,打点夜消。"

(6)清文康《儿女英雄传》第九回:"那里煮的现成的肉,现成的饭,想来是那班和尚的夜消儿,咱们何不替他吃了?"

明代也偶有用例:

(7)明西湖渔隐主人《欢喜冤家》第八回:"回头见桌上摆着物件,念三道:'嫂嫂打点做夜宵了么?'"

"宵夜""夜宵"本是夜晚的意思,是时间名词;当夜里吃的酒食讲,则是膳食名词,后者正是从前者引申而来。我们这样推断,是基于这样一个语言事实:汉语尤其是汉语方言里,表示早上、中午、夜晚等意思的时间名词,同时又可借作表示早饭、中饭、晚饭等意思的膳食名词。例如:

元关汉卿《蝴蝶梦》第三折:"老身吃了早晨,无了晚夕,前街后巷叫化了些残汤剩饭,与孩儿每充饥。""早晨"即早饭("晚夕"即晚饭),今吴语如上海郊区"早晨"仍有早饭义(参《汉语方言大词典》第 1955 页)。他如"早起",青海西宁话、福建永春话、东山岛话等兼有早晨、早饭二义(同上第 1954 页);"早朝",粤语里兼有早晨、早饭二义(同上第 1955 页);"五更",金华方言里有早晨、上午及早饭二义(同上第 594 页)。

清刘省三《跻春台·元集·过人疯》:"尊一声儿的妈休弄晌午,肮脏气受饱了胜过酒肉。""晌午"本指中午,此指午饭。本例上文:"我儿然何回来得这们早? 吃了晌午饭莫有?"江苏古籍出版社 1993 年版《跻春台》校云:"饭——原本阙,径补。"其实无烦补字,《古本小说集成》(上海古籍出版社 1990 年版)本正作"吃了晌午莫有"(第 94 页)。今兰银官话、西南官话、赣语及湖南宁远土话等"晌午"多有中午、午饭二义(同上第 4812 页)。他如"晏昼",客话、粤语里有中午、午餐二义(同上第 4841 页);"日昼",吴语、闽语里有中午、午饭二义(同上第 697 页);"日午",吴语里有中午、午饭二义(同上第 693 页)。

"晚夕"可当晚饭讲(例见上)。他如"夜地",湖南宁远土话有晚上、晚饭二义(同上第 3558 页);"夜昏",闽语有傍晚、晚饭二义(同上第 3559 页);"黄昏",吴语里有晚上、晚饭二义(同上第 5298 页)。

"消夜"一词,《汉语方言大词典》收有"夜宵""吃夜宵""晚饭""吃晚饭"等义(第 5100 页),"宵夜"收有"夜宵""吃夜宵""晚饭""吃晚饭"四义(同上第 5163 页)。"消夜"与"宵夜"显然是一个词的不同写法,颠倒语素,则为"夜消"及"夜宵"。

综上所述,我们的结论是:宋代"消夜果"等是偏正词组,其中"消夜"是消遣夜间时光的意思,内部结构是支配式,与后代当夜宵讲的"消夜"没有渊源关系;当夜宵讲的"消夜"本作"宵夜",内部结构是联合式,是由时间名词通过借代引申而用作膳食名词的。

参考文献：

［1］龙潜庵：《宋元语言词典》，上海辞书出版社 1985 年版。

［2］王艾录：《现代汉语词名探源词典》，山西人民出版社 2000 年版。

［3］许宝华、宫田一郎主编：《汉语方言大词典》，中华书局 1999 年版。

［4］许少峰：《近代汉语词典》，团结出版社 1997 年版。

（原载《语言研究》2006 年第 3 期。题目原为《近代汉语词语探源两则》，此为第一则）

"娘希匹"小考

　　20世纪80年代起,孙飞虎先生在多部电影或电视剧里扮演蒋介石,台词用方言,左一个"娘希匹",右一个"娘希匹","娘希匹"成了蒋氏招牌式的口头禅。

　　实际上,"希匹"是一个很粗俗的、宁波人个个心知肚明而口里一般不说的方言词,义为性交。其中"希"应作"嬉"或"戏",二字都有戏弄义,引申为男性的性交动作,犹入、肏(吴语好多地方包括余姚、慈溪、宁海、象山等地都把玩叫作"嬉",如"到我屋里来嬉",宁波人听起来怪怪的)。作"戏"的例子如《绣榻野史》上卷:"只是牝还不会戏动,今日赵官人替你开了黄花。"又下卷:"他白白的戏了你的老婆,你也戏他家的牝才是。"清末民初陈炳翰《古董谚铎》卷二:"老鼠戏猫屄。""匹"本字作"肶"(《广韵·质韵》:"肶,牝肶。譬吉切。"),指女性生殖器。"嬉肶"是动宾结构,本指男性对女性主动实施的性行为,也可泛指性交。至于"娘嬉肶",今多说成"嬉偌阿姆肶""偌阿姆嬉肶""偌娘嬉肶"("偌"音拿或纳,你、你们;"肶"也可以换成"卵脬","卵脬"也指女阴)等,义同北方话的"操你娘屄"。①

　　还须指出的是,"娘希匹"(为了行文方便,"娘嬉肶"下文还是写作"娘希匹")本是詈词秽语,但在实际使用过程中,往往用作发泄或表达某种情绪的口头禅,不一定是骂人话。即就小说、电影、电视剧中蒋氏口中的"娘希匹"而言,大多也是借此发泄不满、愤怒等情绪,而不能与北方话"操你妈屄""日你妈"直接画等号。

　　由于现在宁波话（包括奉化话）很少说"娘希匹"，要说也往往说成上面所提到的其他几种形式，因而有人怀疑蒋氏招牌式三字口头禅的真实性。这里我们不准备讨论蒋氏口头禅真的是"娘希匹"三个字，还是经过了艺术加工，只想征引一些文献材料来说明，宁波话里很早就有类似"娘希匹"的粗俗口头禅，只是说法、写法稍有不同。

　　晚清小说里，或写作"娘个细劈""妈戏辟"。例如：

　　清王濬卿《冷眼观》第十七回："不意话犹未了，只见一个小茶房走来，对着仲芳道：'叹嗥，那处没寻到，叹嗥，你先生还在这里，娘个细劈，船主叫请买办呢，快点儿上去罢，叹嗥，细劈，急的狠呢。'仲芳听了，便随着那宁波老，三步两跶的走去。"例中"娘个细劈"犹"娘希匹"，"个"，助词，的；下文"细劈"是"娘个细劈"的省说；"叹嗥"上海、宁波都说，现多写作"册那""戳俹"，是"肏俿娘屄"的省说。联系上下文可知，"娘个细劈""细劈""叹嗥"都不是骂人，纯粹是表达某种情绪的口头禅。

　　清陆士谔《新上海》第十三回："忽见那边码头上，许多人都指着只轮船破口大骂。梅伯道：'这是什么？'雨香道：'我也没有晓得，走过去瞧瞧罢。'走近了，听得骂人的都是宁波口音，'妈戏辟''妈戏辟'不绝于耳。见那只轮船上却錾着'北京'两个大字，雨香道：'是了，这只船是专走宁波、上海一路的……这些人谅因被轮船耽误了日子，所以痛骂呢。'"例中"妈戏辟"犹"娘希匹"，这里真的是骂人（"妈戏辟"的"妈"疑音嬷，今宁波话不说"妈戏辟"，而说"嬷戏辟"）。

　　《冷眼观》说"娘个细劈"出自"宁波老""小茶房"之口，《新上海》说"妈戏辟"是"宁波口音"，可见"娘希匹"之类的说法是当时宁波流行的骂人话和口头禅。《冷眼观》最早版本是光绪三十三至三十四年（1907～1908）小说林社印行本，《新上海》出版于宣统元年（1909），其时蒋氏已经 20 出头（蒋氏出生于 1887 年）。蒋氏的"娘希匹"正是反映和概括了当时家乡通行的那句骂人口头禅。

如果继续探究,可以追溯到明代的"娘嬉""娘戏"。例如:

明金木散人《鼓掌绝尘》第三十七回:"(李八八)听得陈府判差人请王瑞去教书,心中暗忖道:'古怪,我老李想子两年的馆,再没个荐头,这是谁人的主荐?……终不然我还是肚才弗如这娘嬉,人品弗如这娘嬉?'"

明陆人龙《型世言》第二十七回:"那皮匠又赶去陈公子身上狠打上几下,道:'娘戏个! 我千难万难,讨得个老妈,你要戏渠!'公子熬不得,道:'先生快救我!'"下文:"那皮匠道:'这贼娘戏! 他到得了银子,惊得我东躲西躲两三年。只方才一惊,可也小死,打杀得娘戏好。'"

文中"娘嬉""娘戏"(包括"娘戏个""贼娘戏")同义,与元明通俗文学作品中习见的詈词"入娘的""日娘贼"等意思相同。"入娘的"如元石子章《竹坞听琴》第四折:"入娘的! 我当初不要你出家,你强要出家;如今忍不的,可跟的人去了。""日娘贼"如《水浒全传》第十七回:"这日娘贼恨杀洒家,分付寺里长老不许俺挂搭,又差人来捉洒家。""娘嬉""娘戏"与"入娘的""日娘贼"都是名词,字面意思是"操自己娘的(东西)",引申为禽兽、畜生。虽然"娘嬉""娘戏"与"娘希匹"的说法及意思都不尽相同,但是"娘嬉""娘戏"也是吴语,其中"嬉""戏"也是指男性的性交动作,两者的传承关系还是很明显的。

明代慈溪话里还有"戏丫麻"一词。请看下面材料:

明无名氏《鸣凤记·严嵩庆寿》:"[丑]牛大叔,昨日小礼到了么?……[副末]这个有了。只是少些。[丑背云]这个戏丫麻,一百两银子还嫌少哩。[副末]你怎么骂我?[丑]岂敢骂大叔。我慈溪乡语,但是敬重那人,就叫他是戏丫麻了。[副末]如此多叫我几声,折了银了罢。[丑]这个就叫戏丫麻,戏丫麻,嵯娘戏丫麻。[副末]怎么有个娘字在里面?[丑]娘者是好也。[副末]罢罢。我不计较了。"

这出戏说的是宁波慈溪人赵文华"名登黄甲,官拜刑曹"后,为了

"附势趋权,市恩固宠",趁严嵩寿庆之际,用厚礼贿赂严嵩父子,甚至连"他家书房内罗龙文、门上牛班头,又各送银一百两,求他为先容之地"。上文是赵文华赴严府祝寿时与"门上牛班头"的一段对话。其中"戏丫麻"一语,《中国戏曲选》注:"戏丫麻,戏弄人的话,原义不详。"《元明清戏曲选》注:"戏丫麻——刁钻古怪、脾气不好的人。"谓"原义不详",犹不失审慎;径释为"刁钻古怪、脾气不好的人",则属臆测之词。清钱德苍编选《缀白裘·鸣凤记·严寿》也收录了这出戏,文字稍有差异,其中有"介贼娘喜个""盖个嬉丫麻个""吼个娘嬉丫麻个""你个贼娘嬉丫麻"等说法。上引晋语中,"戏""嬉(喜)"无烦解释。"丫麻"宁波话有两义,一是贬称嘴巴,二是指女性生殖器,例中取后一义。"戏(嬉)丫麻"就是"戏匹","娘戏(嬉)丫麻"就是"娘希匹"。但细玩文意,上述"戏(嬉)丫麻""娘戏(嬉)丫麻"等的意思与蒋氏"娘希匹"还不完全相同,而是相当于"入娘的""日娘贼"。

赵文华,嘉靖八年进士,认权相严嵩为父,官至工部尚书,是明朝有名的奸臣。其行贿固然可耻,但用老家方言辱骂贪得无厌的"门卫",机智幽默,亦可笑噱。

明代余姚话里还有"戏娘虾蟆"的说法,例如:

明周履靖《锦笺记》第十三出:"常伯醒,我戏娘虾蟆! 狗也弗射您,我定用打渠!"该出题为"争馆",讲的是慈溪人岑十四与余姚人汪廿七争抢一个私塾教职的事情,对白都用方言,上面所引是余姚人汪廿七说的话。余姚话与慈溪话基本相同,"戏娘虾蟆"犹"操你娘屄",与"戏丫麻"一词在音义上也有密切的关联。[2]

附注:

① 宁波话里还有一个相关的晋词叫作"傝阿把",汪维辉先生曾与笔者谈起,"傝阿把"是"傝阿姆拨我嬉肥"的省略说法。此说甚确。笔者也曾有论及:"又有'拿把'一语,既是骂人话,又是口头禅。

'拿把'又可说成'拿阿把',实即'倷阿姆拨我……'的急读兼省略说法。'拿'为'倷阿姆(你妈)'的急读,'把'为'拨我(给我)'的合音,后面又省略秽语成分。类似的还有'册那'一语,宁波话、上海话都说,钱乃荣等《上海话大词典》写作'戳俹',清王濬卿《冷眼观》写作'叹嗹',是'肏倷娘屄'的急读兼省略说法。"见《周志锋解说宁波话》,语文出版社 2012 年版,第 117 页。

② 也许有人会说,考证这个词语有点无聊甚至庸俗。但是,正如医生看病往往忽略性别,语言研究也无雅俗之分。有鉴于此,戏为此文。

参考文献:

[1] 金木散人:《鼓掌绝尘》,华夏出版社 1995 年版。

[2] 隗芾:《元明清戏曲选》,吉林人民出版社 1981 年版。

[3] 陆人龙:《型世言》,齐鲁书社 1995 年版。

[4] 陆士谔:《新上海》,上海古籍出版社 1997 年版。

[5] 钱德苍编选:《缀白裘》,中华书局 2005 年版。

[6] 王濬卿:《晚清文学丛钞·冷眼观》,中华书局 1961 年版。

[7] 王起主编:《中国戏曲选》,人民文学出版社 1985 年版。

[8] 无名氏:《六十种曲·鸣凤记》,中华书局 1985 年版。

[9] 朱彰年等:《宁波方言词典》,汉语大词典出版社 1996 年版。

"兔崽子"及其他

　　"兔崽子"是一句骂人话,《汉语大词典》解释说:"幼兔。多用作詈词。《二十年目睹之怪现状》第八三回:'我女儿虽是生得十分丑陋,也不至於给兔崽子做老婆!'老舍《二马》第五段三:'你,兔崽子!你敢瞪我!敢指着脸子教训我!'巴金《生活在英雄们的中间》:'谈到打垮敌人、敌人狼狈逃窜的时候,他又会骂着兔崽子哈哈笑起来。'"《现代汉语词典》(第 7 版)释为:"幼小的兔子(多用作骂人的话)。"《现代汉语规范词典》(第 3 版)释为:"〈口〉小兔子(多用作骂人的话)。"至于"兔崽子"为何用作詈词,都语焉不详。王安全先生(2004)《关于"兔崽子"的释义》是一篇专门探讨"兔崽子"(包括"兔子")用作詈词的理据的文章,其核心观点是:"其实'兔崽子'并不是指'幼兔',而是指鸡奸中的被动方(包括娈童)的子孙,跟'龟儿子''王八蛋'是同类的用法。"该文以清代曹雪芹《红楼梦》、当代二月河《乾隆皇帝》、王晓玉《赛金花·凡尘》、高阳《八大胡同》等"兔子"用例为依据进行论证,并说:"弄清楚了'兔子','兔崽子'就不用多说了。"

　　王先生的文章见解新颖,很有启发性。观点基本正确,但释义还可完善;只分析了"兔子",但缺少对"兔崽子"用例的具体分析。另外,还有一些与"兔"有关的词语,辞书和学者往往训释失当,所以还有进一步探讨的必要。下面以"兔崽子""兔子""跟兔""卯君""交卯运"等词语为例,分别进行讨论。

　　一、"兔崽子"。许少峰(2008)《近代汉语大词典》"兔崽子"条:

"骂人的话。犹杂种。《二十年目睹之怪现状》第八四回:'甚么浪蹄子,肯替人家嫁! 肯嫁给兔崽子,有甚么好东西!'《品花宝鉴》第五八回:'大傻子留神细听,听得骂道:"那里来的这个小杂种兔崽子,将这金橘摘得干干净净!"'"(第1880页)白维国(2015)《近代汉语词典》"兔崽子"条释为"詈词"(第2177页)。

《近代汉语大词典》《近代汉语词典》与《汉语大词典》一样,都没有交代"兔崽子"用作詈词的理据,不够准确。《宋元明清百部小说语词大辞典》(1992)释为"俗称供人玩弄的男色"(第1008页),白维国(2011)《白话小说语言词典》释为"即兔子"(第1566页。该词典"兔子"条释为"男妓的俗称"),均是。"兔崽子"有男妓、娈童义,清吴趼人《二十年目睹之怪现状》及清陈森《品花宝鉴》两部小说用例不少,前者上面已引第八十三、八十四回两例,后者又如第五十八回:"(奚十一)便想着英官多时没有做这件事了,又想道:'这个兔子与别人不同,真是屁中之精,近来嫌我不好,勉勉强强的,今日我要收拾这个兔崽子。'"下面结合语境,看看上面各例"兔崽子"的具体所指。《二十年目睹之怪现状》第八十三、八十四回的"兔崽子"指的是同一个人,就是侯总镇。据第八十二回介绍,侯总镇原名朱阿狗,曾是侯中丞的娈童。《品花宝鉴》第五十八回两例"兔崽子"指的也是同一个人,就是英官。据第二十三回交代,英官原名巴老英,最初是姬亮轩的娈童。例句"将这金橘摘得干干净净",摘金橘的人正是英官,故下文说:"见英官揪住了一个人,那人把马鞭子打了他几下,英官号啕哭骂道:'你骂我兔崽子,你是驴崽子!'"可见,"兔崽子"就是男妓、娈童的意思。

从上述文献用例来检核王氏对"兔崽子"的释义——"指鸡奸中的被动方(包括娈童)的子孙,跟'龟儿子''王八蛋'是同类的用法",显得不够准确。"崽"和"崽子"主要有两个意思:儿子,幼小的动物。"兔崽子"的娈童义来自幼兔义,而不是来自兔的儿子义;"兔崽子"就是娈童,他们的父亲、祖父却不一定是娈童。"兔崽子"与"龟儿子""龟孙子"等用法不同,释文中"的子孙"三字及后面一句话当删去。

二、"兔子"。《汉语大词典》"兔子"条收有两义:"①兔的通称。宋梅尧臣《和永叔内翰戏答》诗:'固胜兔子固胜鹤,四蹄扑握长啄啄。'②詈词。《红楼梦》第七五回:'你们这起兔子,真是些没良心的忘八羔子!'"白维国《近代汉语词典》"兔子"条释义完全相同(第2177页)。许少峰《近代汉语大词典》"兔子"条:"上等妓女的随从听差。用以骂人。含鄙意。《冷眼观》第六回:'小翁,我们今天谈的兔子实在不少,这是我从前在淮南清河县办账房的时候一件笑话。'《品花宝鉴》第十三回:'你这兔子该死了,公然骂起你爹来,这还了得!'"(第1880页)

把"兔子"释为"詈词",还只是没有揭示出词语理据的问题;而释作"上等妓女的随从听差",则明显不对头了。白维国《白话小说语言词典》释为"男妓的俗称"(第1566页),甚惬。在清代通俗文学作品中,"兔子"除了当"兔的通称"讲以外,的确可指男妓、娈童(包括唱戏的男妓和一般的娈童等)。清王濬卿《冷眼观》第六回:"自家庭训不严,平时纵容女孩子同一班京兔子来往,及至闹出祸来,拐了人跑,反要来责成我替他追捕!""京兔子"就是上文说的"在北京认识的几名戏子","兔子"指唱戏的男妓。上揭清陈森《品花宝鉴》第十三回例中的"兔子"指被潘其观看中而想收买作为娈童的苏蕙芳。他如清吕熊《女仙外史》第六十五回:"有家丁二人……一姓章名鲁,是个风臀,叫做章醋兔子。"清俞万春《荡寇志》第一百八回:"高封有个兔子,是阮其祥的儿子,名唤阮招儿。"清陈森《品花宝鉴》第五十回:"我常常劝他道:'婊子无情,兔子无义,你的钱也干了,他的情也断了。'"又第五十八回:"人还赚我说兔子不起阳的,谁晓得一炉的好烧饼。"清曹去晶《姑妄言》第五回:"(宦骘)路上问家人道:'方才他家那标致小子,你们可有认得的?'宦畎道:'那小子姓杨,是个兔子。'"以上五例"兔子"指男妓、娈童,词义显豁。综上,《近代汉语大词典》把"兔子"释为"上等妓女的随从听差",误。

三、"跟兔"。许少峰《近代汉语大词典》"跟兔"条:"吴语:妓女的随从听差,跟包。《梼杌萃编》第十三回:'晓得那小三儿是赛紫云的跟兔,就叫案目叫这小三儿来,把了他几角钱,叫他叫赛紫云在楼梯口等他。'《品花宝鉴》第四二回:'伍麻子想那些跟兔不中用,便自己提了灯笼,照了亮轩。'"(第635页)

"跟兔"一词清代吴语小说多见,如清诞叟《梼杌萃编》第九回:"那跟兔的连忙到叶大人公馆送信。"清陈森《品花宝鉴》第八回:"才出了戏园,两个跟兔的跟着。"清李伯元《官场现形记》第二十四回:"有几个跟兔,一个个垂手侍立。"清欧阳钜源《负曝闲谈》第二十八回:"那门呀一声开了,走出一个跟兔,问:'爷是那里来的?'"这个词《汉语大词典》已收,释为"旧时称男妓的跟班",是;《白话小说语言词典》释为"男妓的随从。男妓俗称兔子"(第420页),指出了该词的理据,更加准确。相比之下,《近代汉语大词典》的训释存在两个问题,一是"妓女"当改为"男妓",二是"跟包"当删。"跟包"《汉语大词典》释为"旧时指专为某个戏曲演员管理服装及做其他杂务。……亦指做这种工作的人",《梼杌萃编》第十三回例中赛紫云是个男戏子,他有许多相好,"跟包"似乎有点关系;但在其他用例中"跟兔"主人不是男戏子,就与"跟包"一点关系也没有了。

四、"卯君"。许少峰《近代汉语大词典》"卯君"条:"宋·苏轼有《子由生日以檀香观音像及新合印香银篆盘为寿》诗云:'东坡持是寿卯君,君少与我师皇坟。'赵次公注云:'卯君,子由也。子由己卯生,故云。'按:子由即苏辙,苏轼之弟。后因以卯君称兄弟。清曹寅《十五夜射堂看月寄子猷二弟》诗:'侍香班散联吟去,疏柳长窗坐卯君。'《品花宝鉴》第二三回:'凤林最伶透,便知他是个卯君,忙招呼了他,问了姓,叫了声巴二爷,方才踱了出去。'"(第1248页)

　　许先生释文除了《品花宝鉴》例，基本承袭《汉语大词典》"卯君"条。"卯君"是个多义词，确有兄弟（弟弟）义，但就《品花宝鉴》例而言，却不是指"兄弟"，而是指"娈童，男妓"。《品花宝鉴》此例上文说："这姬先生倒有一个俊俏的跟班，年纪约十五六岁，……叫作巴老英。轩亮见其眉目清俊，以青蚨十千买得，改名英官，打扮起来也还好看。日间是主仆称呼，晚间为妻妾侍奉。"巴二爷即巴英官，是个娈童，其义甚明。按照十二生肖配十二地支，兔为卯，故兔子（男妓）又讳称"卯君"或"卯字号"。《白话小说语言词典》"卯君"条释为"指兔子，对以色事人的男子的蔑称"（第 1004 页），白维国《近代汉语词典》"卯字号"条释为"讳称娈童（也叫小官，男子同性恋者或男色）"（第 1252页），释义正确，均可参。

　　五、"交卯运"。李申先生等（2015）《〈汉语大词典〉研究》"交卯运"条："男人被当作女人对待。'卯'，卯眼，利用某些凹凸方式相连接的器物凹进的部分。此隐指女人。清玩花主人《缀白裘·买胭脂》：'［净］哈哈哈！再弗晓得我一把年纪还交卯运乩！'又同书九编《寻亲记·遣青》：'［丑］员外叫我干事了，弗道是介把年纪还要交卯运。'前例因剧中有'小生也拜完起，辞净亲嘴'之科介，谓郭华错把老货郎当成心上人抱住亲吻，故老货郎有此打趣之语。后例系马夫误以为员外要同他肛交，故云。"（第 260 页）

　　此说又见李申、徐荣《〈缀白裘〉词语续释》（《古汉语研究》2007 年第 4 期）"交卯运"条。《汉语大词典》及其他近代汉语词典均未收"交卯运"条，李申先生从《缀白裘》中发掘了这个词语以补《汉语大词典》等之未备，并对其理据作了探索，很有参考价值。这里我们结合"兔崽子""兔子""卯君"等词语，对该词语的理据提出另外一种解释："卯"恐怕不是取其卯眼义，而是取其兔子、男色义。此"卯"当与"卯君""卯字号"的"卯"同义。"交卯运"是仿照"交桃花运"而造的一个新词语，两者结构相同而意义有别。"桃花"借指美女，"交桃花运"是说男子在爱情方面碰上了好运气;"卯"即兔子,指男妓,"交卯运"是说男子在同性恋方面碰上了运气。

还需指出的是,"兔""兔儿"最初并不是指男妓,而是指妓女。宋汪云程《蹴鞠谱·圆社锦语》:"兔儿,水表。"又:"水表,娼妓。"王锳(1997)《宋元明市语汇释》"兔"条:"《词谑》三三《一枝花》套(嘲僧):'卧兔当来受灾障,常把三门紧关上,那妮子僧房中叫,反教你削了发的柳耆卿后院里嚷。'《行院声嗽·人物》:'水表,兔儿。''水表'为娼妓之称,说已见前,'兔儿'与之同义,故'卧兔'犹言'宿妓'也。又《玉壶春》剧三折:'这厮他村则村倒会做这等腤臜态,你向那兔窝儿里呈言献策。'这是剧中男主角李玉壶讥诮甚舍的话,意谓他向鸨儿献计逼迫李素兰与自己分手,'兔窝儿'犹言妓院娼家。"(第58页)明李开先《词谑》所引《一枝花·嘲僧》系元代程景初的作品,《玉壶春》系元末明初贾仲明的作品,然则元明时期"兔"仍旧是指娼妓。清沈起凤《谐铎·兔孕》:"俗传娈童为兔,不知始于何时。"从现在搜集到的用例看,"兔"由娼妓的别称到特指男娼、娈童,大致是清代的事情。

至于"兔崽子""兔子"为什么指男妓、娈童,网上有一篇《古人在什么情况下才叫人家"兔崽子"》(作者:奔跑的迷路人;发布时间:2018-4-22)的文章,可供参考;[①]网上另有一篇网友就"请问'小兔崽子'这一称呼是怎么来的"的答复帖子,也可参考。[②]另外,本文写成后,检索到几篇与"兔""兔子""兔崽子"相关的论文,[③]本文部分内容曾经融入我指导的研究生的学位论文中,[④]一并在附注里加以说明。

附注:

① "兔崽子"顾名思义是"幼小的兔子"。那么,为什么这"幼小的兔子"成了骂人、斥责人的话呢?在清代的小说里,"兔子"一词被专门用来指代"男妓",就是"被当作女性玩弄的男子"。至于"崽子",确实是指幼小。骂人"兔崽子",等于骂对方是"未成年的男

妓"。或许还可以引申到男妓和某女生的孩子。古人对一些动物的了解不如现代人全面,对兔子和乌龟的观察都存在难辨雌雄的尴尬局面。所以,在晋代就流传着"望月而孕"的说法,认为兔子没有雄性,雌性是靠望月亮来怀孕生子的。到了元代,"兔"被用来指没有丈夫而怀孕的女子。在陶宗仪的《辍耕录·废家子孙诗》里,有"宅眷皆为撑目兔,舍人总作缩头龟"的诗句,意思是:废家的子孙,女眷是淫妇,男人是乌龟。其中妓女就是"不夫而孕"的淫乱女性,而乌龟在那时被引申为不能行人事的男性。因此,明代开始,娼妓被为"兔儿",妓院男服务员被称为"龟奴"。"兔"的词义在明清发生了性别变化,原因与清代禁妓政策有很大的关系。禁妓政策迫使士大夫努力寻找替代消遣品,也就出现了男宠,一度替代了妓女。"兔子"因此被转嫁了。

② 小兔崽子,小的兔子,用作骂人的话语。出自晋张华的《博物志》,原句是"兔舐毫望月而孕,口中吐子,旧有此说,余目所未见也"。翻译:古人以为兔子看见月亮就能怀孕,所以后代的血统不纯,因此"兔"是指生活淫乱的女性,到了清代则又专门指男宠,以"兔崽子"指娈童。近现代"兔崽子"一词泛化,多用作骂人。

③ 分别参见季学原《"兔子"考释》,《红楼梦学刊》1991年第2期;刘瑞明《〈汉语大词典〉第二卷失误指正》,《陇东学院学报》2009年第1期;贺卫国《晋词"兔子"考》,《广西民族师范学院学报》2011年第4期。

④ 李泽敏《〈近代汉语大词典〉商补》,宁波大学硕士学位论文,2019年6月。

参考文献:

[1] 白维国主编:《白话小说语言词典》,商务印书馆2011年版。
[2] 白维国主编:《近代汉语词典》,上海教育出版社2015年版。

［3］汉语大词典编辑委员会:《汉语大词典》,上海辞书出版社、汉语大词典出版社 1986—1994 年版。

［4］李申等:《〈汉语大词典〉研究》,商务印书馆 2015 年版。

［5］王安全:《关于"兔崽子"的释义》,《辞书研究》2004 年第 1 期。

［6］王锳:《宋元明市语汇释》,贵州人民出版社 1997 年版。

［7］吴士勋、王东明主编:《宋元明清百部小说语词大辞典》,陕西人民教育出版社 1992 年版。

［8］许少峰:《近代汉语大词典》,中华书局 2008 年版。

释"挨门"

近代汉语里有"挨门"一词,《汉语大词典》处理成"āi mén"和"ái mén"两条:

挨门 犹挨户。《红楼梦》第六七回:"他哥哥能带了多少东西来? 他挨门儿送到,并不遗漏一处,也不露出谁薄谁厚。"《儿女英雄传》第二二回:"落后来,他的儿作了官,来找他父亲来;听说没了,他就挨门打听。"

挨₂门 等候开门。《水浒传》第三九回:"天气暄热,今日便动身,也行不多路,前面赶不上宿头。只是来日起个五更,挨门出去。"《二刻拍案惊奇》卷三七:"店内同宿的多不曾起身,他独自一个急到关前,挨门而进。"

本文讨论的是"挨₂门"(ái mén),笔者认为其注音、释义都值得商榷。

"挨门"一词元明以还文献用例不少,例如:

(1)《熊龙峰刊行小说四种·张生彩鸾灯传》:"(舜美)整整寻了一夜。巴到天明,挨门而出。至新马头,见一伙人围得紧紧的,看一只绣鞋儿。"

(2)《元曲选外编·裴度还带》第三折:"老母问其缘故,忽然想起玉带来,急要来取,城门已闭。俺娘女二人一夜不曾睡,今日早挨门出来,入的庙门来寻,谁想不见了玉带。"又下文《楔子》:"到的家中,他那母亲问其缘故,猛然想起玉带来,急要寻去,城门关闭了。第二日挨门出来,至山神庙寻此带不见。"

(3)《醒世恒言》第三十二卷:"(黄生)早离了帅府,趁此天色未明,拽开脚步便走……却说黄秀才自离帅府,挨门出城,又怕有人追赶,放脚飞跑。"

(4)《金瓶梅词话》第六十六回:"次日五更,道众皆挨门进城,到于西门庆家。"

(5)《醒世姻缘传》第二十八回:"乡约地方连夜挨门进城,传梆报了县官。"

(6)《西汉演义》第三十回:"子房已知韩信住处,回到店中。次日,将前在秦宫所得宝剑一口背上,挨门进城,来到韩信门首。只见月色初上,正黄昏时候,门尚未开。"

(7)《薛刚反唐》第二十回:"薛刚一路果见画影图形要拿他,他也不放在心上。一口到了长安,等至天晚,挨门入城,叫小校买了香烛、金纸、酒肴,候至夜静,来到自己门首。"

(8)《续三国演义》第一百二十二回:"靳明大惧,乃谓乔永曰:'汝兄去见赵王未回,今被攻围甚急,汝可偷出城门去告赵王,求其来救,以保各家老小。'永受命,至夜挨门而出,单骑奔往赤壁求救赵王。"

目前有多部近代汉语词典(著作)收了"挨门"这个词,且有两种不同解说。

第一种解说与《汉语大词典》相同,释为"等候开门",只是各家在文字表述上略有差异。另外,"挨"的读音都注为 ái。我们把这类看法按时间顺序胪列如次:

白维国(1991:3)《金瓶梅词典》:"守在城门边,等待开门。"

李申(1992:509)《金瓶梅方言俗语汇释》:"门未开而守候在门外称挨门。"

李崇兴等(1998:3)《元语言词典》:"守在城门边,等候开门。"

许少峰(2008:7)《近代汉语大词典》:"等候开门。"

白维国等(2011:5)《白话小说语言词典》:"守在城门边,等候一开门便通过。"

白维国等(2015:7)《近代汉语词典》:"守在城门边,等待开门。"

徐复岭(2018:4)《〈金瓶梅词话〉〈醒世姻缘传〉〈聊斋俚曲集〉语言词典》:"守在城门边等候开门通过。"

第二种解说与众不同。石汝杰等(2005:7)《明清吴语词典》:"从门(出入)。"按该词典体例,"挨"字不标声调。

以上两说差异很大,恐怕均非确诂。"挨门"是个动宾结构,从"挨""门"两个语素无法得出"等候开门"或"从门(出入)"的意思。先看第一种解说。严格地讲,"挨"(ái)没有等候、等待义,有些被解作等候、等待的"挨",其实不是一般意义上的等候、等待。如金董解元《西厢记诸宫调》卷二:"昨夜甚短,今夜甚长,挨几时东方亮?"(此例《汉语大词典》释为"拖延;等待")《水浒全传》第九十二回:"时迁、石秀挨了一回,再溜下屋来,到祠外探看。"《广陵潮》第三十八回:"一直挨到深夜,和尚佛事已完,富荣同众家人按着名数儿分派银子。"(此两例《近代汉语大词典》释为"等,守候")《说岳全传》第十六回:"点起一千余人,挨至黄昏,悄悄来到水关一齐下水。"《官场现形记》第三十二回:"好容易挨到三点半钟,到这时候,熟罗长衫也有些不合景了。"(此两例《宋元明清百部小说语词大辞典》释为"等待")以上各例"挨"实际上都可以用"艰难地度过(时光)"来解释。退一步讲,"挨"即使释作等候,但"门"没有开门义,"门"用作动词,古代只有攻门或守门的意思,"等候门"仍然讲不通。因此,"挨门"释为"等候开门"或"守在城门边等候开门通过"等,没有训诂依据。

再看第二种解说。许宝华等(2020:4137)《汉语方言大词典》(修订本)"挨"条义项⑱:"〈介〉从。北京官话。北京[ai⁵⁵]你挨哪儿来。"陈刚等(1997:1)《现代北京口语词典》"挨(āi)"条义项②:"从。如:你~哪儿来?"但"挨"介词"从"的用法我们没有找到文献用例,而且各例"挨门"的方言背景也大多不属于北京官话。更主要的是,"挨门"释为"从门(出入)","门"自然是供人出入的,作品中为什么要特别提及?故而此说也不足采信。

细玩上揭诸例,"挨门"一词大多出现在某人大清早或傍晚急于进出城门,赶在城门打开或关闭之时就出去或进入的语境里。我们认为,"挨门"的"挨"当读 āi,义为挤、推。"挨门"即挤开门、推开门。"挨门出去""挨门而进"等是说城门刚要打开或关闭,在将开未开、将关未关之际,就迫不及待地挤开门、推开门出去或进来。当然,在具体使用过程中,"挨门出去""挨门而进"等不一定都用其字面意思,有时候是为了强调进出城门时间之早、时间之晚以及进出城门动作行为之急切。用这种解释施之以上各例,义例吻合。请看:

例(1)说的是秀才张舜美与一女子相恋私奔,"出得第二重门,被人一涌,各不相顾",女子径出城门,而舜美以为她还在城内,找了一夜没找到,于是巴望到天明,城门刚刚打开,就急匆匆"挨门"而出。例(2)"挨门出来"、例(3)"挨门出城"语境都与例(1)相似,"挨门"均言其时间之早和动作之急切。《汉语大词典》所引《二刻拍案惊奇》例文意相同。例(4)"次日五更,道众皆挨门进城,到于西门庆家",是说为给李瓶儿做道场,道众"赶首班车"到西门庆家,"挨门进城"言其早。《汉语大词典》所引《水浒传》例也是这个意思。例(5)"乡约地方连夜挨门进城,传梆报了县官",则是说乡约地方"赶末班车"进城把"关大帝泥胎显圣"的事情报官相验,"挨门"言其时间之晚和动作之急切。例(6)"挨门进城"侧重言进城时间之晚。例(7)"等至天晚,挨门入城"、例(8)"至夜挨门而出"都是说为了不让别人发现,所以"赶末班车"进城或出城,"挨门"均言其时间之晚。

"挨(āi)"有挤、推义。《正字通·手部》:"挨,方言强进曰挨。"《玉篇·手部》:"挨,推也。"字又作"捱"。《广韵·皆韵》:"捱,推也。"《集韵·皆韵》:"捱,推也。或作挨。""挨"当挤讲,白话文献用例很多,如

《水浒全传》第四十回:"只见法场东边一伙弄蛇的丐者,强要挨入法场里看。"《金瓶梅词话》第四十二回:"玳安小厮眼里说话贼,一直走下楼来,挨到人闹里。"《警世通言》第四十卷:"许员外把两只手排开了众人,方才挨得进去。"《儒林外史》第二回:"周进跟到贡院门口,想挨进去看,被看门的大鞭子打了出来。""挨"当推讲,文献用例不多,但也有一些,如明邹元标《答杨明府》:"若以学脉自先生斩,则乙酉后吉安人从梦寐中如驴挨磨。"《金瓶梅词话》第六十二回:"三年没过一日好日子,镇日教他挑水挨磨来?""挨磨"即推磨("挨磨"的"挨"白维国《近代汉语词典》等注音为 ái,但方言里当推讲的"挨"读阴平,见下文)。他如《跨天虹》第五卷第二则:"连忙放开两手,用力一挨,……把众人劈栗剥碌都推倒在两边。"《吴江雪》第五回:"住持道是,即挨开众人,簇拥着江潮进了正殿。"以上两例"挨"《明清吴语词典》释作"推搡,推(开)"。其实,挤、推两义义相因,所谓"挤"就是用身体排开拥堵的人或物,故《说文·手部》"挤"训"排",《广雅·释诂三》"挤"训"推"。今吴语、闽语仍然保留了"挨"之挤、推义(参《汉语方言大词典》第 4137 页),金华话、雷州话、梅县话、海口话"挨"读阴平,有推义(参《现代汉语方言大词典》第 3077~3078 页)。

白话著作中,"挨门"的"门"不一定专指城门,也可以指普通的门。石汝杰等(2005:7)《明清吴语词典》"挨门进,自掇凳"条:"比喻不请自来,硬凑上来。□ 那短命的上得楼来,我们见了生气,招呼都没有招呼。他挨门进,自掇凳的在楚云身边一坐,问:'你今天什么时候去的?'(海上繁华梦 2 集 19 回)挨门进,自掇凳。(原注:挨,矮平声。强进曰挨。)(沪谚)"石汝杰等先生揭示的"挨门进,自掇凳"这条吴语俗语材料很有价值,也很有启发性。其中"挨门",就是推门。再举一些例子:

(9)《六十种曲·金雀记》第二十二出:"闻得后面有一所花园,说道十分幽静。此间角门半开,待小生挨门进去。呀!你看亭轩寂寂,花木丛丛。"

(10)《北史演义》第五卷:"张奴想道:'此人该死,所以酣睡。'挨门而入,执剑走至床前,揭帐一看,不觉魂飞天外,魄散九霄。"

(11)《女界鬼域记》第三回:"莺娘道:'缓日再来罢。'说着,抄在沉鱼前面,挨门竟出。沉鱼且笑且行道:'怪丫头,别走差路呢。'"

(12)《三遂平妖传》第三回:"一个大汉趄一布袋米,把后门挨开来,倾下米在此便去了。"

"挨门"还可以写作"捱门"("捱"同"挨",音 āi),义同。例如:

(13)《禅真后史》第五十二回:"(王玉仙)唤毓秀掌灯,从后轩踅至劳我惜房前,悄悄捱门而入。揭开锦帐,只见二人搂抱鼾睡。"

(14)《喻世明言》第二卷:"再说假公子独坐在东厢,明知有个跷蹊缘故,只是不睡。果然一更之后,管家婆捱门而进,报道:'小姐自来相会。'"

(15)《后水浒传》第九回:"我出监时,恐人指笑,只在黑夜中回家,谁知家中并没一人。只住了一夜,五更捱门走出,并不曾问人,知嫁了甚人?"

这种"挨门"径当推门讲的用法,方言里还有遗存。金华方言、海口方言都有"挨门"的说法,义为推门、推开门(参《现代汉语方言大词典》第 3077~3079 页)。现代方言为近代汉语提供了释义佐证,近代汉语又为现代方言提供了词语源头,两者比较互证,相得益彰。

附带说一下,《红楼梦》中有个疑似的"挨门",见第二十三回:"宝玉只得前去,一步挪不了三寸,蹭到这边来。……彩云一把推开金钏儿,笑道:'人家心里发虚,你还怄他!——趁这会子喜欢,快进去罢。'宝玉只得挨门进去。原来贾政和王夫人都在里间呢。赵姨娘打起帘子来,宝玉挨身而入。"此据人民文学出版社 1964 年北京第 3 版第 265~266 页。其中"宝玉只得挨门进去",周定一等(1995:2)《红楼梦语言词典》"挨(ái)"义项③:"慢吞吞地:宝玉只得~进门去。"白维国等（2015：7）《近代汉语词典》"捱（ái）"义项⑥："吃力地缓慢地走；蹭。……清《红楼梦》二三回：'宝玉只得～进门去。'"以上两部词典所据版本"捱门进去"都作"捱进门去"。从上下文及作品方言背景看，笔者认为以"捱进门去"为长（"挨"释为"慢吞吞地"，误；释作"吃力地缓慢地走；蹭"，是），也即《红楼梦》里没有也不该有本文讨论的当推门讲的"挨门"。古本小说集成本《红楼梦》第 2 册第 835 页作"捱进门去"，也是旁证。

要之，"挨门"当读 āi mén，如果出现在进出城门的语境里，语义侧重于"挤开门"，主要用身体挤，也可以用手推排；如果出现在进出一般门的语境里，语义侧重于"推开门"，主要用手推，也可以用身体推排。综上，建议辞书对"挨门"条的释文作如下修改：

挨门 āi mén （在城门刚要打开或关闭之际）挤开门、推开门。元关汉卿《裴度还带》第三折："老母问其缘故，忽然想起玉带来，急要来取，城门已闭。俺娘女二人一夜不曾睡，今日早挨门出来，入的庙门来寻，谁想不见了玉带。"《醒世姻缘传》第二十八回："乡约地方连夜挨门进城，传梆报了县官。"也泛指推门、推开门。明无心子《金雀记》第二十二出："闻得后面有一所花园，说道十分幽静。此间角门半开，待小生挨门进去。呀！你看亭轩寂寂，花木丛丛。"《女界鬼域记》第三回："莺娘道：'缓日再来罢。'说着，抄在沉鱼前面，挨门竟出。"

参考文献：

［1］白维国：《金瓶梅词典》，中华书局 1991 年版。

［2］白维国主编：《白话小说语言词典》，商务印书馆 2011 年版。

［3］白维国主编：《近代汉语词典》，上海教育出版社 2015 年版。

［4］陈刚、宋孝才、张秀珍：《现代北京口语词典》，语文出版社 1997 年版。

［5］李崇兴等：《元语言词典》，上海教育出版社 1998 年版。

［6］李荣主编:《现代汉语方言大词典》,江苏教育出版社 2002 年版。

［7］李申:《金瓶梅方言俗语汇释》,北京师范学院出版社 1992 年版。

［8］石汝杰、宫田一郎主编:《明清吴语词典》,上海辞书出版社 2005 年版。

［9］徐复岭:《〈金瓶梅词话〉〈醒世姻缘传〉〈聊斋俚曲集〉语言词典》,上海辞书出版社 2018 年版。

［10］许宝华、宫田一郎主编:《汉语方言大词典》(修订本),中华书局 2020 年版。

［11］许少峰:《近代汉语大词典》,中华书局 2008 年版。

［12］周定一主编:《红楼梦语言词典》,商务印书馆 1995 年版。

谈谈"省句"

——兼释《儒林外史》中的一个句子

先从《儒林外史》的一个句子说起。《儒林外史》第一回有句云："可惜我这里没有一个画工,把这荷花画他几枝,也觉有趣。"

这句话,有人认为有语病,并提出了几种修改意见。

香港中文大学郑子瑜教授认为,这句话是"有疾病"的文字,"因为既然句首用了'可惜……没有'这一类否定语,那句末的'也觉有趣'四字是不相称的,应该删去;如果保留'也觉有趣'四字,那句首的否定语气,便应改为设想的语气:'假使我这里有个画工……'。"郑先生还指摘历来的中小学课本竟选这种文字上有毛病的文章作为"模范教材",而编者竟并没有替它改正;又批评夏丏尊、叶圣陶合著的《文章作法》引用到这段文字时"也没有替它改正或指出它的缺点"。

沈卢旭先生在姑且假定郑先生认为这句话是有疾病的文字这个观点不错的基础上,对郑先生提出的两种改法进行了探讨。沈先生从修辞的角度,认为"也觉有趣"四字"断不可删去","可惜我这里没有一个画工"也不能改为"假使我这里有一个画工"。进而提出了第三种改法:"这个句子若添上'要不然'三个字,就不但能改通,而且能保持'原汁原味'。"按照沈先生的意见,这句话就改成这样:"可惜我这里没有一个画工,要不然把这荷花画他几枝,也觉有趣。"(郑说及沈说均见于沈卢旭《改病句宜兼顾修辞——与郑子瑜教授商榷》,《咬文嚼字》1995 年第 8 辑)

粗粗一看，两位先生的意见都不无道理，经过他们的修改，这个句子确实更通顺了，更合语法了。但玩味再四，觉得郑说既不确，沈说亦未安。我的观点是："病句"本无病，不改自通顺。郑、沈两先生所提出的三种修改法，虽然各不相同，且都有一定道理，但说到底，都是从现代汉语语法规范的角度来考虑问题的，忽略了古人行文有"省句"之例。

"省句例"是我国近现代著名语言文字学家杨树达先生最先提出来的。杨氏在《古书疑义举例续补》卷二"省句例"中说：

古人文中，常有省略一句者。其所以省略之故，有由于说者语急不及尽言，而记事者据其本真以达之者；有由于执笔者因避繁而省去者。

共举五例（其中第四例笔者以为实非"省句例"，此不赘）。下面引其三例：

（1）《管子·立政九败解》："人君唯毋听寝兵，则群臣宾客莫敢言兵。"杨氏说此本当云："人君唯毋听寝兵，听寝兵，则群臣宾客莫敢言兵。"《管子》原文以语急而省去一句。

（2）《史记·外戚世家》："两人所出微，不可不为择师傅宾客，又复效吕氏大事也。"杨氏说文本当云："不可不为择师傅宾客；不为择师傅宾客，又复效吕氏大事也。"避复，省去一句。

（3）《史记·太史公自序》："故有国者不可以不知《春秋》，前有谗而弗见，后有贼而不知；为人臣者不可以不知《春秋》，守经事而不知其宜，遭变事而不知其权。"杨氏说：两"不可以不知《春秋》"句下，各当有"不知《春秋》"一语，以避复，故省去之。

杨氏在他的另一部著作《汉文文言修辞学》第十八章"省略·省句·语急省"中，亦有相同的论述。"省句例"的发现和提出，是古汉语研究中很有意义的一件事情。它弥补了前人讨论省略只论"省字""省词"而不及"省句"的缺陷，对人们准确理解古书中文意不连贯的句子有重要参考作用。另外,杨氏所举例子还告诉我们,"省句"其实是省略一个分句,它常常发生在这样的语境里:首句表示禁止、劝阻、否定等语气,中间承上文省略一个表示假设语气的分句,末句则表示在假设条件下要产生的结果。"省句"这种表达方式不仅上古汉语有之,中古汉语、近代汉语也不乏其例。下面是笔者平时读书时随手摘录的例子:

(1)《左传·宣公十二年》:"无及于郑而剿民,焉用之!"全句意为:无及于郑而剿民,及于郑而剿民,焉用之!

(2)汉董仲舒《春秋繁露·灭国上》:"非独公侯大人如此,生天地之间,根本微者,不可遭大风疾雨,立铄消耗。"后半部分意为:不可遭大风疾雨,遭大风疾雨,立铄消耗。

(3)《太平广记》卷四百一十引《神异经》:"(绮缟树实)食之,令人身泽。不可过三升,令人冥醉,半日乃醒。"后半部分意为:不可过三升,过三升,令人冥醉,半日乃醒。

(4)宋朱端章《卫生家宝产科备要》卷六:"产妇蹲坐时须要四体平正,不得稍有伛曲及强嗯气用力,亦能令子失道致难产也。"后半部分意为:不得稍有伛曲及强嗯气用力,稍有伛曲及强嗯气用力,亦能令子失道致难产。

(5)元无名氏《独角牛》第一折:"他若和人厮打呵,休着我知道,我不道的饶了他。"后半部分意为:休着(被)我知道,着我知道,我不道的(不至于)饶了他。

(6)《金瓶梅词话》第七十五回:"我到明日打听出来,你就休要进我这屋里来,我就把你下截咬下来。"后半部分意为:你就休要进我这屋里来,进我这屋里来,我就把你下截(阴部)咬下来。

(7)同上第八十九回:"小僧不知小奶奶前来,理合远接,接待迟了,勿蒙见罪。"前半部分意为:小僧不知小奶奶前来,知小奶奶前来,理合远接。

（8）明醒世居士《八段锦》第二段："你们好好入捣，不要入脱了肛门，不干我事。"后半部分意为：不要入脱了肛门，入脱了肛门，不干我事。

（9）清曹去晶《姑妄言》第十二回："他再三嘱咐，不可轻传匪人，罪过不小。"后半部分意为：不可轻传匪人，轻传匪人，罪过不小。

（10）同上第十五回："今有稍赠君辈，持归各理生计，毋为此龌龊事，上辱祖宗，下羞子孙也。"后半部分意为：毋为此龌龊事，为此龌龊事，上辱祖宗，下羞子孙也。

（11）清无名氏《好逑传》第二回："此系朝廷钦赐禁地，官民人等，俱不得至此窥探，取罪不小。"后半部分意为：官民人等俱不得至此窥探，至此窥探，取罪不小。

（12）清黄世仲《廿载繁华梦》第二十二回："明儿二十日是大人的生日，这里薄备一盏儿，好与大人祝寿，一来请同院的姊妹一醉，究竟大人愿意不愿意？妾这里才敢备办来。"后半部分意为：究竟大人愿意不愿意？愿意，妾这里才敢备办来。又，本例"省句"前表询问语气，与他例稍异。

甚至现代汉语里也有类似的句式，例如：

（1）大热天可惜这里没有冷饮，（有冷饮，）喝上一罐，也觉凉快。

（2）不要折花，（折花，）要罚款的！

（3）消防通道莫上锁，（上了锁，）发生火灾酿大祸！

遗憾的是，杨氏的"省句例"没有引起应有的重视。后来的语法修辞论著及有关教科书凡是讲到省略，往往只讲句子成分的省略，如省略主语、宾语、动词谓语以及介词等，句子的省略则很少被提及，以致人们对"省句"这一文例颇感陌生且时有误解，上文提到的把《儒林外史》这一句子看作病句并加以修改的做法正好说明了这一点。

通过上面的分析，已经不难看出，《儒林外史》这一句子正是运用了"省句"表达方式，它和杨氏所举的例子以及笔者增补的例子本质上属于同一句型。把这个句子省去的部分补全了就是这样：

可惜我这里没有一个画工，有一个画工，把这荷花画他几枝，也觉有趣。

所谓"补"，并不是说非得在原文中增加"有一个画工"五个字不可，而是指在理解的时候，应该把这层隐含的意思添补上去。

总之，"省句"跟省略句子成分一样，是正常的语法修辞现象。这种表达方式给解读古书带来了一定困难，但我们不能因此就简单地断定它是病句并随意加以修改。

（原载《古汉语研究》2003 年第 1 期）

"A 了去了"构式探源

　　"那些事别提了,多了去了"(冯骥才《一百个人的十年》),"您这一说,我的罪过可大了去了"(陈建功《皇城根》),例句中"多了去了""大了去了"一般称为"A 了去了"构式。

　　关于这一构式的来源,已有多篇文章讨论过了,大多数学者认为,它是现代汉语甚至是当代汉语里才产生的,如孙雪梅、宋玲玲(2009),邵敬敏(2013)。只有全国斌(2012)从历时角度考察,认为"A了去了"前身是"A 了去+(表示感叹的)语气词",并举了《元典章》两个例子,即下文例(5)和例(8)。但黄勇(2014)不赞同这一观点,认为《元典章》以及《通制条格》属于元代直译体文献,又称蒙式汉语,其中"A 了去也"的"A"应作动词理解,而"去"是表示时态的助词或助动词的标记,它并非表示程度而是表示与过去或完成时态相对的未来时态。至于其具体来源,各家又有两种说法:一是由"V 了去了"发展而来,一是来源于方言。

　　从理论上讲,现代汉语(包括方言)都是古汉语尤其是近代汉语的继承和发展,现代汉语里的语法现象突兀出现的情况比较少见,其中有许多可以从近代汉语里找到它的源头,至少可以找到一些蛛丝马迹。按照这一思路,本文试图对"A 了去了"构式进行溯源。

　　我们发现,《金瓶梅词话》有一个"A 了去了"的用例:

　　(1)你饶与人为了美,多不得人心。命中一生替人顶缸受气,小人驳杂,饶吃了还不道你是。你心地好了去了,虽有小人也拱不动

你。(《金瓶梅词话》第四十六回)

这个例子很典型,跟现代汉语"A 了去了"的意思和用法完全相同。但根据初步调查,明代这样的用例不多,清代的用例也不多,目前找到的有三例(其中两例为"A 了去"):

(2)太夫人,不消说是女圣人了;太太合刘大姑娘,便是女大贤;其余便都是女贤人。若说相貌,除了太夫人德<u>重了去</u>,便满屋都是天仙。(《野叟曝言》第一百十二回)

(3)总是灯<u>多了去</u>的原故。这灯不但多,而且做的精巧,安排布置的也十分妥贴。(《补红楼梦》第三十四回)

"A 了去"现代汉语里用例很少,但偶尔也有,如:"贝勒府里缺大德的事多了去!"(刘心武《如意》)"跑完了车子能开家门口停着,还能用它拉拉关系,好处多了去!"(刘心武《公共汽车咏叹调》)①

(4)太太一听这话,知道是又<u>左了去了</u>,不好搬驳,只得说:"老爷见得自然是,但是也得配上点儿不要紧的东西,才成这么个俗礼儿呀。"(《儿女英雄传》第三十八回)

此例系邵敬敏先生所引。邵先生说:例中"左"可以解释为形容词,表示"差错",但是也可以解释为不及物动词,这似乎可以让我们认为"A 了去了"是由"V 了去了"发展演变而来。笔者认为这个"左"是形容词,意思是错、不对头。这个词与小说所用的北京方言背景正好吻合。"左了去了"意即很不对头、离谱得很。另外,"左了去了"有的本子作"左下去了",文字恐怕有误。

再往上追溯,在元代《元典章》和《通制条格》这类翻译体文献中,也找到一些类似的用例,形式为"A 了去也"。如:

(5)不交问呵,课程也不能尽实到官,做贼说谎<u>多了去也</u>。(《元典章·刑部八》)

(6)去年为不曾收田禾上头,今年差发都免了来。俺商量得每月家与盐粮又有蘿菜钱与呵,<u>重了去也</u>。(《元典章·兵部一》)

(7)似这般呵,坏了法度、做罪过的歹人每根底,惯了去也。(《元典章·刑部一》)

(8)似这般的,若不严切禁治呵,惯了去也。(《元典章·新集·刑部》)

(9)有一等歹人,诸王、驸马每根底,官人每根底各投下呈献的多有,不系诸王、驸马各投下分拨到的户计地土有,若不禁治呵,渐渐的仿学的多了去也。(《通制条格》卷三)

(10)俺商量得院务官每辨(办)着课程有,既欺隐了课程,不教问呵,课程也不能尽实到官,做贼说谎的多了去也。(《通制条格》卷十四)

(11)军官每并管民官似这般不添气力呵,怎中?公事松慢了去也者。(《通制条格》卷十九)

例(5)至例(11)根据变项"A"的不同,有四种形式,就是"多了去也""重了去也""惯了去也"和"松慢了去也者"("也者"同"也",是语气助词连用)。与现代汉语"A 了去了"相比较,除了末尾助词"也"与"了"不同外,意义也有较大的差别。

需要指出的是,黄勇认为以上蒙式汉语中"A 了去也"的"A"应理解为动词,不确。"多""重""惯""松慢"都是形容词而非动词。另外,这个"去"虽然不是表示程度,而是一个事态助词,但它与元代标准汉语里的助词"去"的用法完全相同。李崇兴等(2009)明确指出:"助词'去'及其组合形式'去也'在蒙式汉语里均表示情状或事件将要发生的变化,用法与标准汉语相同,应是上层语言影响的结果。"[②]

"A 了去也"也可说成"A 去也"。例如:

(12)因着这的每,俺商量来,若不严切禁治呵,贼人每日渐的多去也。(《元典章·刑部十九》)

(13)因这般体察勾当的人每恐怕摭拾,不肯言语有,百姓的生受无处告,做贼说谎的人多去也者。(《元典章·台纲二》)

(14)将荒闲田地斟酌拨与耕种呵,百姓也不被扰,闲人也<u>少去也</u>。(《元典章·工部三》)

(15)风雨两无情,庭院三更夜,明日落红<u>多去也</u>。(元刘时中《清江引》)

(16)风酿楚天秋,霜浸吴江月,明日落红<u>多去也</u>。(元杨朝英《清江引》)

(17)离人哽咽时,风雨凄凉夜,明日落红<u>多去也</u>。(元赵显宏《清江引》)

(18)有似这般呵,窒碍选法,都想望着要做都事的<u>多去也</u>。(元刘孟保《南台备要》卷上)

(19)是时从师之众皆躬尘劳,真人独泰然以琴书自娱。有诉之师者,辄拒之曰:"汝等勿言。斯人以后尘劳<u>不小去也</u>。"(元李鼎《玄都至道披云真人宋天师祠堂碑铭》)

"A去也"出现的时间要比"A了去也"更早,五代南唐成书的《祖堂集》即有之。兹举一例:

(20)师后闻此语,云:"噫,佛法已后<u>澹薄去也</u>。"(《祖堂集》卷七)③

例(5)"做贼说谎多了去也"与例(12)"贼人每日渐的多去也"都是出自《元典章》,两相比较,可知"A了去也"与"A去也"没有实质性的差异。

我们认为,"A去也""A了去也""A了去了"三者是有渊源关系的。但是,"去"最早是动词离开的意思,大约从汉魏开始,"去"产生去往义。而现代汉语"A了去了"的"去"则是表示程度高的准副词,"去"是怎样一步一步演变过来的呢?

迄今为止,学界对"去"的研究已经比较深入,基本摸清了"去"语义和语法功能发展变化的脉络。从语义看,由表示具体空间性位移发展为表示抽象空间性位移,由表示动作的变化趋向发展为表示性状的变化趋向。从语法化路径看,由实义动词发展为趋向动词,再发展为事态助词。

曹广顺先生《近代汉语助词》书中说:"去"是近代汉语中较为活跃的一个事态助词,它的功能,主要是指明事物或状态已经或将要发生某种变化。④考察例(5)至例(20),"A 了去也""A 去也"都出现在"表事象之将然"的句子中,"去"都是指明事物或状态将要发生某种变化。值得注意的是,这种变化往往是事态的持续或程度的加深。如例(15)"明日落红多去也",张相《诗词曲语辞汇释》就解释为"此犹云明日落红更多了也"。

诚如曹先生所说,"《元典章》中助词'去'基本上都是表示将要或在某种条件下将会出现什么情况与变化,几乎所有的例句中'去'均与其它的事态、语气助词连用","《通制条格》中'去'只有 7 例,也都是表示将要的意思"。⑤其中"A 了去也"的语义与现代口语中的"A 了去了"的确很不一样。但也不难看出,其中事态助词"去"还是带有状态逐渐加深的意味。

一般认为,"入元以后,助词'去'已开始少见,到了明代已基本消失"。⑥就"A 了去也"而言,我们推测,尽管它在书面语里确实"基本消失"了,但在方言里仍然继续使用,而且"去"的意义和用法发生了很大的变化:从用于将然语境,表示性状发展的归向,转变为用于已然等语境,表示性状达到的程度;"去"由事态助词发展为表示程度高的准副词。因为"'A 了去了'表示的是形容词的性状的'抽象位移',换言之,形容词性状的抽象位移即是形容词性状程度的变化,而这种'变化'的结果就是程度的增加"。⑦明清文学作品里偶尔出现的"A 了去了"的例子,恰好说明了这一点。

综上所述,我们认为,"A 了去了"不是直接由"V 了去了"类推、发展而来,而是由"A 了去也"发展而来,"A 了去也"则由"A 去也"发展而来。以变项 A 为"多"的为例,就是由"贼人每日渐的多去也"发展为"做贼说谎多了去也",再发展为"那些事别提了,多了去了"。我们这样说,并不否认"V去也""V了去也""V了去了"对"A去也""A了去也""A了去了"产生的影响,尤其是后者的前两式,显然是由"V去也""V了去也"类推、发展而来。以《元典章》为例,除了有"A去也""A了去也",更多的是"V去也""V了去也",如"如今不说呵,后头言语的人<u>有去也</u>"(《礼部四》)、"若有军情紧急勾当呵,<u>耽误了去也</u>"(《吏部五》)。但如果认为"A了去了"是由现代汉语"V了去了"类推而来,恐怕不是很准确了,因为我们无法切断汉语口语"A了去了"与近代汉语"A了去了""A了去也"甚至"A去也"的有机联系。也就是说,既然宋元时期就有"A去也""A了去也",明清时期已有了"A了去了",那些认为"A了去了"是由现代汉语"V了去了"类推而来的观点,这在逻辑上就说不通;即便认为"A了去了"是由近代汉语"V了去了"类推而来的观点,也有舍近求远之嫌。另外,"A了去了"主要见于北京官话、东北官话、兰银官话等官话方言区,因而有人认为它来源于北方方言。这一说法的缺陷在于,方言也是有源头的,它的源头也是古汉语尤其是近代汉语。合理的解释应该是,"A了去了"构式在近代汉语里萌芽,经过漫长的发展演变,逐步定型,首先在北方方言里使用,然后才进入普通话的。

附注:

① 引自全国斌(2012)第 22 页。

② 见李崇兴等(2009)第 248 页。

③ 引自李崇兴(1990)第 71 页。

④ 见曹广顺(1995)第 107 页。

⑤ 见曹广顺(1995)第 115~116 页。

⑥ 见蒋冀骋、吴福祥(1997)第 547 页。

⑦ 见王小妹(2012)第 24 页。

参考文献:

[1] 曹广顺:《近代汉语助词》,语文出版社 1995 年版。

[2] 常婧:《汉语"A 了去了"的构式分析》,《吕梁教育学院学报》2014 年第 3 期。

[3] 储泽祥:《汉语口语里性状程度的后置标记"去了"》,《世界汉语教学》2008 年第 3 期。

[4] 黄勇:《现代汉语"A 了去了"构式研究》,南京师范大学硕士学位论文,2014 年。

[5] 蒋冀骋、吴福祥:《近代汉语纲要》,湖南教育出版社 1997 年版。

[6] 李崇兴:《〈祖堂集〉中的助词"去"》,《中国语文》1990 年第 1 期。

[7] 李崇兴、祖生利、丁勇:《元代汉语语法研究》,上海教育出版社 2009 年版。

[8] 邵敬敏:《框式结构"A 了去了"》,《语文研究》2013 年第 4 期。

[9] 孙雪梅、宋玲玲:《汉语口语"了去了"结构研究》,《滨州学院学报》2009 年第 1 期。

[10] 全国斌:《从"V 了去(了)"到"A 了去了"——兼论连续统过渡地带构式的性质》,《当代修辞学》2012 年第 1 期。

[11] 王小妹:《"A 了去了"格式及相关问题研究》,上海师范大学硕士学位论文,2012 年。

[12] 张菁:《"A 了去了"及其异形同义短语探析》,《现代语文》2008 年第 3 期。

(原载《辞书研究》2021 年第 1 期,与研究生李泽敏合作)

下编

方言词汇研究
在大型语文辞书编纂中的作用

大型语文辞书要求收词(字)齐全,义项无缺,释义准确,书证丰富。要做到这些,首先当然要依靠字书、韵书、辞书的旧训和注释家的古注,其次需要从大量文献材料中撮取词(字)目,归纳词义,分析义项。但是仅仅这些,似乎还不够。文献语言中有好些词,有的并无旧训可稽;有的虽有旧训,但语焉不详,很难捉摸;有的出现频率不高,无法通过排列类比大量语言材料的方法来归纳确定词义。在这种情况下,借助方言来解决这些难题,不失为一条有效的途径。方言来自古代的通语,方言词汇中保存了不少古词古义。以今天还活着的方言为佐证,可以使一些疑义、僻义、晦涩之义明白显豁,得到确解,从而大大提高大型语文辞书的质量。本文拟以吴方言,尤其是宁波方言为依据,针对《汉语大字典》《汉语大词典》(以下分别简作《大字典》《大词典》)中存在的某些疏漏,谈谈方言词汇研究在大型语文辞书编纂中的作用。

一、根据方言抉发古义

汉语历史悠久,词汇十分丰富,汉字的数量也相当庞大。其中有的词(字)在浩繁的典籍中只出现一两次,有的甚至并无实际用例,只存录在古代字书、韵书中。要考释这种僻字僻义,有时必须借助方言这块活的"化石"。例如：

  覝 liàn 《太平广记》卷四百一十引《神异经》："（绮缟树实）其子形如甘瓠，少覝（音练），甘美，食之，令人身泽。"（《大字典》第六卷第 3670 页）

  "覝"字不见于从前的字书、韵书，《大字典》也只有注音和一条书证，没有释义。大概因为其义隐晦费解，只好阙如了。这种谨慎的态度自然可嘉，但读者对此恐怕就不无遗憾了。我们认为，这个字并非绝不可解，其实就是"瓡"字，瓜瓡的意思。①《广韵·霰韵》："瓡，瓜瓡。"郎甸切。《正字通·瓜部》："瓡，瓜中瓡。"覝、瓡同从柬得声，都念 liàn，例得通用。今宁波方言管西瓜过熟、切开时瓜瓡倒下为"倒瓡"（犹别处说"倒瓤"），宁波慈溪话管瓜瓡叫"瓜瓡"，宁波余姚话管红瓤菜瓜叫"红瓡菜瓜"，此即瓡（或覝）当瓜瓡讲的力证。可见，按照一般的方法去训释，这个字几乎无从索解，而联系方言，就涣然冰释了。

  汉语中的词绝大多数是多义词。多义词有的义项古今一致，明白易懂；有的义项虽然现在不用了，但古书习见，不难解释；有的义项不但现代汉语没有了，即使在古代也十分冷僻。要钩稽这种古义，有时也必须借助方言。例如，"汪"字古代有个生僻义，"水臭"的意思。这个意思《大词典》不收，《大字典》注意到了，却没有把它离析出来：

  汪 ②池。指污浊的小水坑。《说文·水部》："汪，池也。"桂馥义证："《一切经音义》四：'《通俗文》：亭水曰汪。'池之泥浊者也。"《广韵·宕韵》："汪，水臭也。"《集韵·宕韵》："汪，停水臭。"……（《大字典》第三卷第 1557 页）

  "汪"诚然有"池、污浊的小水坑"之义，但所引《广韵》《集韵》之训则显然与这个意思有别，怎么可以作为这一义项的佐证呢？之所以这样处理，大概与人们对汪之"水臭"义不甚了了有关系。在文献中，汪当"水臭"讲的确少见，但既然《广韵》《集韵》都这么说，当非无稽之谈。事实上,现在宁波方言里还保存这一古义。宁波话形容水酸臭说"酸汪气"或"酸汪汪",引申之,形容酸臭的气味或味道都可说"酸汪气""酸汪汪",如"泔水酸汪气""年糕日脚多了,吃起来有眼酸汪汪"。其中"汪"字,与"池、污浊的小水坑"义格格不入。大字典的编写体例是,只要有书证(字书、韵书的训诂),即使没有例证(文献实际用例),也单立其义项。汪之"水臭"义既有古代书证,又有方言旁证,完全有资格作为一个义项独立出来。又如:

碦 ②石砌之岸。《篇海类编·地理类·石部》:"碦,石碦岸。"明李实《蜀语》:"砌石曰碦。"清严如熤《苗防备览》:"沿河碦岸码头悉巨石修砌。"(《大字典》第四卷第 2450 页)

"碦"固然有"石砌之岸"的意思,但所引李实《蜀语》之说是否也是这个意思呢?我认为不是。"砌石曰碦"是说碦有"砌石"的意思,即可作动词用。这样理解,是有方言根据的。民国《鄞县通志·方言》:"甬称石工砌筑厓岸曰驳。《篇海》作'碦'。《蜀语》:'砌石曰碦。'"今宁波方言犹谓用石块砌筑崖岸、路堤等为"碦",如"碦石塴""碦海塘""路碦阔眼",碦字之义正与李实"砌石曰碦"之训密合。可见,离开方言,碦之动词"砌石"义很容易被忽视、被埋没;借助方言,则可以把这一古义揭橥出来,单独立项。

二、根据方言补充义项

大型语文辞书要力求做到义项齐全,古义、今义、常用义、生僻义都在收录之列。但要真正做到这一点,并非一件容易的事情。由于材料不足、用法特殊、意义冷僻等,某些义项常常被忽略、被遗漏。如果充分利用方言资料,就可以弥补文献材料不足、词义不易判定的缺陷,挖掘出一些向来不为人们所注意的义项。兹举数例如下:

屙 《大字典》释为"排泄(大小便)",《大词典》释为"指从肛门里排泄",都只有一个义项。其实,"屙"字除了用作动词外,还可以用作名词,当屎、粪讲。《天凑巧》第三回:"只听的咕咚一声,早把个公子跌翻在地下了。不能勾凤求凰,反跌个狗吃屙。"《醒世奇言》第五回:"众人口里百般毒骂,又去屋后窖坑内捞起些屙来逼他吃。"又第七回:"(丫鬟们)才走得到,庆姑便来唤了去,黄氏只得尿屙都撒在床上。"清王有光《吴下谚联》第 269 条"小狗衔大屙练":"世间恶臭,莫过于屙。人皆掩鼻而过,狗且逐臭而来。"以上各例"屙"均指屎、粪。屙之屎、粪义在文献中用例不多,但在宁波方言里却极为常用。宁波话正是管屎、粪为"屙",如"撒屙"(拉屎)、"狗屙"、"眼屙"、"拆烂屙"(比喻做事马虎、不负责任)、"屙急造茅坑"(犹言临时抱佛脚)。[②]可见,以方言为佐证,屙之粪便义确然无疑,这一义项自当补充。

投 《大字典》《大词典》都收了不少义项,但仍未完备。吴方言里,"投"字还有戆、鲁莽、冒失的意思,如"投鬼""投孙""投投动""投五投六""投七投八"。[③]宁波话:"该人交关投,摩托车开勒飞一样,多少危险的啦!""今末座谈会人家和总勿想讲,其劢来扯去会讲勒半日,侬看投哦?"这种用法由来甚早,汉代就有用例。如《论衡·率性篇》:"齐舒缓,秦慢易,楚促急,燕戆投。"舒缓、慢易、促急都是同义连文,投与戆亦当同义(《论衡》作者王充是浙江上虞人,"投"当是古吴语)。方言与文献互证,则投之惹、鲁莽、冒失义信而有征,当补。

昼 《大字典》凡列三个义项:①白天,即从日出到日落的一段时间。②地名。③姓。其实昼还有"日中"义,《大字典》失收了。[④]《广韵·宥韵》:"昼,日中。"《太平广记》卷四百六十一"元道康"条(出处原缺):"燕曰:'我来日昼时,往前溪相报。'道康乃策杖南溪,以伺其至。及昼,见二燕自北岭飞来而投涧下。"又卷四百八十"契丹"条(出《稽神录》):"正昼方猎,忽天色晦黑,众星粲然……顷之乃明,日犹午也。"明徐光启《农政全书·占候》:"谚云:'对日鲎,不到昼。'"《警世通言》卷十:"(希白)惊觉,乃一枕游仙梦……但见炉烟尚袅,花影微歆,院宇沉沉,方当日午……遂成《蝶恋花》词……词曰:一枕闲歆春昼午……"《钟馗平鬼传》第十一回:"此时五月昼间天气,熏蒸炎热。"所引诸例,昼均谓日中。昼之日中义普通话里已经消失了,但在吴方言里依然遗存。今宁波话管中午为"昼过",管午饭为"昼饭",其即明证。作为大型字典辞书,这一义项理应收录。

做 《大字典》收了 12 个义项,《大词典》收了 15 个义项,但仍有一个义项遗漏了。做有"同"义。《初刻拍案惊奇》卷九:"刘氏子大笑道:'此乃吾妻也。我今夜还要与他同衾共枕,怎么舍得负了出去?'说罢,就裸起双袖,一抱抱将上床来,与他做了一头,口对了口,果然做一被睡下了。"文中两做字并训"同",其中"做一被"与上文"同衾"照应,义更显豁。他如同书卷十七:"吴氏道:'你两个昨夜那一个与师父做一头睡?'"同书卷二十六:"你若要我住在此,我须与你自做一床睡,离了他才使得。"《二刻拍案惊奇》卷三十四:"且说筑玉夫人,晚间寂守不过,有个最知心的侍婢,叫做如霞,唤来床上做一头睡着,与他说些淫欲之事,消遣闷怀。"粗粗一看,上引"做一头(睡)""做一床(睡)""做一被(睡)"之"做",似乎也可以用其他意思来解释,但联系方言,就可知最贴切的解释是"同"。明冯梦龙《山歌·伯姆》:"三月里清和四月里天,伯姆(即叔伯姆,妯娌)两个做头眠。"又《山歌·船》:"昨夜同郎做头眠,干红襕子合腮肩。"这两例"做"下没有"一"字而直接说成"做头眠",其义尤显。宁波话正是管同为"做",如"做日"(同一天)、"做地方"(同一地方),又同样说"做号"或"做样",完全一样说"做色做样"。同头睡、同床睡、同被睡,宁波话正说"做头眠""做床眠""做根被头眠"。以方言为旁证,"做"字分出一个义项,该不是牵强之说。

利市 《大词典》凡收三个义项:①好买卖。②吉利;好运气。③节日、喜庆所赏的喜钱。其实这三个义项还不能概括"利市"一词的所有用法。《初刻拍案惊奇》卷三十五:"店小二道:'秀才官人,你每受了寒了,吃杯酒不好?'秀才叹道:'我才说没钱在身边。'小二道:'可怜,可怜! 那里不是积福处? 我舍与你一杯烧酒吃,不要你钱。'就在招财、利市面前那供养的三杯酒内,取一杯递过来。"《北宋三遂平妖传》第二十七回:"那法师摇着法环,走来任迁架子边,看着任迁道:'招财来,利市来,和合来,把钱来!'"鼓词《水淹金山寺》:"请来了哪吒、二郎打前站,又有那招财、利市香云翻,护法韦陀也来到,托塔天王在后边。"例中"利市"与"招财"及"和合"一样,都是神名,《大词典》失收了(又,《大词典》失收"招财"词目)。利市为神名,宁波方言里尚有残迹可寻。宁波旧称"谢神"为"拜利市",⑤即其证。

流水 《大词典》凡列六个义项。但有个重要义项遗漏了,"流水"还有赶紧、急忙、立即的意思,《大词典》不载。《初刻拍案惊奇》卷二十:"却只有那婆子看着,恐怕儿子有甚变卦,流水和老儿两个拆开了手,推出门外。"《醒世恒言》卷十五:"众人不管三七二十一,一齐拥入。流水叫香公把门闭上。"《警世通言》卷二十八:"许宣方欲推辞,青青已自把菜蔬、果品流水排将出来。"《醒世姻缘传》第六十四回:"我流水叫徒弟看茶与他吃了。""流水"这种用法不但在白话小说中例子很多,而且在今天宁波方言里还有遗留。例如:"饭吃好流水动身。""我出去一趟,流水回来。"作为大型语文词典,"流水"这一意义自然应该收录。

他如"擂"有"滚动"义(《初刻拍案惊奇》卷三十一:"三个人见了,吃这一惊不小。沈婆惊得跌倒在地下擂。")、"看"有"饲养"义(《醒世恒言》卷十八:"施复道:'不要说起,这里也都看蚕,没处去讨。'")、"茶"有"开水"义(《警世通言》卷二十二:"宋金戴了破毡笠,吃了茶淘冷饭。")等,宁波话习用,而《大字典》皆不收;"乱梦"有"梦"义(《警世通言》卷三十:"爹妈见了,道:'我儿,昨夜宿于何处? 教我一夜不睡,乱梦颠倒。'")、"交秋"有"立秋"义(《初刻拍案惊奇》卷一:"交秋早凉,虽不见及时,幸喜天色却晴,有妆晃子弟,要买把苏做的扇子,袖中笼着摇摆。")、"傍早"有"提前、趁早"义(《吴下谚联》第 44 条："傍早做人家。")等,宁波话也都常说,但《大词典》却都失收。凡此皆可据以补充。

三、根据方言纠正误释

释义准确是大型语文辞书的基本要求。汉语中有些词语本是方言词,或者最初是通语,随着时代的发展变化演变成了方言词。对于这些词语的解释,理所当然应该以方言为依据。不然的话,机械地根据古训,或勉强地随文释义,都很难贴切地、准确地揭示出某些词语的内涵,很容易导致释义不准确甚至错误。例如:

讻　①加厚。《说文·言部》:"讻,厚也。"段玉裁注:"因仍则加厚,讻与仍音义略同。"(《大字典》第六卷第 3939 页)

《说文》明明训讻为"厚",怎么可以用"加厚"来解释"讻"? 段注"因仍则加厚"这句话,是说明"讻"为什么有"厚"义,而不是说"讻"有"加厚"的意思。讻训厚,古书罕见,但在宁波话里却仍然保存着。宁波话形容厚的样子说"厚讻讻",如"羊毛生勒厚讻讻""稻草垫勒厚讻讻",讻正取厚义。若以"加厚"释"讻",则"厚讻讻"就不成话了。可见,从方言到《说文》,讻训厚是有根据的,释作"加厚"则不准确了。

掇　⑤取。宋杨万里《火阁午睡起负暄二首》之一:"觉来一阵寒无奈,自掇胡床近太阳。"《水浒全传》第二十四回:"(武松)穿了暖鞋,掇了杌子,自近火边坐地。"《儒林外史》第四回:"严家家人掇了一个食盒来,又提了一瓶酒。"(《大字典》第三卷第 1909 页)

以"取"解释"掇",不贴切。"取"是个意义很宽泛的动词,而"掇"则不然。"掇"的方式、对象大致是确定的,其方式基本上是双手端,且一般不过胸;其对象是有一定重量的东西,如马桶、箱子、石头、盘子、凳子、椅子等等。这个词在宋元明清诗文小说中经常出现,如:明浮白主人辑《笑林·掇马桶》:"甲乙俱惧内,乙往诉甲曰:'房下迩来作事更狠,至晚马桶亦要我掇。'"《水浒全传》第十回:"(林冲)入得庙门,再把门掩上,傍边止有一块大石头,掇将过来靠了门。"《初刻拍案惊奇》卷二十六:"到得里头坐下了,小沙弥掇了茶盘送来。"《醒世恒言》卷九:"陈青将自己坐椅掇近三老,四膝相凑,吐露衷肠。"明李诩《戒庵老人漫笔·今古方言大略》:"捧谓之掇。""掇"字这个意思完好地保留在今天的吴方言里,吴方言正是管端为"掇",如"掇凳子""掇箱子""掇石头",甬俗还有"掇凳弗坐讨凳坐""活孙掇热石,弗是爬就是挖"之说。如果用"取"来解释这些"掇"字,显然失之笼统,没有揭示出该词的准确含义。

脶　指纹。《玉篇·肉部》:"脶,手理也。"《广韵·戈韵》:"脶,手指文也。"(《大字典》第三卷第 2088 页)　指纹。清和邦额《夜谭随录·阿凤》:"转坏我一纳新绫袜,污印十个脶文。"(《大词典》第六卷第 1331 页)

翻检现有字典辞书,几乎无一例外地把脶释为"指纹"或"手指纹"。这种解释虽然持之有故,却未必言之成理。第一,并非所有的手指纹都可称作"脶"。手指纹人人不同,但大致可分为两大类:一类是呈螺旋形而闭合的,一类是呈波浪形而不闭合的。宁波方言把前者称为"脶",后者称为"箵",俗语有"九脶一箵,讨饭趁早""九箵一脶,做官请坐"之说。脶字又作"螺",《大字典》"螺"字条第七个义项为"螺旋形的指纹",并引苏轼文为例,皆可证脶不是泛指"手指纹",而是仅指呈螺旋形而闭合的那种指纹。第二,脶不光是手指头有,脚趾头也有,甚至脚底也有,甬俗有"千脶万脶,弗及脚底一脶"之说。立足于活的方言,就可以发掘出"脶"字丰富的内涵,就不会简单地把它与"手指纹"画等号了。

团　⑧哄;笼络。《初刻拍案惊奇》卷二六:"等我团熟了他,牵与师父,包你像意。"(《大词典》第三卷第 660 页)

"团"当"哄、笼络"讲,不见于其他辞书,《大字典》也不载,只有《大词典》这么说,且只举这一条书证。我们认为,这个义项很难成立。其实,"团熟"才是一个词,意为"混熟;搞得很熟"。宁波方言里,"团熟"这个词常见,如:"刚到新单位,两三日辰光人头就团熟了。""其刚来辰光弗咋响,等团熟了,闲话交关会讲。"《大词典》所引之"团熟",正是"混熟;搞得很熟"的意思。"团熟了他"意即"跟他混熟了"。

《汉语大字典》《汉语大词典》是我国迄今为止规模最大、质量最高的两部大型语文工具书,上面提到的某些疏漏,不过是白璧微瑕,无损于它们的成就和价值。通过这些实例,只是想说明,方言词汇研究对大型语文辞书的编纂有不可忽视的作用。方言是祖国语言宝库中极为珍贵的一部分。我国历史悠久,幅员辽阔,方言复杂。加强方言词汇的研究,并把研究成果及时地吸收到大型语文辞书的编纂、修订中去,无疑是有重要意义的。

附注:

① 详参拙作《〈太平广记〉通假字零拾》,《宁波师院学报》1991年第 3 期。

②《宋本玉篇·尸部》:"屙,乌何切。上厕也。"今宁波话当屎、粪讲的"屙",声韵与此全同,唯声调不读阴平,而读去声。求其本字,当作"污"。

③ 参见闵家骥等编:《简明吴方言词典》,上海辞书出版社 1986年版,第 128 页。

④ "昼"之"日中"义,《汉语大词典》第五卷第 750 页已收。

⑤ 参见闵家骥等编:《简明吴方言词典》,第 210 页。

(原载《辞书研究》1992 年第 5 期)

读《汉语大词典》第二版
第一册(征求意见本)札记

　　上海辞书出版社于 2018 年 12 月推出了《汉语大词典》第二版第一册(征求意见本),承蒙出版社厚爱,送了我一本。无功受禄,既高兴,又不安,于是在拜读学习之际,做了一些笔记,今略加整理,缀成此文。《汉语大词典》第二版第一册所取得的巨大成绩,江蓝生、汪维辉、宋浚瑞等先生都有论述,[①] 而且只要与第一版稍作比较,就能够强烈感受到,故此不赘;本文根据"征求意见本"的性质,专门吹毛求疵,主要从近代汉语、现代汉语的视角,谈谈笔者翻阅过程中发现的一些小问题,希望对将来编纂正式版有点儿帮助。站着说话不腰疼,坐着修订真难事。不当之处,敬请编纂者和读者批评指正。

一、关于释义

　　释义有待完善的,例如:

　　【一忽】　①很快;忽然。……《金台全传》第四二回:"法通一忽醒来,三更已尽。"……②一会儿。明吾丘瑞《运甓记·牛眠指穴》:"且挪个牛来缚在树上,困一忽再做计较。"……(第 62 页)

　　这两条书证是第二版新增的,但配例不够贴切。两个"一忽"是吴语,义同"睡一觉"的"一觉"。"忽"本字作"痐",《广韵·没韵》:"痐,睡一觉。呼骨切。"《五灯会元·酒仙遇贤禅师》:"长伸两脚眠一

瘜(原注:音忽),起来天地还依旧。"俗作"忽"。清钱大昕《恒言录》卷
二:"瘜(与忽同),吴中方言睡一觉谓之一忽,林酒仙诗'长伸两脚眠
一忽,起来天地还依旧'是也。"清茹敦和《越言释》卷下:"吴人无论大
觉小觉,皆谓之忽。"《生绡剪》第一回:"老脱被酒保扛出门外,睡到半
夜,一忽醒来,只见满天星斗。"均其证。又,白维国先生主编《近代汉
语词典》"一忽"条也有类似问题,如义项①"忽然;很快",举《何典》第
九回:"且说这黑漆大头鬼在慢字监里,一忽觉转,只觉得周身牵绊。"
义项③"一会儿;片刻",首举《运甓记》例(见上引),次举《隋唐演义》
第六十七回:"怀清应了,又睡了一忽,却好萧后醒来。"[1]2450 这三例
"一忽"其实也是"一觉"的意思,其中《何典》"一忽觉转"意即一觉醒
来。建议删去或更换这两条书证,增补"(睡)一觉"义项。

【一柞】 拇指和中指伸开的长度或高度。……毕淑敏《补天石》
第五节:"安门栓颇不以为然:一柞半细的腰。养得出孩子来吗?"(第
69 页)

"柞"用同"拃","一柞"的基本用法的确是指拇指和中指伸开的
长度或高度,但毕淑敏文中的"柞"恐怕不能这样理解。"一柞半细的
腰"是说腰极细,如果横着量,不仅不细,而且很粗了(同理,"三寸金
莲"横着量,也很恐怖)。此"一柞"犹"一搦"(唐李百药《少年行》有
"千金笑里面,一搦掌中腰"句)。"一柞"这种灵活用法,词典应当予
以说明。

【一轮】 ③表动量。犹言一转。鲁迅《彷徨·祝福》:"只有那眼
珠间或一轮,还可以表示她是一个活物。"又《呐喊·阿Q正传》:"赵
太爷肚里一轮,觉得于他总不会有坏处,便将箱子留下了。"(第131
页)

两例"一轮"意义有别。谢德铣《鲁迅作品方言词典》"眼珠间或
一轮"条:"眼珠子偶然一转动。《吕氏春秋·仲夏纪·大乐》:'天地
车轮'。高注:'轮,转'。"[2]22 又"肚里一轮"条:"心里一想,肚里一盘

算。"[2]17《汉语方言大词典》"轮"条:"④〈动〉想;想一想。吴语。浙江绍兴。鲁迅《呐喊·阿Q正传》:'赵太爷肚里一轮,觉得于他总不会有坏处。'浙江宁波。"[3]3313"轮"当想讲,本字作"恔"。《阿拉宁波话》(修订版)"恔"条:"音伦。想;估量:恔头勿到|心里恔一恔。《玉篇·心部》:'恔,思也。力迍切。'"[4]174可见,鲁迅作品中两例"一轮"首例指"一转",次例指"一想,一盘算",不能相混。

【下意】 ④随意。《醒世姻缘传》第二七回:"下意的送二两银子,也不叫他住二日,就打发他家去了!"(第397页)

"下意"训"随意",不确。此本《小说词语汇释》("去了"的"了"为衍文)。例句上下文是:"麻中桂道:'你还待要打发他那里去? 他养活着咱一家子这么些年,咱还席也该养活他,下意的送二两银子,也不叫他住二日,就打发他家去! 怎么来! 没的做一千年官不家去见人么?'"据文意,"下意"所管的不仅仅是"送二两银子",而是"送二两银子,也不叫他住二日,就打发他家去"这一系列行为。这一系列行为用"随意"讲不通,用"忍心"方能讲通。[5]"下意"的"忍心"义第二版已补收,义项④可删。

【五体不全】 ①指女身。对女子的蔑称。《封神演义》第五三回:"你乃五体不全妇女,焉敢阵前使勇!"②谓肢体残缺。《封神演义》第五一回:"又见八卦台上有四五个五体不全之人,老子叹曰:'可惜千载功行,一旦俱成画饼!'"(第475页)

"五体不全"系第二版新增词条,有不少问题。《封神演义》第五十三回"你乃五体不全妇女"是哪吒骂邓九公女儿邓婵玉的话,邓婵玉是一名女将;第五十一回"四五个五体不全之人"是指云霄、琼霄、碧霄三霄娘娘以及菡芝仙和彩云仙子等五个女将。既然"五体不全"都是用来形容女将的,分成两个义项就欠妥当了;且义项①释为"指女身。对女子的蔑称",把"五体不全"看作名词,显然不确。今谓"五体不全"有两个意思,一个是字面意思"肢体残缺",如清袁枚《续子不语》卷四："焚死之鬼五体不全,必觅伴合并而后能成形,或二三人合并不等。"另一个是用作詈词,骂女人,意为没有阳物。阳具或戏称"脑袋""小脑袋",如《品花宝鉴》第四十七回："心中一动,底下那脑袋就像要伸出来。"又第二十三回："想是那小脑袋,准没有进过红门开荤,还是吃素的。"或戏称"小光头",见《欢喜冤家》第十四回。男女都有"五体"(四肢和头),但女人没有另外一个"脑袋",故讥其"五体不全"。上揭《封神演义》两例都是这个意思。再举一例,《后三国石珠演义》第十六回："仲弋见说大怒,骂道:'五体不全的贼妇,死已临头,尚然不知,敢出大言。不要走,吃我一刀!'"

【不足】 ⑪犹不才。对自己的谦称。《三宝太监西洋记》第五回："碧峰道:'老禅师尊名大号?愿闻其详。'那禅师道:'不足是法名慧达。'"又第九一回："美人先自开口,说道:'郎君莫非张运使家西宾乎?'孟沂说道:'承下问,不足便是。'"(第504页)

此为新增义项。以往词典注意到"不足"这种用法的,只有白维国先生主编的《白话小说语言词典》和《近代汉语词典》,前者释为"谦辞,犹云鄙陋",后者释为"谦词。谓不足道,不值一提"。比较可知,第二版释为谦称自己的名词更加准确。《三宝太监西洋记》第五回:"'在下金碧峰便是。'……'不足是法名慧达。'"前用"在下",后用"不足",可见两者同义。这类"不足"目前见到的例子都出自《三宝太监西洋记》。考察更多用例,我们发现"不足"的用法与"不才""在下"还是有一些差异。一是往往与其他谦称连用,以加强谦己敬人的语意,如第一回:"在下不足,法名摩诃萨。"第六十一回:"卑末不足,叫做沙米的。"第七十三回:"贫僧不足,叫做个佗罗尊者。"二是不仅可以谦称自己,还可以谦称自己国家,如第六十一回:"问他道:'大国叫做甚么国?'国王道:'小国不足,叫做古俚国。'"根据这些材料,"不足"的释义还需要修正,似可改为:"犹不才。对自己或自己一方的谦称。可与其他谦称连用。"

【不道得】 ①犹言岂不是。《水浒传》第十六回："便卖些与我们，打甚么不紧？看你不道得舍施了茶汤，便又救了我们热渴。"(第559页)

本例"不道得"，胡竹安《水浒词典》释为"岂非"，李法白、刘镜芙《水浒语词词典》释为"岂不是"，其他近代汉语词典训释基本相同，均误。"不道得"又作"不道的""不道""不到得""不到的""不到"等，是宋元以来的俗语词，就笔者目力所及，没有发现一例是当"岂不是"讲的。上文说：你反正是卖酒，我们一样是给钱，卖些给我们有什么要紧？下文"看你不道得舍施了茶汤"，若解作"看你岂不是舍施了茶汤"，则是肯定卖酒行为的确如同"舍施了茶汤"。但卖酒人是"卖酒"而非"送酒"，不能与"舍施茶汤"画等号。这例"不道得"其实就是不至于、不见得的意思。[6]第二版"不道的"条："②亦作'不道得'。不至于；不见得。""不道得"条应与"不道的"条合并。

【不熟】 ④表示程度不深。宋方岳《即事》诗之九："得摇牙处尽摇牙，底用鸣声绕鬓哗。政自为渠眠不熟，西风吹叶打窗纱。"钱锺书《围城》一："我兴奋得很，只怕下去睡不熟。"(第578页)

释义有两事可商。首先，假定编者理解不误，"表示程度不深"也要加限制词，如说成"表示睡眠程度不深"。其次，两例"不熟"恐怕不是"表示睡眠程度不深"，而是义同"睡不着"的"不着"。《汉语方言大词典》"困熟"条："〈动〉睡觉；睡熟。吴语。上海、松江。江苏丹阳。浙江宁波、绍兴、余姚、金华、永康。"[3]2677《阿拉宁波话》(修订版)"熟"条："②动词。（睡）着：擂倒就眠熟|生头眠床眠勿熟。"[4]235又"眠熟"条："睡着：擂倒就眠熟|咖啡吃过夜到眠勿熟嗰。"[4]169"眠不熟""睡不熟"跟今天吴语的"眠勿熟"当是同一个意思。

【不择生冷】 方言。本谓不忌讳生冷饮食。择，通"释"，舍弃。宋刘昉《幼幼新书·五疳辨治》："又小儿百日以后，五岁以前，乳食渐多，不择生冷，好餐肥腻，恣食甘酸，脏腑不和，并生疳气。"后泛指没有顾忌。沙汀《淘金记》九:"我们这场上的事情,你晓得的,有些人一点不择生冷!一天就想方设法,拖人下水。"又《木鱼山》十三:"这大出儿子意外,特别担心他会不择生冷地重又提起昨天同副组长的争执。"(第 579 页)

第一版释为"犹言不择手段",只举沙汀《淘金记》一例。第二版增加了书证,修改了释义,特别理顺了词义发展脉络,好!但有个小小瑕疵,谓"择,通'释',舍弃",可商。此"择"无烦破字。张生汉先生认为:"'择'自有弃义,不必谓假借作'释'才训弃。当捐弃、弃除讲,是从'择'的选择、区别义引申而来的。"[7]可从。不过,"不择生冷"的"择"不是舍弃义,而是嫌弃义。"择"有嫌、嫌弃义,辞书不载,今略为申说。"嫌""择"多连用,如《歧路灯》第十五回:"希侨道:'莫非嫌择我么?他是孝廉公之子,又新进了学,自然要高抬身分。'"又第三十三回:"绍闻初心,也还有嫌择之意,及到酒酣,也就倾心下交起来。""嫌择"还可说成"择嫌"(此词辞书不收),如《永庆升平后传》第一回:"你三位要不择嫌,你我今日谈谈。"《第一奇女》第七回:"愚意为此不敢许,只因儿女未成丁。并非择嫌与推故,恐致后悔是实情。"《株林野史》第四回:"只因他是一国之君,夏氏也未免惧三分势力,不敢择嫌于他。枕席上百般献媚,虚意奉承。"《续小五义》第三十回:"你若不择嫌,咱们哥俩得换帖。"以上"嫌"与"择"同义,"嫌择"与"择嫌"同义,都是嫌弃的意思。《醒世姻缘传》第二十六回:"那些觅汉雇与人家做活,把那饭食嫌生道冷,千方百计的作梗。""嫌生道冷"与"不择生冷"相比较,亦可证"择"是嫌、嫌弃的意思。

此外,"五积六受"释为"形容不便活动,只能呆板地坐着"(第 470 页),不确,当释为"本作'五脊六兽'。比喻行为怪异,不合常态"。[8]754"不定"条义项⑤释为"副词。表示数量大,说不清"(第 520 页),"表示数量大"有随文释义之嫌,"孩子不定又跑哪儿去了"中的"不定"就与"数量大"没有关系,此词《现代汉语词典》《现代汉语规范词典》②都有收释,释义可改为"表示不肯定;说不清"。"上不得芦苇"条释为"犹言上不得席面。谓不善于在正式场合应酬。芦苇,制席的原料,用作'席'的代名词"(第 319 页),"上芦苇"条释为"犹言上台面。芦苇的穗做芦帚,可用以拂拭台面,故称"(第 358 页),解释"芦苇"理据彼此矛盾,前是而后非,芦苇可以编席子,席子之"席"与筵席之"席"同音,故以芦苇代筵席。

二、关于义项

义项有待完善的,例如:

【一向】 凡收 9 个义项(第 38 页)。可补:

用作相见时的问候语。为"一向可好(安乐、康泰等)"的缩略语。《型世言》第二十二回:"两个相见,道:'哥一向哩。'支广道:'哥生意好么?'"又第三十七回:"正相时,吕达恰在里面走将出来,李良云道:'吕兄一向?'吕达便道:'久违。'"明郑若庸《玉玦记》第十七出:"〔丑〕近来学得乌龟法,得缩头时且缩头。一向一向,二位到此贵干。〔生〕小生特来相问:李家搬到那里去了?"明杨柔胜《玉环记》第六出:"〔净〕萧姐姐,一向一向。〔贴〕我娘常想你,缘何再不来望我娘一遭。"[9-10]

【三山】 凡收 5 个义项(第 217 页)。可补:

相面术语。左右山林(发际近太阳穴处)和山根(两眼中间,鼻梁近额处)的合称。泛指颧骨和额头。《济公全传》第五回:"面如三秋古月,慈眉善目,三山得配,五岳停匀。"("五岳"指五官)又第四十六回:"准头端正,三山得配,四字方口,海下一部黑胡须。"("海下"同"颏下")《彭公案》第四十九回:"后边那位……四方脸,粗眉大眼,准头端正,四方口,三山得配,甚透精神。"又第二百五十五回:"一双碧眼神光照,准头端正三山俏,一部虬须项下飘。"《永庆升平前传》第九回:"梦太说:'闻听道爷,人称神相,烦劳给我相相。'焕章说:'五官端正,二眉带彩,眼有守睛,鼻如梁柱,三山得配。'"《狐狸缘全传》第十六回:"面庞儿也不瘦,也不肥,如古月,有光辉;衬三山,眼与眉,鼻如胆,耳有垂,唇上须,掩着嘴,颏下的长髯墨锭儿黑。"附带说一下,第一版"山根"条义项②释为"相术家称鼻梁",不够准确。

【下采】　只收"下赌注"1个义项(第381页)。可补:

下聘礼。许少峰《近代汉语大词典》"下采"条义项①:"送聘礼。明周朝俊《红梅记》第九出:'我非别人,贾府管家,平章爷见了你家娘子,十分喜他,少刻就来下采了。'"《红梅记》第九出:"休惊怪,卢家有女平章爱,特来下采。"《幼学琼林·婚姻》:"下采即是纳币,合卺系是交杯。"(后两例由友生李仲慧提供)

【世器】　只收"经世之才"1个义项(第618页)。可补:

世俗器物;世俗人物。唐韦应物《咏玉》诗:"乾坤有精物,至宝无文章。雕琢为世器,真性一朝伤。"又明解缙《永乐大典残卷》卷之二万四百七十九:"如某者,学窬渊源,文之珍玮。一丘一壑,若有天资;三沐三薰,殆非世器。独服膺于此道,窃妄意于昔人。"又,"经世之才"这个释义,大意是对的,但把"世"释为动词"经世"(治世),与该词字面不相对应,似释作"当世之才"或"一世之才"更加贴切。此义再举一例,宋韩维《答曼叔见寄》:"自念非世器,身以闲为职。""世器"有此两义,犹"世士"有"当世之士"和"世俗之士"两义。

【表里】　凡收6个义项(第655页)。可补:

量词。用于面子和里子齐全的衣料,相当于副、套。《朴通事谚解》卷中:"上位赏了一百锭钞、两表里段子。"《金瓶梅词话》第七十回:"各赏银四十两,彩段二表里。"《三宝太监西洋记》第十八回:"万岁爷又取过金花银花各十五对,红绿彩缎各十五表里,用尚宝寺递与左先锋张计。"《醒世姻缘传》第九十九回:"抚院亲自教场送行,送了蟒段四表里,金花二树,金台盏一副,赆仪一百两。""表里"的量词义辞书均不载。

义项不够完备的一个突出问题是遗漏了一些现代汉语里常用的义项。《汉语大词典》的编写原则是"古今兼收，源流并重"，但由于在整个汉语史中，古汉语（包括上古汉语、中古汉语、近代汉语）占了绝对份额，现代汉语只是一小块，而且古汉语难懂，现代汉语易晓，所以编纂者往往把主要精力放在古汉语方面，以至于忽视了对一些现代汉语常用义的收录和解释。试举数例：

【上下其手】《左传·襄公二十六》载……后因谓玩弄手法、通同作弊曰"上下其手"。（第 316 页）可补：

指动手动脚，上下抚摸。"上下其手"现今最常见的用法是表示动手动脚、上下抚摸。有人认为：这是典型的误用，这个成语是一个高频误用成语。既然已经被"高频误用"了，为什么不予承认呢？其实这是通过"旧瓶装新酒"的方式产生的新用法，"新酒"与"旧酒"已经没有关系，承认"新酒"，跟维护传统文化、维护语言的纯洁性也没有关系。况且，误解误用是词义演变的一种重要途径，许多词语的"正统"用法其实就是误解误用造成的。社会用词用语往往不以语言学家的意志为转移，客观地描写、记录才是实事求是、与时俱进的科学态度。我们非常认同汪维辉等先生的观点："不管是来自正常引申还是误解误用，一个词的某个意义一旦被语言社团所接受，它就取得了合法的地位，在语言交际中的作用是一样的。我们没有必要对词的误解误用义'另眼相看'，甚至视为洪水猛兽。"[11]

【下嫁】 谓帝王之女出嫁。（第 397 页）可补：

指地位高、条件好的女子嫁给地位低、条件差的男子。现在帝王没有了，但"下嫁"这个词还在用，"下嫁"的这个新用法理应进入大型语文词典。《现代汉语词典》不收这个词，《现代汉语规范词典》收了，解释说："旧时帝王的女儿出嫁；泛指富贵人家的女儿嫁给贫穷或地位较低的人家。"此说为优。

【不足】 凡收 11 个义项(第 504 页)。可补:

不够完备的地方;欠缺。如:这篇文章还存在一些不足。笔者曾指出,《现代汉语词典》第 5 版"有些词语常用的义项没有反映出来",如"不足"条应补"不够完备的地方、欠缺"这一名词义。[12]65"不足"此义当由"不足之处""不足的地方"省缩而来。《现代汉语词典》第 6 版、第 7 版都收了"不够完备的地方;缺欠"义,《现代汉语规范词典》第 3 版仍失收此义。

【不俗】 不庸俗;高雅。(第 527 页)可补:

不一般;不平常。如:表现不俗;取得了不俗的成绩。《现代汉语词典》不收这个词,《现代汉语规范词典》收了,解释说:"不俗气,不一般:出言不俗|行文不俗。"可参。又,第二版收了"不寻俗"条,释为"不平常;不一般",亦可比勘。

【不赖】 凡收 4 个义项(第 579 页)。可补:

不怪罪;不归咎。第一版只收"不坏;好"一个义项,第二版增加了"不依靠""不抵赖;不赖账""不诬陷;不诬赖"三个义项,如果能够补收"不怪罪;不归咎",则更加完备了。2013 年央视春晚曹云金、刘云天表演的相声就叫《这事不赖我》。

下面两条涉及义项的分合问题:

【下饭】 ①佐餐。……亦指菜肴。②谓适宜用来佐餐。(第 395 页)

"指菜肴"当独立为一个义项。近代汉语里,"下饭"当名词菜肴讲的用例极多,今浙江方言犹管菜肴叫"下饭"。第二版"下酒"条:"①以菜肴佐酒。②佐酒的菜肴等",动词、名词分别立项,可以参照。

【不实】 ②不实行;不符实际。(第 573 页)

"不实行"与"不符实际"两者差距很大,应当分为两个义项。其中"不符实际"可增补现当代例,如"内容不实""情况不实""不实之词"等。

三、关于词条

有些词条可酌情补收,例如:

【一妻一】 "一妻一妾"的歇后语,歇"妾"字,指妾。《醋葫芦》第一回:"那些娶两头大、七大八、一妻一,莫说成员外,便是小子也开不得口了。"词典已收"二十四""七大八"等歇后语,那么"一妻一"亦可收录。

【七月流火】 《现代汉语规范词典》第 2 版、第 3 版及《现代汉语词典》第 7 版都收了,在解释原始意义后,前者说:"现也形容公历七月天气炎热似火",后者说:"现也用来形容天气炎热(因人们误把'七月'理解为公历 7 月、把'火'理解为火热)。"我们赞同这两书处理方法。

【七吼】 同"七孔"。"吼"为"孔"的增旁俗字。《唐三藏西游释厄传·唐三藏师徒被妖捉》:"〔那妖〕又遣太山劈头压住,大圣脚软,压得七吼溜红。"《金兰筏》第五回:"仇、翟二人见文儿气绝,方才将绵被揭起。只见阎文儿七吼流血。"又第七回:"入棺的时节,我们看见满面青紫,七吼流血,真正可怜得紧。"(据上海古籍出版社《古本小说集成》本)

【三行鼻涕两行眼泪】 形容哭得非常伤心。《金瓶梅词话》第七十九回:"走来指着脸子就骂他起身,骂的他来,在我这里好不丑的三行鼻涕两行眼泪的哭。"亦作"三行鼻涕两行泪"。《龙图耳录》第二十九回:"稍有不合心,不如意,他便三行鼻涕两行泪。"亦作"三行鼻子两行泪"。《十粒金丹》第四十四回:"说着,三行鼻子两行泪。"亦作"三个鼻头两个眼泪"。《金瓶梅词话》第六十二回:"那冯妈妈见没了主儿,哭的三个鼻头两个眼泪。"(鼻子、鼻头均指鼻涕)这类谚语可收可不收,但第二版增收了"一把鼻涕,一把眼泪""一把鼻涕一把泪",那么"三行鼻涕两行眼泪"等似亦可收。

【不好看相】 同"不好看"。不体面;不光彩;难堪。《古今小说》

第三十六卷："你却不肯时,大尹知道,却不好看相。"《醒世姻缘传》第三十七回："且是许多亲戚都在城里,万一里面的是个熟人,不好看相。"《十二楼·十卺楼》第一回："省得送我还家,出了爷娘的丑,连你家的体面也不好看相。"

【不雅相】 不雅观;不好看;不光彩。元无名氏《冻苏秦》第三折："我这正厅上安着二十四把交椅,可都是公卿每坐处,你是个白衣人,坐着外人观看不雅相。"《金瓶梅词话》第二十六回："老婆见了他,站起来是不站起来是? 先不先只这个就不雅相。"《西湖二集》第十一卷："阴毛乱丛丛的,又与鬓发髭须相乱,甚是不雅相。"第四十一回："到明日会亲,酒席间他戴着小帽,与俺这官户怎生相处? 甚不雅相。"《樵史通俗演义》第三回："我老了,认做儿子不雅相。"《梼杌闲评》第十一回："我女儿为人你是晓得的,他却不是肯苟且的人,但只是传出去不雅相。"

【不见不散】 这是一个新词语,与字面意思有一定差别,不是说不见不散,见了就散,而是说在约定的时间、地点见面,决不失约。这个词语尽管《现代汉语词典》《现代汉语规范词典》也都不收,我们觉得应该收录。

【不菲】 形容价格不低、待遇不薄等,《现代汉语词典》《现代汉语规范词典》都收了。

【世丈】 对世交前辈年老者的尊称。明王畿《龙溪王先生全集》卷十二："仆与世丈相别许时,道谊之怀未尝一日忘。"《九云记》第十三回："学初道:'世丈所命,虽蹈汤赴火,敢所不避。况胤契之所与不合乎? 晚生当上一本,以正臣子分义,以报世丈恩爱。'"清陈夔龙《梦蕉亭杂记》："仲昭以世丈称余,谓出自学士意。余万万不敢当,专叙姻谊。"

【世侄】 世交晚辈。通常称朋友的晚辈。《儒林外史》第六回："他也是做过县令,是汤父母的世侄。"《雪月梅》第四回："我看世侄青年俊秀,便历练长途,将来定能克绍书香。"《警富新书》第二十五回:

天来问曰:'世侄与他有何瓜葛?'德先曰:'愚侄系彼之内弟,大家姊赛兰之丈夫也。'"《官场现形记》第二十四回:"这都老爷姓胡名周,为人甚是四海,见了面,居然以世侄相待,问长问短,甚为关切。"《斯文变相》第四回:"贤世侄,你晓得兴化有个魏伯尼先生么?"钱钟书《围城》二:"方博士是我世侄,我自小看他长大,知道他爱说笑话,今天天气很热,所以他有意讲些幽默的话。"③

【再次】《现代汉语词典》收了"第二次;又一次"一个义项。实际上,"再次"用于列举事项的时候,还有"第三"的意思。如"这篇文章的价值表现在以下三个方面,首先……,其次……,再次……",这里"首先、其次、再次"与"首先、其次、第三"或"第一、第二、第三"意思完全相同。"再次"作为"其次"的"第二次;又一次",自然是"第三"了。第二版既要补收这个词,又要收齐它的用法。[12]65

有些词条似可不收,例如:

【一代宗臣】 释文略(第29页)。

本条为第二版新增。增收后带来的新问题是,"一代宗师""一代枭雄"等没收,如何平衡? 第一版收了"宗臣""宗师",则"一代宗臣"似可不收。

【三热爱】 释文略(第295页)。

这个词《现代汉语词典》《现代汉语规范词典》均不收。

【两个】 两个钱。指一些钱财。康濯《太阳初升的时候·买牛记》:"最近大秋刚罢,组长估摸着今年虽说雨水缺,他组里大家的收成也都够七成,加上副业甚么的,他们四家还都积攒了两个,多少有点底垫了;于是他拿了个主意:想让大伙碰股买头牛。"(第680页)

例中"两个"不是"两个钱的省称"(第一版释义语),本质上还是表示不定的数目。"两个"还可以换成"一些""几个","一些""几个"显然不需要建立"一些钱""几个钱"的义项。

还有一些文字表述方面的小问题,也附在这里:

"不好意思"条释为"表示碍于情面而不便于"(第 501 页),句子不够顺畅,可改为"碍于情面而不便"或"碍于情面而不便(做某事)"。"不扶甘结"条释为"明清习用语。指出具给官府的,保证没有诬陷捏造的画押文书。扶,傅也,诬陷捏造"(第 501 页),"官府的"后面当改用顿号,"扶,傅也"出自《释名·释言语》,"也"字当删。又扶训傅,仍然费解,《近代汉语词典》"不扶"条释为"'不扶捏'的省称。没有捏造;保证属实",[1]117可参考。"不恭"条义项③释为"谦辞。用于书信结尾处"(第 531 页),没有给出释义,当补一句"犹言不恭敬"。"不阴不阳"条释为"既不是阴,又不是阳。指事物不明朗,令人不可捉摸"(第 538 页),"既不是阴,又不是阳"似系多余,可径释作"形容事物不明朗,令人不可捉摸"。

最后,对修订工作提几点想法。一是要读懂例句。例句包括上下文读懂了,释义就不至于出大的差错。二是要充分吸收已有成果。编纂词典重点在"编"而不在"研","编"的过程中要尽量搜集采择相关研究成果。三是要重视现代汉语。要利用好两部现代汉语词典的语料,纠正重古轻今的毛病。限于篇幅,具体不展开了。

(浙江大学汪维辉教授对本文的修改提出了有益的建议,谨致谢忱。)

注释:

① 参见江蓝生《一次全面深入的修订——〈汉语大词典〉第二版第一册管窥》、汪维辉《探索辞书"动态修订"新模式》、宋浚瑞《辞书修订需要与时俱进——〈汉语大词典〉第二版修订有感》,均载《辞书研究》2019 年第 4 期。

② 如果没有特别说明,《现代汉语词典》指第 7 版,《现代汉语规范词典》指第 3 版。

③"世侄""世丈"两词，吉常宏主编的《汉语称谓大词典》第825页已收录，今更广其例。

参考文献：

[1] 白维国主编：《近代汉语词典》，上海教育出版社2015年版。

[2] 谢德铣：《鲁迅作品方言词典》，重庆出版社1993年版。

[3] 许宝华、宫田一郎主编：《汉语方言大词典》，中华书局1999年版。

[4] 朱彰年等：《阿拉宁波话》（修订版），宁波出版社2016年版。

[5] 王育信、周志锋：《〈醒世姻缘传〉词语零札》，《现代语文（语言研究版）》2013年第36期，第39～40页。

[6] 周志锋：《〈智取生辰纲〉中的四则注释》，《语文建设》2003年第2期，第41～42页。

[7] 张生汉：《〈歧路灯〉词语杂释》，《河南大学学报（社会科学版）》2000年第1期，第109～111页。

[8] 徐复岭：《〈金瓶梅词话〉〈醒世姻缘传〉〈聊斋俚曲集〉语言词典》，上海辞书出版社2018年版。

[9] 董志翘：《训诂类稿》，四川大学出版社1999年版。

[10] 王凤娇、周志锋：《"一向""连日"古代可作见面时的问候语》，《辞书研究》2016年第5期，第80～82页。

[11] 汪维辉、顾军：《论词的"误解误用义"》，《语言研究》2012年第3期，第1～8页。

[12] 唐翠、周志锋：《〈现代汉语词典〉第5版阅读散记》，《汉字文化》2011年第6期，第65～67页。

（原载《宁波大学学报》2019年第6期，又见人大复印报刊资料《语言文字学》2020年第2期）

评第二版《汉语大字典》

《汉语大字典》(以下简称《大字典》)第二版已于 2010 年 4 月面世。作为《大字典》的爱好者、使用者和研究者,本人非常关注它的修订工作。那么,面对第二版,我们有什么感受呢? 既有欣喜,也有遗憾,更有期望。

一、欣喜:新版成就显著

据介绍,《大字典》第二版具有八大特色:(1)收字宏富:收字从原 5.4 万余增加到 6 万余;(2)字形规范:改原旧字形为新字形,字形规范统一;(3)注音精准:对原注音进行逐一审订,音读更加准确;(4)内容完善:增补音项和例句,解决了大量音义未详字缺音缺义的问题,内容更加完善;(5)释义详备:纠正了各类错误,充分吸收语言文字学最新成果,释义青出于蓝而胜于蓝;(6)查检方便:将原补遗字编入正文,字头检索一次到位,重新编制《笔画检字表》,增加了《音序检字表》,并编制全书字头计算机检索软件,实现多途径多方式检索;(7)排版精善:改原铅排为电脑激光照排,字迹更加清晰、美观;(8)装帧美观:国内著名装帧艺术家整体设计,封面典雅美观,内文考究精美。上述八大特色也可以看作第二版的八大优点,对此,我们由衷感到欣喜。下面通过一些具体实例来考察修订工作的成绩。

（一）纠正误释

麿　首版：“麿，'婆'的讹字。《中国歌谣资料·越谚》：'爹有弗如孃有，孃有弗如老麿有；老麿有，还要开开口，弗如自有。'”

“老麿”《越谚》一书例多，如卷上：“一笔参天，老麿饿杀灶前。”下文：“讨老麿图子，放债图利。”又卷中：“老麿，（音）麻。妇之通称。”下文：“姨麿，（音）马。妻之姊妹。”“麿”与“婆”字形不相近，“麿”的用例又有这么多，显然不可能是讹字；而且“麿”字范氏注音为“麻”或“马”，与“婆”读音也不一样。第二版：“麿，同'麿'。张涌泉《汉语俗字丛考》：'麿，本指母亲，引申之亦用为老年妇女之通称。吴越方言称妻子为"老麿"，"麿"（麿）即取义于老年妇女之意。'”[1]新版吸收了张涌泉先生研究成果，纠正了误释。

（二）考释僻字

嚛　首版：“嚛，音义未详。元汤式《〔般涉调〕哨遍·新建构栏教坊求赞》：'妆旦色舞态袅三眠杨柳，末泥色歌嚛撒一串珍珠。'”

“嚛”字罕觏，《大字典》收之以存古，但音义阙如总觉遗憾。第二版改为“嚛，'喉'的讹字”，则字义、文义均大明。明汤显祖《紫箫记》第四出：“你可抖擞歌喉，安排舞态。”此为“歌喉”与“舞态”对举。唐白居易《寄明州于驸马使君》：“何郎小妓歌喉好，严老呼为一串珠。”此为“歌喉”与“一串珠”连言。以上并可佐证。说见《大字典论稿》，下同。

（三）完善释义

瘇　首版：“瘇，同'瘇'。足肿。《集韵·肿韵》：'瘇，《说文》："胫气足肿。"或作瘇。'《汉书·贾谊传》：'天下之势方病大瘇，一胫之大几如要，一指之大几如股，平居不可屈信。'颜师古注引如淳曰：'肿足曰瘇。'"

　　本条训释虽有《集韵》和颜注做支撑,其实很有问题。首先,"天下之势方病大瘇"之"瘇"并不是"足肿"的意思,"足肿"义没有贴切例证。其次,以下例句中的"瘇"都不能用"足肿"来解释,前蜀杜光庭《录异记·感应》:"(朱播)忽眼痛且瘇,昼夜烦楚。"《有夏志传》第五则:"众人闻这腥气,目眩的目瘇,头眩的头瘇,更有口皮瘇的,鼻孔瘇的,耳朵面颊瘇的。"《西游记》第五十五回:"昨日咒我是脑门痈,今日却也弄做个瘇嘴瘟了。"第二版改为:"瘇,同'瘇'。足肿。……又泛指浮肿,肿胀。"其中"足肿"义举《灵枢经》《博物志》两例,"浮肿,肿胀"义举《录异记》《聊斋志异》两例,这样就意思完整、义例密合了。

(四)调整义项

　　噤　首版:"噤,④寒而闭口。《广韵·寝韵》:'噤,寒而口闭。'《南史·王诞传附王偃》:'常倮偃缚诸庭树,时天夜雪,噤冻久之。'《宋史·苏轼传》:'会大雪苦寒,士坐庭中,噤未能言。'清王濬卿《冷眼观》第十八回:'鸟喧知院静,蝉噤觉秋深。'茅盾《虹》七:'一阵风来吹得他打冷噤。'"

　　"噤"有"寒而闭口"义,但所举《南史》和《虹》例却非此义,而是"因受寒而身体颤抖"的意思(字又作"㵼",《正字通·冫部》:"㵼,寒战貌。")。这一意思古书习见,如《法显传·度小雪山》:"北山阴中,遇寒风暴起,人皆噤战。"《禅真逸史》第二十二回:"妈妈见他两手紧抱肩膊,寒沥沥的噤颤,心下不忍。"现代汉语仍有"寒噤"一词。第二版将义项四一分为二:"④寒而闭口。……⑤因受寒而身体颤抖。"这样一来,眉目就清楚了。

(五)修改注音

　　舡　首版:"舡,(一)xiāng《广韵》许江切。船。《玉篇·舟部》:

'舡,船也。'《商君书·弱民》:'背法而治此,任重道远而无马牛,济大川而无舡楫也。'……三国魏阮瑀《为曹公作书与孙权》:'往年在谯,新造舟舡,取足自载,以自(当作至。第二版亦误)九江。'(二)chuán《集韵》食川切。①同'船'。《集韵·僊韵》:'船,俗作舡。'《儒林外史》第四十六回:'那日叫了一只小舡,在水西门起行。'"

按照以上解释,同一个"舡",同一个意思,似乎宋代以前应读作xiāng,宋代以后应读作 chuán,这显然不合情理。《八洞天》卷三:"因舟子要泊船上岸,偶傍着一只大官舡泊住。那官船上人嚷将起来,持篙乱打。"(《中国话本大系·五色石等两种》第 68 页)该卷"船""舡"互用。其实"舡"就是"船"的俗字,与《广韵·江韵》训"舡,艕舡,船兒"、读许江切的"舡"不是一回事儿。民国《鄞县通志·方志(二)》3136 页"简字·舡":"舡为船之简字。舡本许江切,《汉书·古今人表》已借用为船字。"第二版改为"舡,chuán 同'船'",并把上述例证合在一起,就非常准确了。

(六)增删例证

殁　首版:"殁,同'终'。《玉篇·歹部》:'殁,殁也。今作终。'"无例证。第二版增补了两条例证:"《经律异相》卷三十二引《四分律》:'复经七日,其一仙人又复命殁。'《法苑珠林》卷五《受苦部》引《涅盘(当作槃)经》:'命殁之时,还堕三恶道中。'"释文更为丰满,更有说服力。

娃　首版:"娃,④小孩。如:胖娃;小娃。唐元稹《梦游春七十韵》:'娇娃睡犹怒。'金元好问《芳华怨》:'娃儿十八娇可怜。'《西游记》第九十四回:'佳,佳,佳,玉女仙娃。'"所举三条例证中"娃"均非"小孩"义,而是指美女或少女、姑娘。"娇娃""仙娃"都指美貌女子,第二例"娃儿"年纪既已"十八",自然不是小孩、儿童了。第二版删去了这三条例证,反而增加了字典的科学性。

以上我们通过举例、对比的方法，从六个方面介绍了第二版修订工作的成绩，旨在"以一斑而窥全豹"。好在首版、第二版《大字典》俱在，只要稍作比较，明眼人是不难看出第二版的用心之处和高明之处的。

二、遗憾：修订不够彻底

尽管修订工作做出了很大努力，但是第二版仍然存在着"这样那样的不足或疏失"。下面分"老遗留问题""新产生问题""未能全面吸收最新研究成果"三方面加以讨论。

（一）老遗留问题

1. 关于收字

貳　《大字典》未收。同"貳"。敦煌写本斯514号《沙州敦煌县悬泉乡宜禾里大历四年手实》："妹桃花年貳拾叁岁。"伯3354号《天宝六载敦煌县龙勒乡都乡里户籍》："合应受田貳顷陆拾貳亩。"《古本小说集成》本《野叟曝言》第三十九回："夭寿不貳，修身以俟之。"又第一百零三回："各官员闻之……从逆者必携貳恐惧。"又第一百二十五回："天下文武各官，只除了佐貳、离职、把总、千户，其余都做得来。"此外，"貳分"硬币和"貳角""貳圆"老版纸币上面的"貳"也都写作"貳"。（参见周志锋《"貳"字小议》、华珍《也说"貳"字》，分别载《中国语文》2001年第3期、2002年第2期）特别是因为人民币的关系，"貳"成了流行极广、人人皆知的一个俗字，《大字典》应当补收。

祂　《大字典》未收。tā 称上帝、耶稣或神的第三人称代词。《席慕蓉文集》："伊格尔，如果生命不在水的流动中，祂还会在哪里？"（内蒙古人民出版社2001年版，第463页）美国华理克著，PD翻译组译《标竿人生》："耶稣站在十字路口。祂要完成祂的目的，为神带来荣耀。"（上海三联书店2006年版，第41页）《标竿人生》里"祂"字例繁不备举。点击网络,竟然"约有 1,990,000 项符合'祂'的查询结果"。《中华字海》收了"祂"字,解释说:"祂,音义待考。字出北大方正《汉字内码字典》。"事实上,网络字典中已经收录了"祂"字。如"在线新华字典":"祂,tā 称上帝、耶稣或神的第三人称代词。"汉典网解释相同。此字在香港、台湾地区教会人士和基督教机构普遍使用,《大字典》应当补收。

2.关于义项

选 缺"精善;精良"义。《诗经·齐风·猗嗟》:"舞则选兮,射则贯兮。"郑笺:"选者,谓于伦等最上。"朱熹《诗集传》:"选,异于众也。"《韩诗外传》卷五:"夫车固马选而不能以致千里者,则非造父也;弓调矢直而不能射远中微者,则非羿也。"《史记·魏公子列传》:"(魏公子)得选兵八万人,进兵击秦军。"又《仲尼弟子列传》:"夫吴,城高以厚,地广以深,甲坚以新,士选以饱。"汉赵晔《吴越春秋·夫差内传》:"城厚而崇,池广以深,甲坚士选,器饱弩劲。"又,《汉语大词典》亦不收此义,且把后两例释为"整齐",恐不确。

赢 ⑧裹;以囊盛装。《庄子·庚桑楚》:"南荣趎赢粮,七日七夜至老子之所。"成玄英疏:"赢,裹也。"《淮南子·修务》:"于是乃赢粮跣足,跋涉谷行。"高诱注:"赢,裹也。一曰囊。"⑨负担。《荀子·议兵》:"赢三日之粮,日中而趋百里。"杨倞注:"赢,负担也。"《后汉书·儒林传论》:"精庐暂建,赢粮动有千百。"宋王安石《再用前韵寄蔡天启》:"陆赢淮汴粮,水傲湖海艓。"(4/2279)

以上义项设置不当。《大字典》立义虽有古注依据,但所有例子都是"赢粮"或"赢⋯⋯粮",不应分为两义。《方言》卷七:"攍,儋(担)也。"《广雅·释言》:"攍,负也。""赢"同"攍",本是肩挑背负的意思,引申为携带。"赢粮"也即担负粮食或携带粮食。古注训"裹"训"囊",不过是携带粮食的具体方式,本无二致。

3.关于释义

劫　jí极度疲劳。《字汇·几部》："劫，郭璞曰：'劫，疲极也。'司马彪曰：'劫，倦也。'许慎曰：'劫，劳也。'"……(1/306)　䚦　(二)jí(又读jué)②极度疲劳。也作"御"。《史记·司马相如列传》："……徼䚦受诎，殚睹众物之变态。"裴骃集解："徐广曰：'䚦，音剧。'骃按：郭璞曰：'䚦，疲极也。'"……(7/4159)　僵　(二)lèi极疲倦。《字汇·人部》："僵，极困也。"(1/279)　疲　③极。《广雅·释诂一》："疲，极也。"(5/2856)

以上"劫""䚦"释为"极度疲劳"，"僵"释为"极疲倦"，"疲"释为"极"，均可商。郭璞注、《字汇》、《广雅》等释义文字中的"极"其实不是甚辞，而是疲劳的意思。《广雅·释诂一》："困、疲、羸、券（倦）、御、惽（懑），极也。""极"当疲倦讲，是汉魏六朝乃至唐宋时期的通语，用例极多。如《史记·淮阴侯列传》："百姓罢极怨望，容容无所倚。"《汉书·王褒传》："庸人之御驽马……匈（胸）喘肤汗，人极马倦。"《经律异相》卷二十五："（夫人）脚底伤破，不能复前，疲极在后。时婆罗门回顾骂言：'汝今作婢，当如婢法，不可作汝本时之态。'夫人长跪白言：'不敢懈慢，但小疲极，住止息耳。'"又卷三十二："（王）曰：'我甚疲极。汝坐，我欲枕汝膝卧。'"要之，"劫"与"䚦"字异义同，又作"欷""欯""御"等，后三字《大字典》分别释为"疲倦""疲劳""疲劳；倦怠"，均是，前两字释义不应与之自相矛盾；"僵"又作"偄""儽"，今通作"累"，义为疲劳；至于把"疲"释作"极"，则是不明《广雅》"极"即疲极义，《大字典》"疲"义项一已有"劳累；困乏"义，再立"极"义实为蛇足。

4.关于例证

累　①堆集，积聚。《老子》第六十四章："九层之台，起于累土。"(6/3603)

《汉语大词典》《辞源》"累"字条义项一释义、引例相同，均可商。本例完整的文字是："合抱之木，生于毫末；九层之台，起于累土；千里之行,始于足下。""毫"(毫毛)、"累"、"足"相对为文,词性应该相同,都是名词。河上公本作"九成之台,起于纂土",许抗生《帛书老子注译与研究》一书说:"纂,乙本作'纂'。纂即蔂也,盛土之器。傅奕本、通行本皆作'累','累'应即为'蔂'。"陈鼓应《老子注译及评介》:"高亨说:'累当读为蔂,土笼也。起于累土,犹言起于篑土也。'土笼是盛土的用具,累土即一筐土。"《淮南子·说山训》:"针成幕,蔂成城。""蔂成城"与"九层之台,起于累土"文意极为相似,可知"累"与"蔂"就是同一个词。要之,"起于累土"即"起始于一筐土","累"为"蔂"的借字,义为"盛土的筐子"。《大字典》"累"字条义例不合,且失收"累"这一通借用法。[2]

　　还　⑥还债;交纳(赋税)。……元王实甫《西厢记》第四本第四折:"店小二哥,还你房钱。"《儒林外史》第三十二回:"张俊民还了面钱,一齐出来。"(7/4146)

　　"房钱""面钱"不同于一般的"债",更不同于"赋税",可见义例不够密合。"还"在近代汉语里有个特殊意思,就是付、交付,用例甚夥。如唐张鷟《朝野佥载》卷三:"又问车脚几钱,又曰:'御史例不还脚钱。'"元孙仲章《勘头巾》第二折:"你替我打个草苫儿,我还你草钱。"元无名氏《争报恩》第三折:"老叔,还我稀粥钱去。"《水浒全传》第十七回:"这个胖和尚,不时来我店中吃酒。吃得大醉,不肯还钱。"《欢喜冤家》第二十三回:"王年还了船钱,叫上一乘轿子。"《咒枣记》第八回:"取物不问主,过渡不还钱。"今梅县客家话、新加坡华语等犹管付钱叫"还钱"。为了讲通所有用例,这一义项可概括为"偿还;交付"。

(二)新产生问题

　　蟇　má 同"蟆"。"蛤蟇",也作"哈蟇"。清范寅《越谚上·三寸姑娘》:"三寸姑娘,芥菜地哩乘风凉。田鸡哈蟇来啀去,郎君哭得好凄凉。"(5/3107)

"蟦"是第二版新增字。遗憾的是,本条存在着注音、释义、校勘等多种问题。"蟦"从霸声,"蟆"从莫声,二字怎么会音义相同呢?"也作'哈蟦'"的依据又是什么?核原文,"哈蟦"实作"蛤蟦",《大字典》"唵"字条已引本例,正作"蛤蟦"。《越谚》还有两例,如卷上:"蛤蟦蟶床脚——竭力撑。"又卷中:"蛤蟦,(音)葛霸。……即《本草》之蟾蜍。"吴语管蛤蟆叫"蛤蟦",音葛霸(gé bà),字又作"蛤蚆""蛤巴""蛤霸""革巴"等(参《汉语方言大词典》第 6098～6099 页、7421 页)。

鎔　(一)róng《龙龛手鉴》与隆反。同"镕"。梁僧旻宝唱等集《经律异相》卷四十九:"十八小王者:一迦延典泥犁……十七身典蛆虫,十八观身典鎔铜。"按:宫本作"镕"。(8/4524。引者按:"梁僧旻宝唱等集"原标作"梁僧旻宝唱等集",误,应作"梁僧旻、宝唱等集"。)

首版"鎔"字条音项一释曰:"yóng《龙龛手鉴·金部》:'鎔,与隆反。'"释义和例证为第二版新增,注音也有改动。例中"鎔"与"镕"固然同义,但一从羊声,一从容声,两者怎么会是异体字呢?"鎔"其实是"烊"的俗体字,《集韵·阳韵》:"炀,烁金也。或作烊。""鎔铜"即熔化了的铜液,字又作"烊铜""洋铜"等,蒋礼鸿《敦煌变文字义通释》,王云路、方一新《中古汉语语词例释》,李维琦《佛经释词》等均有论释。上海古籍出版社 1988 年版《经律异相》作"十八观身典洋铜",亦可旁证。

摙　③抱持人物。明李翊《俗呼小录》:"抱持人物曰摙。"明冯梦龙《山歌·困弗着》:"渠再走走进子个大门,对着房子里一跪,就来动手动脚摙住我的横腰。"(4/2049)

首版有书证而无例证,第二版增补了冯梦龙《山歌》例,本是好事情,但引例文字错讹太多,成了新问题。正确应为:"渠再一走走进子个大门,对子房里一跪,就来动手动脚摙住子我个横腰。"例中三个"子",前后两个相当于"了",第二个相当于"着";两个"个",前者相当于"这",后者相当于"的"。编者看不懂吴语,以为句子不通,就大胆

171

改写了。

　　脄　pì 肚肥。《玉篇·肉部》："脄，肚肥。"(4/2196)

　　首版"脄"字条："①肉多。《玉篇·肉部》：'脄，肉多。'②牝脄。《广韵·质韵》：'脄，牝脄。'"两相比较，第二版改了一个义项，删了一个义项。今谓前者是，后者非。考《大字典》引书所依据的中国书店1983 年影印本《宋本玉篇·肉部》："脄，普栗切。肚肥也。"（"也"字第二版脱）而无"肉多"之说，可见，义项一改得好。但《广韵·质韵》明明有"脄，牝脄。譬吉切"之训，为什么删去了呢？可能是因为其字其义过于生僻。其实，"脄"音匹，吴语，义为女阴（《广韵》释文牝、脄同义，牝古有阴户义）。宁波方言骂人或发泄某种情绪时好用口头禅"娘希匹"，字或作"娘细劈"（《冷眼观》第十七回）、"妈戏辟"（《新上海》第十三回）等，"希""细""戏"同义，交媾；"匹""劈""辟"同义，本字即为"脄"。可见，义项二删不得。

　　囊　（三）ráng 通"瓤"。《西游记》第一回："火荔枝，核小囊红。"《红楼梦》第三回："纵然生得好皮囊，腹内原来草莽。"(2/762)

　　首版"囊"字条音项一："⑤象袋子的东西。如：嗉囊，胆囊。《西游记》第五十四回：'火荔枝，核小囊红。'《红楼梦》第三回：'纵然生得好皮囊，腹内原来草莽。'"笔者《大字典论稿》第 125 页认为《西游记》第五十四回（实为第一回）"核小囊红"之"囊"当通"瓤"，第二版据以增加了音项三及其通借用法。但是又把《红楼梦》"皮囊"之"囊"也看作通"瓤"，则是原先不误现在反而误了。"皮囊"本指皮制的囊，后喻指人的躯壳，如元无名氏《蓝采和》第二折："你敢化些淡齑汤，且把你那皮囊撑。"《红楼梦》第五十六回："空有皮囊，真性不知往那里去了。"其中"囊"都与"瓤"无涉。

　　（三）未能全面吸收最新研究成果

　　第二版《后记》说："就首版《汉语大字典》的不足和进一步完善，

专家、学者提出了很好的意见，修订工作中尽可能予以了采纳吸收。修订中重点参考了以下先生专著中的研究成果：周志峰（应作锋）《大字典论稿》，张涌泉《汉语俗字丛考》，王粤汉《〈汉语大字典〉考正》，毛远明《语文辞书补正》，杨正业《〈汉语大字典〉难字考》，郑贤章《〈龙龛手镜〉研究》，杨宝忠《疑难字考释与研究》，邓福禄、韩小荆《字典考正》……”不计论文，光是相关专著就列了八部。学者提出的批评和建议未必都是正确的，但对于那些言之成理、持之有故的意见则应当采纳吸收。发现问题不容易，知道了硬伤而不加修正，无疑是最大的遗憾。据笔者初步调查，第二版未能吸收已有研究成果的情况不是个别的。下面聊举拙著《大字典论稿》[3]中已经论及而《大字典》未予采纳的几个实例：

㰹　hān 节约。《农政全书·农事·占候》：“晴过寒谚云：立冬晴过寒，弗要㰹柴积。”石声汉校注：“㰹，疑与今日粤语方言中写作‘悭’读作 hān 的字相当，意为节约。”（3/1395）

《大字典论稿》第 159 页：“㰹”字音、义均误。《农政全书》所引谚语不是粤语，而是吴语，“㰹”和“柴积”都是吴方言词。“㰹”音 gǎn，义为盖。字又作“𠥭”，明李诩《戒庵老人漫笔·今古方言大略》：“盖谓之𠥭。”又作“𩔼”，《集韵·感韵》：“𩔼，盖也。”通作“䁗”。“柴积”即柴堆，元俞琰《席上腐谈》卷上：“吴人指积薪曰柴积。”“立冬晴过寒”意谓如果立冬那天是晴天，那么整个冬季将晴而少雨。宁波谚语“立冬晴，一冬晴；立冬落，一冬落”，说的也是这个意思。冬季无雨，所以柴堆上不必用草苫等遮盖物覆盖以防雨淋。《吴方言词典》把上例“㰹”释为“盖；掩盖”，非常准确；《字海》释为“节约”，显然是误从《大字典》了。

抍　同“𢪸”。明吾丘瑞《运甓记》第十三出：“闷来时，捉子管短笛抍来黄牛背上响介响介。”（4/1951。引者按：末二字当作“一响”。）

《大字典论稿》第 159 页：“抍”与“𢪸”同是由“手”“爿”两部分构

成,故编者把它们看作异体关系。但"抑"字《大字典》释为"扶。后作
'将'",用来解释上例扞格难通,因为"将"这一意思"捉"字已经表达
了。例句出自一个牧童的独白,该段独白全用吴语。"抑"正是一个
吴方言词,音义同"趈"。吴语管爬为"趈",音丩。明冯梦龙《山歌·
烧香娘娘》:"那间破珠挼撒,好像个盘门路里趈乌龟算命个星臭婆
娘。"自注:"趈音丩"。字或径作"丩",如王翼之《吴歌乙集·跳虱有
做开典当》:"自家丩得慢,倒要怪我小兄弟。"注:"'丩'即爬行。"爬跟
手有关,故字又写作"抑"。另外,"来"吴语有到义。例句意思是说:
闷的时候,拿一管短笛爬到黄牛背上吹一吹。

　　趿　jiā　②行走时,脚向内盘。明汤显祖《邯郸记·合仙》:"怎
生穿红穿绿,趿的跛的,老的小的? 是怎的起有这等一班人物?"(7/
3943)

　　《大字典论稿》第78页:《大词典》"趿"字条义项二释为"行走时,
脚向内拐",注音、例证相同。把上例"趿"读作jiā,大概是因为"趿跌"
之"趿"音jiā;把它释作行走时脚向内盘,大概也是根据"趿跌"这种佛
教徒盘腿而坐的坐法推测出来的……今谓此"趿"是"瘸"的俗字,与
"趿跌"之"趿"音义迥异。"瘸"字其形有"加",其义与"足"有关,根据
简省、明了的俗书规律,人们就用"趿"来表示。例如《咒枣记》第十四
回:"疯瘫趿跛之魂聚作一团。"《梼杌闲评》第四回:"闻得关上来了个
起课先生,是个趿子,叫做甚么李跛老,门前人都站挤不开哩。"……

　　挷　bì　批打。《字汇·手部》:"挷,批也。又毗音切,音避,义
同。"《水浒全传》第二十六回:"(武松)提起刀来,望那妇人脸上便挷
两挷。"(4/2060。引者按:"毗音切"不可能切出"避"音,核《字汇》原
文,"音"当作"意"。)

　　《大字典论稿》第126页:《汉语大词典》"挷"字条释义、举例与此
同,均误。例句"挷"本字作"鐴"。《集韵·霁韵》:"鐴,治刀使利。"蒲
计切。本义是把刀在布、皮、石头等上面反复摩擦使锋利的意思。今

吴语、山东聊城话、皖南绩溪话等均有此说法(参胡竹安《水浒词典》第 23 页)。《水浒全传》之"搠"则为其引申用法,是用刀擦、刮的意思。《大字典》"搠"字条除"批打"义外,当另列此义……今更补一例:《荡寇志》第七十六回:"他且把剑上血就死人身上搠干净了,插在鞘里。"

屡 ①多次,数次。……《说文新附·尸部》:"屡,数也。"……③亟。《尔雅·释言》:"屡,亟也。"④急速。《尔雅·释诂下》:"屡,疾也。"……(2/1050)

《大字典论稿》第 20 页:第 3 义当与第 1 义合并。汉民族观念,频率高与速度快义相因,故"屡"有多次义,又有急速义。同理,"亟"亦既有屡次义(音 qì),又有急速义(音 jí)。"屡"字既然列了"多次"义、"急速"义,再列"亟"这一义项,就成蛇足了;且"亟"不是现代汉语词,不当用于释义。所引书证《尔雅·释言》"屡,亟也",王引之《经义述闻·尔雅中》"娄、暏,亟也"条认为"亟与数同义,娄(引者按:古屡字)为亟数之亟",然则"屡""亟"都是屡次、多次的意思。"屡,亟也"这条材料可以作为第 1 义的书证,而不能看作另一个义项。

懒惙 音义未详。清西清《黑龙江外记》:"梦一懒惙老妪乞栖身地。"(4/2504)

《大字典论稿》第 50 页:"惙"实即"裰"的讹俗字,"懒"也即"嬾"的讹变字。俗书"巾"旁每每写作"忄"旁,"幢""幡""幌""帔""幄"等字所从之"巾"又可写作"忄"旁(并见《龙龛手鉴·心部》),是其比。《集韵·骇韵》:"裰,嬾裰,衣破。""嬾裰"均为《集韵·骇韵》字,系叠韵联绵词,今音读 lǎi shǎi,义为衣服破敝。……

舿艍 音义未详。明吾丘瑞《运甓记·诸贤渡江》:"早晨头擦辣辣个浓霜说弗得个冷,夜头来湿搭搭个舿艍拿来当席眠。"(6/3261)

《大字典论稿》第 53 页:"舿艍"乃"平基"二字的增旁俗字。"平基"为吴方言词,明清白话作品习见,例如:《醒世恒言》第三十四卷:

"众人只得依他,解去麻绳,叫起看船的,扛上船,藏在艄里,将平基盖好。"明冯梦龙《山歌·不孕》:"好像石灰船上平基板,常堂堂白过子两三年。"《锦香亭》第十四回:"管家钻进舱里,假意掀开平基搜鱼。"今语尚沿用……其义则是木船船头船尾上活动的舱面板……今更补充之:字又作"舿艇",《珍珠舶》卷三第一回:"只听得舿艇一响,那船就动了几动,恰像有人跳下来的。"又作"平儿",《现代汉语方言大词典》:"平儿,上海,苏州。盖在船舱上的可活动的木板。"(第910页)

以上讨论的三方面问题仅仅是举例性的,在第二版中找出诸如此类的问题并不是一件难事。

三、期望:今后不断完善

作为"共和国的《康熙字典》"、国家文化建设重点项目,《大字典》理应代表汉语字典的最高水平,人们对它有更高的期望和要求也是完全可以理解的。但从上面粗略的分析可以看出,第二版修订工作不尽如人意。那么,怎样才能提高《大字典》的修订质量,使之更臻完善呢? 笔者认为,需要从以下几方面入手:

第一,政府重视。编纂《大字典》是一项浩大工程,修订《大字典》同样是一项浩大工程,需要大量财力、人力、物力的支撑。政府不重视,不投入,一切免谈;政府重视不够,投入不够,修订工作也只能小打小闹,不能取得大的突破。政府要一如既往地把修订工作当作最高级别的文化建设项目来抓,与国家重大科技攻关项目等量齐观,投入足够的财力、人力、物力,以保证修订工作顺利进行。

第二,专家把关。首版《大字典》编纂设有工作委员会、学术顾问、编辑委员会;第二版修订设有工作委员会、专家审订委员会,还有一批编审人员等,他们为《大字典》的编纂和修订作出了巨大贡献。但是,他们当中相当一部分人员都是兼职的,不可能全身心为《大字典》服务。而且,按照中国现行的体制,专家必须自己拿课题、出专著、写论文才能安身立命,我们也无权要求他们全身心为《大字典》服务。但是另一方面,《大字典》修订如果没有几位、几十位全职专家把关,要取得理想的成绩显然也是不可能的。这就需要政府提供优惠政策,吸引著名专家在一定时间内全心全意地从事《大字典》修订工作。

第三,学者参与。修订工作光靠有限的编审人员是不行的,还需要学者们广泛参与。其实,学者们的参与热情是非常高的。凡是搞语言文字学的,尤其是搞古汉语文字、词汇、训诂的,他们的相关研究往往把《大字典》(包括《汉语大词典》)当作参照物,在各自的研究中,自觉或者不自觉地为《大字典》做了大量匡谬指瑕、拾遗补阙的工作。他们的研究成果是修订《大字典》的重要参考资料,也是一般编辑非常需要而自身又难以发掘的宝贵材料。

第四,专人负责。据《第二版修订说明》,《大字典》出版后,"作为汉语大字典编辑委员会常设机构的汉语大字典编纂处即专门安排人员收集读者来信,组织人员对硬伤性、体例性错误进行修改"。"专门安排人员"是很好的做法,但光是"收集读者来信",则显然是不够的。订正《大字典》疏漏和错误是一项专业性很强的工作,一般读者虽然也能发现一些问题,但主要得靠专家、学者。而专家、学者的批评建议很少是通过来信来电反映的,而是体现在他们的论著中。这些论著量大、面广,书名、论文题目也不一定与《大字典》有关,这就需要专门人员广泛搜集、精心整理、长期积累,以备修订之用。任何一部辞书都是它那个时代语言文字学和辞书学研究成果的总结。在编纂或修订《大字典》的时候,我们不可能要求编者去重新考证某个字的音、形、义,他的职责只是正确辨析、充分吸收现有的研究成果。从这个意义上说,专人负责搜集现有相关研究成果是提高《大字典》修订质量的关键所在。

有人说,辞书编纂是一门遗憾的艺术。的确,任何字典都不可能做到十全十美。但是我们相信,只要我们用心来做,《大字典》是完全可以做到进一步完善的。

参考文献:

[1] 张涌泉:《汉语俗字丛考》,中华书局 2000 年版,第 404 页。

[2] 江在山、周志锋:《"九层之台,起于累土"的"累"辨释》,《语文建设》2011 年第 3 期,第 45~46 页。

[3] 周志锋:《大字典论稿》,浙江教育出版社 1998 年版。

(原载《宁波大学学报》2011 年第 3 期,又见人大复印报刊资料《语言文字学》2011 年第 9 期)

《汉语大字典》校读札记(上)

笔者在使用《汉语大字典》(第二版,以下简称《大字典》)的过程中,于其疑误之处每笔录之,日积月累,数量渐多。今略加梳理,缀成此文,希望对《大字典》的使用、研究和今后修订有所助益。文章主要从校勘角度订正《大字典》文字讹衍脱倒、引证标点不当、书名出处失误及注音、释义等问题。所讨论的问题都与第一版进行了比较,绝大多数是第一、二版共同存在的,也即第二版沿袭了第一版的讹误,这类情况文中不作说明;凡是有差异的,特别是第二版新产生的讹误,则酌加说明。为了更加直观、便于采择,所讨论的问题不作分类,按出现的顺序排列,并在引文后面用括号注明卷数和页码。①

1. 丂 《说文》:"丂,气欲舒出,勹上碍于一也。"(1/4)

按:本条释文中,"勹"凡三见,都应当写作"ㄅ"。

2. 于 (一)yú⑦介词。4.相当于"以"、"用"、"拿"。……《史记·乐毅列传》:"蓟丘之植,植于汶篁。"(1/5)

按:《大字典》"於"字条音项二义项四:"4.表示方式、对象,相当于'以'、'用'。……《史记·乐毅列传》:'蓟丘之植,植於汶篁。'"引书相同,"于""於"有别,自相矛盾。中华书局标点本《史记》作"於"。[1]2431 又,"于"字条"蓟丘""汶"下面没有加专名号。

3. ㄚ (一)jué 用作标记的符号。《说文·ㄐ部》:"ㄚ,鉤识也。"……徐灏注笺:"鉤识者,ㄚ而识之,与、而识之同意。"(1/54)

按:"与、而识之同意"费解,当作"与'、而识之'同意"。也即

"与"后不是顿号,而是"、"(zhǔ)字。"、"是古代的断句符号。《说文·、部》:"、,有所绝止,、而识之也。"

4.厌 (三)yǎn②梦惊;做恶梦。……清段玉裁《说文解字注·厂部》:"《字苑》云:'厌,眠内不详也'。俗字作魇。"(1/91)

按:"详"系"祥"之讹。又,"也"后句号当放在右单引号之内。

5.匾 ①〔匾匦〕也作"匾匭"。薄。……唐玄应《一切经音义》卷六:"《纂文》云:匾匦,薄也。今俗呼广博为匾匦,关中呼裨匦。"(1/102)

按:"广博"乃"广薄"之讹。

6.八 《说文》:"八,别也。象分别相背之形。"……高鸿缙《中国字例》:"八之本意为分,取假象分背之形,指事字……后世借用为数目八九之八,久而不反,乃如刀为意符作分。"(1/117)

按:"如刀"为"加刀"之讹。

7.伉 ⑥隐藏。……《朱子语类·易二》:"不应凭地千般百样藏头伉脑,无形无影,教后人自去多方推测。"(1/158)

按:"凭"为"恁"之讹。

8.偞 ②不著铠甲,只穿单衣。《管子·参患》:"兵不完利,与无操者不同实;甲不坚密,与偞者同实。"(1/210)

按:"与无操者不同实"之"不",衍,当删。又,释义文字"不著铠甲"之"著"系"着"之古字,当改为"着"或"穿"。

9.脩 (一)xiū ③干缩;枯萎。《释名·释饮食》:"脩,脩缩也;干燥而缩也。"(1/213)

按:《释名·释饮食》的原文是:"脯,搏也,干燥相搏著也。又曰脩。脩,缩也,干燥而缩也。""脩"字此义如引《释名》作为书证,当作:"脩,缩也,干燥而缩也。"

10.倪 (二)nì ②同"睨"。斜;斜视。《尔雅·释鱼》:"左倪类不,右倪不若。"(1/217)

按:"类不"当作"不类"。

11.㧓 同"掮"。《海上花列传》第四十一回:"我未赛过做仔㧓客。"(1/222)

按:"未"当作"末"。"末",吴语句中语气词。本条已见笔者《大字典论稿·〈汉语大字典〉校读散记》(以下简称《校读散记》)第330页,[2]第二版未改。

12.偢 同"㑏"。《方言》卷十二:"偢,倦也。"(1/242)

按:《大字典》"㑏"字条:"同'㑏'。《方言》卷十二:'㑏,倦也。'"又"倦"字条:"倦,同'倦'。《方言》卷十二:'殐、㑏,倦也。'"同引《方言》,或作"偢",或作"㑏",且分别用作字头。而清钱绎《方言笺疏》本则作"㑏",卷十二:"殐、㑏,倦也。"[2]700 一字有"偢""㑏""㑏"三形,《大字典》不收"㑏"。

13.仪 ⑫引来;招来。《方言》卷二:"仪,来也。陈颍之间曰仪。"戴震疏证:"《国语》'丹朱冯身以仪之',仪即来归之义。"《广雅·释诂三》:"仪,招来也。"(1/268)

按:凡三误。a."《国语》"当作"《周语》";b."释诂三"当作"释言";c."仪,招来也",或删"招"字,或"仪"后加顿号,"招"后加逗号。

14.冥 ①昏暗。……《广雅·释训》:"冥,暗也。"(1/335)

按:《广雅·释训》:"冥冥,暗也。"脱一"冥"字。

15.刅 chuāng ②两刃刀。《正字通·刀部》:"刅,两刅刀也。"(1/353)

按:"两刅刀"不通,当作"两刃刀"。核《正字通·刀部》,实作:"刅,楚庄切,音窗。两刃刀也。"还需指出的是,两刃刀写作"刅",于字形虽然密合,但就笔者目力所及,文献用例中的"刅"实为"刃"之俗体,《大字典》当补同"刃"这个重要音义,详参拙著《大字典论稿》第67页。[3]

16.删 ①裁定;节取。《说文·刀部》:"删,剟也。"徐锴系传:

"古以简牍,故曰孔子删《诗》、《书》,言有所取舍也。"(1/362)

　　按:"言有所取舍也","所"字衍。

　　17. 劐　（一）lóu　穿。……《广韵·侯韵》:"劐,頭劐,小穿。"(1/386)

　　按:"頭劐"当作"刲劐"。本条已见《校读散记》第 320 页。

　　18. 勘　②器物磨损失去棱角、锋芒等。……清段玉裁《说文解字注·力部》:"勘,凡物久用而劳敝曰勘。明杨慎答中官问,谓牙牌摩损用'鎔'字。今按:非也,当用勘字。"(1/414)

　　按:"牙牌摩损"后脱一"当"字。

　　19. 平　①宁静;安舒。《说文·亏部》:"平,语平舒也。"(1/443)

　　按:"亏部"当作"亏部"。"亏"即篆文"于"字。

　　20. 堎　①〔堎墙〕土堆。《广雅·释室》:"堎墙,隄也。"……元元明善《万竹亭记》:"使丁当时攻战之殷,且见斩竹以为楗,陻溪以为堎,尚亭乎哉?"(1/498)

　　按:《大字典》引《广雅》,"释室"少见,如本条与"堎"条等;绝大多数作"释宫",如"堭、堲、园、圊、屛、栚、槛、栏、瓽、甀、潏、突、窬、隋、闵"等条。《广雅》卷七上"释宫"王念孙疏证:"各本'宫'字皆讹作'室'。案……且《广雅》篇名皆仍《尔雅》之旧,不应此篇独改为'释室'。《太平御览·居处部》云:'《广雅·释宫》曰:"馆,舍也。"'今据以订正。"[4]206 王念孙说可从,"释室"应该统一作"释宫"。又,"斩竹以为楗"之"楗",《全元文》作"楗"(第 24 册第 304 页),《国朝文类》作"捷"(第 8 册第 76 页)。后两形是。"捷"同"楗","楗",用来堵塞决口的柱桩。

　　21. 茔　①墓地。……《广雅·释邱》:"茔,葬地。"(1/509)

　　按:《大字典》引《广雅》,"释邱"与"释丘"并见。如"垗、埌、垺、域、堬、墦、垖、浦、浔、阤、陴、隇、隅、隥"诸条作"释邱","嶺、邱、陬"诸条作"释丘"。其中"陵"字条义项一引《广雅·释丘》:"四隤曰陵。"义项四引《广雅·释邱》:"陵,冢也。""释丘""释邱"互用,彼此抵牾。《广雅》本《尔雅》,本当作"释丘"。孔子名丘,为避讳,清雍正三年上谕,除"四书五经"外,凡遇"丘"字,并加"阝"旁为"邱"。于是就出现了"释邱""释丘"的差异。笔者认为,应该统一作"释丘"。另外,本条"茔,葬地"当作"茔,葬地也",脱"也"字。

22.墼 同"墢"。坚结的土。《农政全书·农本·经史典故》引《管子》:"五态之状,廪焉如墼,润湿以处。"按:《管子·地员》篇作:"五态之状,廪焉如墢,潤湿以处。"(1/514)

按:"潤湿以处"之"潤"当作"润"。本条已见《校读散记》第330页。另外,两"态"(xī)字均当作"态"(shù),"态""态"二字音义有别。第一版两"态"字不误。

23.𪐴 跛。《方言》卷六:"𪐴,塞也。"郭璞注:"跛者,行跂踔也。"(1/599)

按:"者"后逗号当删。郭璞不是注释"跛"字。

24.咹 (一)è ③止。《广韵·释诂四》:"咹,止也。"(2/672)

按:"《广韵·释诂四》"五字错两字,当作"《广雅·释诂三》"。第一版"雅"字不误。

25.哒 象声词。清蒲松龄《聊斋俚曲集·〈禳妒咒·开场〉》:"我只雄赳赳的闯进门,扑哒。内问云:'这是怎么?'笑云:'扑哒一声,我就跪下了。'内问云:'你就这么怕老婆么!'(丑云)列位休笑,天下那一个不是怕老婆的呢?"(2/677)

按:戏曲宾白"内问云"等后面用了引号,"丑云"后面没用引号,不统一。宜改为:"我只雄赳赳的闯进门,扑哒。(内问云)这是怎么?(笑云)扑哒一声,我就跪下了。(内问云)你就这么怕老婆么!(丑云)列位休笑,天下那一个不是怕老婆的呢?"

26.哯 不作呕而吐。也泛指呕吐。《说文·口部》:"哯,不作欧而吐也。"段玉裁注:"《欠部》曰:'欧,吐也。'浑言之。此云'不作欧而

吐'也者,析言之。"(2/679)

按:"此云'不作欧而吐'也者",当作"此云'不作欧而吐也'者","也"字当属上。

27.嘶 ②虫鸟声凄切幽咽。宋苏轼《青溪辞》:"雁南归兮寒蜩嘶。"明梅鼎祚《玉合记·通讯》:"长安古道马迟迟,高柳乱蝉嘶。"也指发声凄楚哽咽。唐孟郊《连州吟三首》之三:"南风嘶舜琯,苦竹动猿音。"(2/734)

按:各例"嘶"都是动词,《大字典》却释作形容词了。"嘶",虫鸟鸣叫,多指蝉凄切幽咽地鸣叫(前两例),亦指发出凄切幽咽的声音(后一例)。《汉语大词典》误同。

28.嚜 〔嚜嚜〕方言。呼唤猪狗的声音。《广韵·遇韵》:"嚜嚜,吴人呼狗。方言也。"(2/752)

按:按照体例,引《广韵》当作,《广韵·遇韵》:"嚜,嚜嚜,吴人呼狗。方言也。"

29.幰 ①车上的帷幔。……《广韵·阮韵》:"幰,《苍颉篇》云:'帛张车上为幰。"(2/870)

按:"为幰"句号后脱右单引号。如果依第一版,"帛"前无左单引号,则"为幰"句号后亦可不用右单引号。

30.行 (二)xíng(33)连词。……五代王定保《唐摭言·慈恩寺题名游赏赋咏杂记》:"乐天时年二十七,省试《性习相近远赋》、《玉水记》、《方流诗》,携之谒李凉公逢吉,……逢吉行携行看,初不以为意。"(2/874)

按:《玉水记》《方流诗》实为一首诗,即《玉水记方流诗》,全诗如下:"良璞含章久,寒泉彻底幽。矩浮光滟滟,方折浪悠悠。凌乱波纹异,萦回水性柔。似风摇浅濑,疑月落清流。潜颖应傍达,藏真岂上浮。玉人如不见,沦弃即千秋。"

31.礿 (一)zhuó ②山间溪流中用以渡人的踏脚石。一说石

桥。《尔雅·释宫》"石杠谓之碕"晋郭璞注:"聚石水中,以为步渡彴也。或曰:今之石桥。"(2/875)

按:"碕"当作"徛"。《大字典》"徛"字条引《尔雅·释宫》:"徛,石杠谓之徛。"所引后一"徛"不误,但前一"徛"原文无,当删。

32.徦　①至;来。后作"格"。《方言》卷一……又卷二:"徦,来也。自关而东周郑之郊齐鲁之间或谓之徦。"(2/881)

按:《方言》卷二钱绎《方言笺疏》本作:"徦,来也。周郑之郊、齐鲁之间曰徦。"[2]141

33.宅　④葬地;墓穴。《广雅·释地》:"宅,葬地也。"(2/979)

按:"释地"当作"释丘"。

34.寇　⑥物盛多。《方言》卷一:"(齐宋之间)几物盛多谓之寇。"(2/1004)

按:"几"为"凡"之讹。第一版不误。

35.䭾　囊;连囊。《广雅·释器》:"䭾,囊也。"王念孙疏证:"《玉篇》:'䭾,马上连囊也'。今俗语亦谓马上连囊曰䭾。"(2/1010)

按:引《玉篇》句号当移至右单引号内。另外,"䭾"字可补一方言义:拿。清范寅《越谚》卷上:"䭾得猪头,无处寻庙门。"下文:"三月弗䭾扇,好像种田汉。"又卷下:"佗、驼、䭾,皆音驮。《集韵》分作三字,负荷曰佗,马负物曰驼,马上连囊曰䭾。越语取物曰䭾来,送物曰䭾去,提物曰䭾东,宜从䭾。"

36.霉　①夜。……《玉篇·宀部》:"霉,夜也。《诗》曰:'中霉之言',中夜之言也。本亦作𡩋。"(2/1013)

按:《玉篇》所引《诗》"中霉之言"之"霉"当作"霉",见《宋本玉篇·宀部》第210页。[5]第一版不误。

37.屏　《说文》:"屏,敝也。从尸,并声。"(2/1043)

按:"敝"当作"蔽"。

38.弓　同"卷"。明陶宗仪《辍耕录》卷一:"弓即卷字,《真诰》中

谓一卷为一弓。"(2/1055)

按:"卷一"当作"卷二"。

39.弶　②用弶捕捉。《玉篇·弓部》:"弶,置罟于道也。"(2/1066)

按:《宋本玉篇》作:"弶,巨尚切。施置于道也。"[5]315"置"系"罥"(义为网)形近而讹。因此,《玉篇·弓部》当作:"弶,施罥于道也。"

40.彇　同"弰"。《篇海类编·器用类·弓部》:"彇,或作弰。"(2/1073)

按:"彇"与"弰"(义为养生、生育)字形差别很大,恐怕难以构成异体关系。"彇"当同"弰",字又作"弰"或"弰"。《说文·弓部》:"彇,弓便利也。从弓,嚣声。读若烧。"《集韵·宵韵》:"彇,《说文》:'弓便利也。'或从二弓。"即作"弰"。又作"弰",见《大字典》"弰"字条。

41.已　yǐ《广韵》羊已切,上止以。又羊吏切。之部。(2/1074)

按:"羊已切"当作"羊己切"。

42.嫩　同"㜷"。《龙龛手鉴·女部》:"嫩,今;㜷,正。"《正字通·女部》:"㜷,俗作嫩。"(2/1151)

按:谓"嫩"同"㜷",虽然不误,但"㜷"有同"輭(软)"、同"嫩"两个音义,"嫩"究竟同哪一个"㜷"?从字形看,当同"嫩"。《说文·女部》"㜷"字段注:"按,俗音奴困切,又改其字作嫩,于形声无当。"又"敕""欶"形近常相混,如"嗽"又作"嗽","漱"又作"潄","鏉"又作"鏉"。《汉语大词典》"嫩"字条:"同'嫩'。"是。

43.嬖　②宠妾。《释名·释亲属》:"嬖,卑贱。婢妾媚以色事人得幸者也。"(2/1161)

按:《释名·释亲属》当作《释名补遗·释亲属》。本条出自清毕沅所辑之《释名补遗》。

44.札　(一)zhá　㈠④铠甲上用皮革或金属制成的叶片。……《颜氏家训·劝学》:"射既不能穿札,笔则才记姓名,饱食醉酒,忽忽

无事。"(3/1235)

按:"既"为"则"之讹。

45.枓 (二)dǒu 柱上支持大梁的方木。……《西游记》第三十四回:"(老魔)道:'是他!是他!把他长长的绳儿拴在木柱枓上耍子!'"(3/1258)

按:"木柱枓"之"木"为衍文,当删。又,《西游记》"柱枓"乃"柱科"之误,"柱科"即房柱、柱子,说见笔者《〈西游记〉"柱科"当为"柱科"》(《中国语文》2005 年第 6 期)一文。然则本条例证当删。

46.栿 ②车、船、梯、床、织机等机物上的横木。《广雅·释地》:"舳谓之栿。"(3/1283)

按:"释地"当为"释水"。《大字典》"舳"字条引《广雅》不误。

47.棦 chēng 木束。《玉篇·木部》:"棦,木束也。"(3/1290)

按:"木束"系"木朿"之讹。《说文·朿部》:"朿,木芒也。"今吴语树节子叫"棦"或"树棦"。清范寅《越谚》卷中:"棦,木无节有棦,圆颗坚硬,斧凿锯刨,遇之则齾,可与铁争。"树节子与"木朿"有关,而与"木束"无涉。"棦"字第一版不收。

48.橪 qián ①斫木砧。《尔雅·释宫》:"椹谓之橪。"……②廪。《广韵·仙韵》:"橪,廪也,构木为之。"(3/1354)

按:"橪"字形可商,当作"橪"。《尔雅义疏》《宋本广韵》并作"橪",《大字典》"椹"字条引《尔雅》亦作"橪"。"橪"从虔声,"虔"从文声,故"橪"不应作"橪"。

49.楔 (二)xiè 櫼。一说山桃。《类篇·木部》:"楔,櫼也。一曰山桃。"(3/1357)

按:释义照录《类篇》,虽然不算错,但没有提供更多的信息,令人费解。比如,"櫼"有木楔义、斗拱义等,这里指什么?为何有山桃义?其实"楔"字这个音项可分两义:一是木楔。《周礼·考工记·轮人》:"直以指牙,牙得则无槷而固。"郑玄注引郑司农云:"槷,楔也。蜀人言楰曰槷。"《说文·木部》:"楔,欈也。"段玉裁注:"槷、楰皆假借字,楰即楔之假借也。"二是山桃。《尔雅·释木》:"楔,荆桃。""楰"通"楔",故亦有桃义。

50. 榟　②茶树;茶。《尔雅·释木》:"榟,苦荼。"郭璞注:"……蜀人名之曰苦荼。"(3/1395)

按:"名之曰"的"曰"为衍文,当删。《大字典》"荼"字条亦引此,不误。

51. 犴　①古时乡亭的拘留所,后泛指监狱。……《诗·小雅·小宛》"哀我填寡,宜岸宜狱"唐陆德明释文:"岸,韦昭注《汉书》同《韩诗》作'犴',音同。云:'乡亭之系曰犴;朝廷曰狱。'"(3/1429)

按:释文按此标点,读不通。《汉书·刑法志》:"狱犴不平之所致也。"唐颜师古注:"服虔曰:'乡亭之狱曰犴。'臣瓒曰:'狱岸,狱讼也。'师古曰:'《小雅·小宛》之诗云:"宜岸宜狱。"瓒说是也。'"尽管师古所引《诗》没有说明是否本韦昭注,但可判定"《汉书》同"后当施句号。

52. 狙　②戏曲行当名。今作"旦"。《天台陶九成论曲》引《丹丘先生论曲》:"……当场之妓曰狙。狙,猏之雌者也,其性好淫,今俗讹为旦。"(3/1436)

按:"猏"无名词动物义,其字疑误。明朱权《太和正音谱·词林须知》:"当场之伎曰狙。狙,猿之雌也。名曰'猵狙',其性好淫。俗呼'旦',非也。""猏"作"猿",可参。

53. 殨　huì 困极。《方言》卷十二:"殨,偆也。"郭璞注:"今江东呼极为殨。"《广雅·释诂一》:"殨,极也。"《玉篇·歹部》:"殨,困极也。"(3/1492)

按:《大字典》据《玉篇》等把"殨"释为"困极",虽然不误,但不够明确。汉魏六朝时期,"极"有一个常用义,就是疲倦。"困极"系同义连文,都是疲倦的意思。又,《大字典》"瘣"字条:"huì 困极。《方言》卷十三:'瘣,极也。'郭璞注:'江东呼极为瘣,倦声之转也。'《广韵·

废韵》：'瘵，困极也。'"释义存在着同样的小问题。《汉语大词典》"殢""瘵"两字都释为"疲困"，是。又，"瘵"与"殢"当是异体关系，应予以沟通。

54.戥　③倚；靠。《二刻拍案惊奇》卷一："徒然守着他，救不得饥馑，真是戥米囤饿杀了。"(3/1512)

按："饥馑"为"饥饿"之讹。参上海古籍出版社 1985 年版影印日本藏尚友堂刊本第 36 页及该社 1983 年版章培恒整理、王古鲁注释本第 4 页。

55.瓵　②〔瓵瓹〕长方砖。……《广雅·释宫》："瓵瓹，瓶甋也。"(3/1525)

按：《大字典》"瓹"字条："长方砖。……《广雅·释宫》：'瓵瓹，甋也。'"同一个词同引《广雅》，训释词或作"瓶甋"，或作"甋"，彼此矛盾。《广雅·释宫》："瓶瓵瓨甄甒瓯瓵瓹甓瓶甋也。"本条可作两种断句："瓶瓵、瓨、甄、甒、瓯、瓵瓹、甓，瓶甋也"，"瓶瓵、瓨、甄、甒、瓯、瓵瓹、甓、瓶，甋也"。"瓶甋"每连用，今吴语仍保留，字又作"礓砖""碌砖""绿砖""录砖""六砖"等，是一个词，分拆似乎不合适；但是"瓶甋"古代指长方形的砖，砖多为长方形，也不尽然，如"瓶瓨"，《一切经音义》卷四："《通俗文》：'甋方大谓之瓶瓨。'今大方甋是也。"然则"瓶甋"也不能概括本条所有词语。颇疑本条末尾脱一"甋"字，即当作"瓶瓵、瓨、甄、甒、瓯、瓵瓹、甓、瓶甋，甋也"。依据现在的本子，笔者认为训释词当是"甋"而非"瓶甋"，"瓶"是"甋"的一种。《大字典》"瓶瓨""瓨""甒"条引《广雅》释作"瓶甋也"，"甄""瓯"条引《广雅》释作"甋也"，"瓶"条引《广雅》作"甓，瓶甋"（脱"也"字），都应当统一起来。

56.甗　小瓦盆。《方言》卷五："甗，陈魏宋蔡之间谓之题，自关而西谓之甗，其大者谓之瓯。"(3/1531)

按："蔡"当作"楚"。《大字典》"题"字条引《方言》不误。第一版不误。

57.齿　zhù　《集韵》陟虑切,去御知。盛物于器。《集韵·御韵》:"齿,吴俗谓盛物于器曰齿。"(3/1546)

按:"盧"当作"虑"。参《集韵·御韵》第492页。[6]

58.历　①经历;经过。……《广韵·锡部》:"历,经历。"(3/1548)

按:"锡部"当作"锡韵"。本条已见《校读散记》第322页。

59.替　①废弃;废除。《尔雅·释言》:"暜,废也。"清郝懿行义疏:"暜,通作替。"(3/1625)

按:两"暜"字并当作"暜"。《说文·竝部》:"暜,废,一偏下也。从竝,白声。暜,或从曰。暜,或从炗,从曰。"据《说文》,"暜"(从曰)也是"暜(替)"的或体,此字《大字典》失收。另有一个形体非常相似的"暜"(从日),则是"普"的或体。第一版不误。

60.最　⑦副词。3.表示时间,相当于"正"、"正在"。《世说新语·赏誉》:"王大将军(敦)与元皇表云:(王)舒风概简正,作雅人,自多于(王)邃,最是臣少所知拔。"(3/1626)

按:"作雅人"当作"允作雅人",脱"允"字。

61.暖　③云貌。《韩非子·主道》:"是故明君之行赏也,暖乎如时雨,百姓利其泽。"(3/1650)

按:释义与用例对不上号。《文选·王俭〈褚渊碑文〉》:"暖有余晖,遥然留想。"李善注:"暖,温貌。《庄子》曰:'暖然似春,遥然流想,所虑者深矣。'"《汉语大词典》释为"温润;温暖",可从。

62.汦　①水中小块陆地。《尔雅·释水》:"水中可居者曰洲,小洲曰陼,小渚曰汦。"(3/1674)

按:"小渚曰汦"之"渚"当作"陼"。《尔雅》"陼"字有异文,"小洲曰陼"郭璞注:"陼,当为渚。"陆德明释文:"字又作渚。"可见原文当作"陼"。既然"小洲曰陼",前后相承,后面应该是"小陼曰汦"。

63.洒　(一)xǐ 洗涤。后作"洗"。《说文·水部》:"洒,涤也。"段

玉裁注:"下文云:'沫,洒面也'……今人假洗为洒,非古字。"(3/1717)

按:"沫,洒面也"之"沫"当作"沫"。"沫"(mò)从末声,《说文》训"水";"沬"(huì)从未声,《说文》训"洒面也"。

64.潮 ⑤湿;潮湿。……宋范成大《没水铺晚晴月出晓复大雨上漏下湿不堪其忧》:"旅枕梦寒涔屋漏,征衫潮润冷炉熏。"(3/1862)

按:"没水铺"当作"没冰铺"。见《全宋诗》第41册第25900页。"冰"或作"氷",与"水"形近。

65.抍 ①上举,升。……按:今《易·明夷六二》及《焕初六》"抍"皆作"拯"。(4/1943)

按:"焕"系"涣"之讹。

66.扳 (二)bān ①拉;拨动。……《水浒全传》第三回:"跳上台基,把栅刺子只一扳,却似擉葱般扳开了。"(4/1945)

按:所引材料有三个问题:a."第三回"当作"第四回";b."栅刺子"当作"栅刺子","栅刺子"即栅栏。c.两个"扳"字有异文,或作"拔",如人民文学出版社1954年版郑振铎序本《水浒全传》就作"拔"。

67.押 (一)yā ⑩通"压"。1.从上向下加以重力。……《后汉书·东夷传》:"儿生欲令头扁,皆押之以石。"(4/1958)

按:"令"下脱一"其"字。见《后汉书》第十册第2819页。[7]"东夷传"当作"东夷列传"。又《大字典》"夹"字条音项四引《后汉书·东夷传》,"东夷传"亦当作"东夷列传"。

68.抙 〔缩抙〕同"缩朒"。……《集韵·屋韵》:"抙,缩抙,不申。"按:《说文·月部》:"朒,朔而月见东方,谓之缩朒。"《玉篇·月部》作"肭",云:"肭,缩肭不宽伸之皃。"(4/1977)

按:《玉篇》"肭"当作"朒","缩朒(肭)"后当加逗号。《宋本玉篇·月部》:"朒,缩朒,不宽伸之皃。《说文》曰:'月见东方,谓之缩朒。'"[5]377《大字典》"朒"字条义项三引《玉篇·月部》:"朒,缩朒,不宽伸之皃。"不误。另外,上引《说文·月部》:"朒,朔而月见东方,谓之缩朒。"段注本"朒"作"朒",并注:"各本篆作朒,解作内声,今正。"[8]314段说可从。

69. 挾 (一)huò ③掘土。《广韵·陌韵》:"挾,掘土。"(4/1986)

按:"陌韵"应是"麦韵",见《宋本广韵》第494页。[9]《集韵》则在陌韵,《集韵·陌韵》:"掘土谓之挾。"[6]734

70. 挀 (一)bù 〔挀攄〕收敛。《集韵·莫韵》:"挀,挀攄,收敛也。"(4/1990)

按:"攄"为"攄"之讹。《集韵·莫韵》实作:"挀,挀攄,收敛也。"[6]498《大字典》"挀"字条:"(二)pú 〔挀攄〕同〔莩攄〕。收乱草。《集韵·模韵》:'莩,莩攄,收乱草。或从手。'"可旁证。

71. 擎 《说文》:"擎,固也。从手,臤声。读若《诗》'赤舃擎擎。'"(4/1998)

按:"擎"后句号当移至右单引号外面。第一版作《说文》:"擎,固也。从手,臤声。读若《诗》:'赤舃擎擎'。"第二版删去了"《诗》"后之冒号,是;但"擎"后句号反而改错了。

72. 捯 dāi 方言。扭;揪。清袁于令《西楼记》第十六出:"待我捯他一把,打他一下,抱住他嗳几个嘴,咬他几口,叫几声亲肉俊心肝活宝贝夜明珠,怕他不硬将起来?"(4/2010)

按:"捯"字第一版收在《补遗》,无注音。第二版补出了读音,本是好事,但注音不准确。"捯"是个吴方言词,今仍沿用,读入声,音同"的"。字又作"扚",《广韵·锡韵》:"扚,引也。都历切。"《字汇·手部》:"扚,手捯。"又作"擿",《吴下方言考》卷十二:"吴中谓以指搦人肤而提之曰擿(音的)。""扚""的"《广韵·锡韵》都是都历切,《大字典》"扚"音dí,"捯"亦当读dí。《明清吴语词典》《近代汉语大词典》

"掋"均注音 dí,是。

73.㧦 (一)hú ①发掘;掘出。……《玉篇·手部》:"㧦,掘也。本亦作掘。"(4/2031)

按:《玉篇·手部》"㧦,掘也。本亦作掘",费解。《宋本玉篇》原文是:"㧦,胡没切。掘也。《左氏传》曰:'㧦褚师定子之墓,焚之。'本亦作掘。"[5]119是说《左传》"㧦""掘"是异文。《大字典》既然没有引全,"本亦作掘"四字当删。

74.搜 ⑥掏;挖。元佚名《碌砂担》第二折:"着这逼绰刀子搜开这墙阿,磕绰我靠倒这墙。"《儿女英雄传》第四回:"你搁着吧,那非离了拿钁头,把根子搜出来行得吗?"(4/2032)

按:首例据《元曲选》断句,误,"阿"字当属下。《宋金元明清曲辞通释》"阿磕绰"条:"象声词,状倒下或跳跃声。"举有本例。[10]4次例上海古籍出版社 1991 年版《儿女英雄传》第 43 页作:"你搁着啵!那非离了拿镢头把根子搜出来,行得吗?"文字标点似乎更为优胜。

75.摽 同"擤(攢)"。《古今小说·简帖僧巧骗皇甫妻》:"(皇甫)殿直把门来关上,摽来摽了,諕得僧儿战住一团。"(4/2052)

按:"住"当作"做"。本条已见《校读散记》第 331 页。

76.攩 (二)tǎng 推;搥打。《方言》卷十:"拏、抌,推也。南楚凡相推搏曰拏,或曰抌。沅、湧、潕幽之语或曰攩。"(4/2110)

按:"湧"当作"涌",古水名;"潕"后当加顿号;"幽",地名,下面当加专名号。又,《大字典》"潕"字条:"①同'潕'。……《方言》卷十:'推,沅湧潕幽之语。或曰攩。'"标点等多处有误,当作,《方言》卷十:"(推)沅、涌、潕、幽之语或曰攩。"

77.牵 (一)qiān ②牛、羊、豕等牲畜。……宋苏轼《赐大辽贺坤成节人使生饩口宣》:"徒驭实劳,宜錫饩牵,以昭宠数。"(4/2125)

按:"錫(锡)",音 yáng,古代装饰在马额、盾牌上的金属饰物,于义无所取。"錫"当作"锡","锡"同"赐"。"宜锡饩牵"谓应该赐予粮、肉等食品。宋苏轼《赐大辽贺正旦人使生饩口宣》:"宜敦主礼,以犒驭徒。往锡饩牵,少纾劳瘁。"用法相同。本条已见《校读散记》第323页。

附注:

① 笔者另有几篇相关文章,可参看。周志锋:《评第二版〈汉语大字典〉》,《宁波大学学报》2011 年第 3 期,又人大复印资料《语言文字学》2011 年第 9 期;江在山、周志锋:《〈汉语大字典〉第二版校勘札记》,《现代语文(语言研究版)》2011 年第 18 期;张龙飞、周志锋:《〈汉语大字典〉对"啇"组字的处理问题》,《汉字文化》2013 年第 1期。其他相关文章有:何茂活《〈汉语大字典〉误字辨证》,《辞书研究》2016 年第 4 期。

②《〈汉语大字典〉校读散记》系《大字典论稿》中的一篇,共校正《大字典》文字讹误 99 条。所指出的问题绝大多数在第二版中已得到改正,但还有十几条未被采纳。

参考文献:

[1] 司马迁:《史记》,中华书局 1982 年版。

[2] 钱绎:《方言笺疏》,上海古籍出版社 1984 年版。

[3] 周志锋:《大字典论稿》,浙江教育出版社 1998 年版。

[4] 王念孙:《广雅疏证》,江苏古籍出版社 1984 年版。

[5] 陈彭年等:《宋本玉篇》(重修本),北京市中国书店 1983年版。

[6] 丁度等:《集韵》,上海古籍出版社 1985 年版。

[7] 范晔:《后汉书》,中华书局 1965 年版。

[8] 段玉裁:《说文解字注》,上海古籍出版社 1981 年版。

[9] 陈彭年等:《宋本广韵》,北京市中国书店 1982 年版。

[10] 王学奇、王静竹:《宋金元明清曲辞通释》,语文出版社 2002
年版。

(原载《宁波大学学报》2018 年第 6 期)

《汉语大字典》校读札记(下)

本文系《〈汉语大字典〉校读札记(上)》的续篇。除首条外,次序均接前篇。《〈汉语大字典〉校读札记(上)》载《宁波大学学报(人文科学版)》2018年第6期。

78.幢 (一)chuáng ②幪。《广雅·释器》:"幢谓之幪。"(二)zhuàng ①舟、车上形如车盖的帷幔。……(2/867)

按:"幢"释为"幪",仅引《广雅》,而"幪"《大字典》收有"覆盖物体的巾""帐幔""蒙;覆盖"等三义,则"幢"究系何义,令人费解。王念孙"幢谓之幪"条疏证:"《方言》:'幢,翳也。关西、关东皆曰幢。'《说文》:'翳,华盖也。'""幢谓之幪"出现在《广雅》有关车的条目当中,"幢"当指舟车上的帷幔。然则"幢"音项一之义项二应删,《广雅》这条材料可以删去,也可以并入音项二之义项一当中作为书证。

79.牒 ⑦床板。《方言》卷五:"(床)其上板,卫之北郊,赵、魏之间谓之牒,或曰牑。"《广雅·释器》:"牒,版也。"王念孙疏证:"床板谓之牑,亦谓之牒……"(4/2163)

按:"其上板""床板谓之牑",两个"板"原文均作"版"。《大字典》"牑"字条引《方言》作"其上版",是。

80.胅 (一)nà 肥腻。《玉篇·肉部》:"胅,肥儿。"(三)chǐ 肉物肥美。……《诗·小雅·楚茨》"为豆孔庶,为宾为客"汉郑玄笺:"庶,胅也。必取物胅美者。"(4/2220)

按:两处可商:a.《玉篇·肉部》"胅,肥儿",《宋本玉篇·肉部》实

196

作:"朒,女下切。膩也。"[1]146("膩"即"膩"之俗体,犹"貮"即"贰"之俗体。"膩"字《大字典》不收,可补。)b."必取物朒美者",当作"必取肉物肥朒美者也"。[2]468

81. 腕 (一)wàn 丰满艳美的样子。……《楚辞·远游》:"玉色頯以腕容兮,精醇粹而始壮。"(4/2229)

按:"容"当作"颜"。《大字典》"頯"字条引《楚辞》不误。

82. 膳 〔膳脎〕明汤显祖《紫箫记》第二十三出:"那鸟儿呵,膳脎的做了官老爷。"(4/2257)

按:"鸟"当作"乌"。"乌儿",人名。本条已见《大字典论稿·〈汉语大字典〉校读散记》(以下简称《校读散记》)第331页。又,"膳脎"无义训,笔者有考,认为是粗笨、愚劣义。[3]59

83. 膮 ①肉羹。……②香气。《释名·释饮食》:"膮,蒿也,香气蒿蒿也。"(4/2258)

按:义项二不能成立。《释名》是探讨语源而不是具体解释词义的,所以一般不能作为建立义项的依据。另外,《大字典》"臛"字条:"肉羹。"《大字典》于"臛""膮"两字未能沟通字间关系。《说文·肉部》:"臇,膮也。"段注:"臛,俗臇字。"两者是异体字。

84. 膯 (一)tēng ①饱。《广韵·登韵》:"膯,饱也。吴人云。出方言。"……②鸡鸭的胃。清平步青《释谚》:"脞,……按:《越言释》卷二:诸羽族亦有胃,谓之脞脞,今减脞单称脞,以脞之八也,转其声为肫,俗亦谓之膯。"(4/2268)

按:"以脞之八也"费解。"八"为"人"之讹。另外,《大字典》"膯"字条:"饱。《集韵·登韵》:'吴人谓饱曰膯。'""登""登"古字通。《大字典》于"膯""膯"两字未能沟通字间关系,当予以说明。

85. 脸 ⑥一种羹类食品。《玉篇·肉部》:"脸,膮也。"(4/2271)

按:《宋本玉篇·肉部》实作:"脸,七廉切,脸脮。又力减切,脸臁。"《广韵·盐韵》:"脸,脸脮也。""脸脮""脸臁"皆连言为词。

86. 臘　chǎn　①〔脸臘〕用猪肠熬的羹汤。……《齐民要术·羹臛》:"脸臘,用猪肠经汤出,三寸断之,决破切细,熬与水沸,下豉清破米汁。"(4/2281)

按:《大字典》"脸"字条义项六引作《齐民要术·羹臛法》:"脸臘,用猪肠经汤,出三寸断之,决破切细。"两者相较,三处有异:篇名不一,一作"羹臛",一作"羹臛法";字形不一,一作"臘",一作"臘";标点不一。当作《齐民要术·羹臛法》:"脸臘,用猪肠,经汤出,三寸断之,决破切细,熬,与水,沸,下豉清、破米汁。"

87. 段　⑫通"缎"。缝帖于鞋跟的革片、丝缕之属。……桂馥札朴:"古诗'美人赠我锦绣段',段当为鞔。《说文》:'鞔,履后帖也。或从糸。'"(4/2311)

按:"通'缎'"当从桂馥说作"通'鞔'"。其一,《说文》"鞔"为正字,"缎"为重文;其二,"鞔"为专字,"缎"又是绸缎字。另外,释义用字"缝帖"当作"缝贴"。

88. 殺　(一)shā　①杀死;致死。《说文·殳部》:"殺,戮也。"(4/2312)

按:"殳"当作"殺"。"殺"字《说文》在《殺部》,而不是在《殳部》。

89. 祢　(一)nǐ　①奉祀亡父的宗庙。……《周礼·春官·甸祝》:"舍奠于祖庙,祢亦如之。"郑玄注:"祢,父庙。"……《公羊传·隐公元年》"惠公者何? 隐公之考也"汉何休注:"生称父,死称考,入庙称祢。"(5/2581)

按:有两处可商。一是"郑玄注"当作"郑玄注引郑司农云"。"舍奠于祖庙,祢亦如之"下郑玄注:"郑司农云:'祢,父庙。'"[2]815 二是"隐公之考也","公"字衍。"隐",鲁隐公谥号,《公羊传》多称"隐"。如本例上文:"桓幼而贵,隐长而卑。""隐长又贤,诸大夫扳隐而立之。"

90. 㲄　①甜。《广雅·释器》:"㲄,甘也。"②酢。《集韵·代韵》:"㲄,酢也。"③ 有机化合物的一类……也叫配糖物、配糖体或糖

苷。(5/2584)

按:《校读散记》第 325 页"甙"字条:"字头及书证中的'甙'均当作'甙'。查《广雅》《集韵》《新华字典》《现代汉语词典》等,都作'甙'。又,《大字典·弋部》已收'甙'字,同一个字而分置不同部首,亦欠妥。"第二版删去了"甙"保留了"甙",但问题依然存在。一是"甙"与《广雅》《集韵》的字形即"甙"不符;二是作为糖苷旧称的"dài",规范字形就是"甙",《大字典》里却找不到了。可作如下修改:a.上条字头及书证中的"甙"均改为"甙"。b.另列一个字头"甙",因为古代确有这种写法,如《广韵·代韵》:"甙,甘也。"《中华字海》就是把"甙"作为"甙"的俗体而列在"甙"字条后面的。[4]378

91.眰 〔眰眰〕眼眶里充满泪水的样子。……清范寅《越谚》卷中:"眰,眼泪眰眰。"(5/2668)

按:《越谚》卷中"名物·臭味·形"实作:"眼泪眰眰。"范寅此处仅仅列出一个四字词语,并不是解释"眰"字的,所以前一"眰"字当删。《汉语大词典》误同。

92.瞢 《说文》:"瞢,目不明也。从苜,从旬。旬,目数摇也。"(一)méng ①目不明。《说文·苜部》:"瞢,目不明也。"(5/2682)

按:前说"从苜",后说"苜部",彼此矛盾。"苜"是而"苜"非。第一版作"从苜""目部","苜""目"均误。第二版一处改了,一处未改。

93.瞑 (一)míng ②眼睛昏花。……《荀子·非十二子》:"酒食声色之中,则瞒瞒然,瞑瞑然。"王先谦集解:"瞑瞑,视不审之貌。"(5/2685)

按:"瞑瞑,视不审之貌"是唐杨倞注,为王先谦《荀子集解》所引,而非王氏自己的注解。

94.甹 《说文》:"甹,亟词也。从丂,从由。或曰:甹,侠也。(三辅)谓轻财者为甹。"(5/2707)

按:"三辅"不知何故加了括号。"甹"义项一亦引《说文》,作:

"甹，侠也。三辅谓轻财者为甹。"是。

95.畁　同"畀"。《集韵·至韵》："畀，古作畁。"(5/2709)

按：字头"畁"与所引《集韵》"畁"字形不一致。前非后是，也即"畁"实无其字，是虚假条目(所引《集韵》"畀"亦有误，当作"畁")。《大字典》该条下即为"畁"字条，释作："(一)qí 举。《玉篇·廾部》：'畁，举也。'(二)bì 同'畀(畁)'。《集韵·至韵》：'畀，《说文》："相付与之，约在阁上也。"古作畁。'"[5]480

96.程　④衡量；估计。……《汉书·东方朔传》："武帝既招英俊，程其器能，用之如不及。"颜师古注："程，谓计量之也。"(5/2791)

按："计量之"当作"量计之"。[6]2864

97.槀　(一)gǎo ② 箭杆。……《周礼·夏官·序官》"槀人"郑玄注引郑司农云："槀读为乌槀之槀"清阮元校勘记……(5/2811)

按：最后一个"槀"字后脱句号。

98.瓡　(一)hù ①蔬类名……《诗·小雅·南有嘉鱼》："南有樛木，甘瓡累之。"毛传："累，蔓也。"(5/2842)

按：释"瓡"而引毛传"累，蔓也"，甚无谓，宜删。

99.痹　(一)pí 鸟名。雌鹑。……(二)bì ①同"痹"。……②同"瘅"。……(三)bēi 通"卑"。低下。……(5/2868)

按：《大字典》不收"痺"，以"痹"为标准字形。但在释文里，除了音项一以外，所有例证都作"痺"，造成字头与用例字形不合。《新华字典》《现代汉语词典》"痹"字后括号里都列有异体字"痺"，说明"痹"是规范字形。《大字典》"痹""痺"之间的关系要重新调整。

100.瘪　(一)biě ⑤同"秕"。谷不实。……清范寅《越谚》卷下："坒西谷有壳而少肉曰瘪。"(5/2890)

按："坒西"云云，大误。《越谚》原文是："瘪瘯瘯　坒西。谷有壳而少肉曰瘪；瘯瘯，瘪貌。"按《越谚》体例，"坒西"是对词条"瘪瘯瘯"的注音。《大字典》于"坒"下加专名号，则是误作地名了。又，《大字典》"瘪"字条共列两个音项七个义项,居然没有"不饱满;凹下去"义(如:瘪花生、肚子瘪了),令人诧异。

101.竝　同"並"。《说文·立部》:"竝,併也。从二立。"(5/2898)

按:"立部"当作"竝部"。"竝"本身就是部首字。

102.竨　《说文》:"竨,短人立竨竨皃。"(一)bà 矮人立貌。《说文·立部》:"竨,短人立竨竨貌。"(5/2902)

按:同引《说文》,一作"皃",一作"貌"。当前后一致,作"皃"是。

103.耎　(一)ruǎn《广韵》而兖切,上獮日。元部。(5/3004)

按:"獮(狝)"当作"獮(狝)"。"獮(猕)"是猕猴字,音 mí;"獮(狝)"是秋猎字,音 xiǎn。

104.虬　①同"虯"。……《楚辞·离骚》:"驷玉虬以乘鷖兮,溘埃风余上征。"(5/3025)

按:"鷖"乃"鷖"之讹。

105.虰　〔虰孙〕蟋蟀。《方言》卷十一:"蜻蛚,楚谓之蟋蟀或谓之蛬,南楚之间谓之虰孙。"(5/3029)

按:"蟋蟀"后脱逗号。

106.蚣　《说文》:"蜙,蜙蝑。以股鸣者。从虫,松声。蚣,蜙或省。"(一)zhōng《广韵》职容切,平钟章。东部。〔蚣蝑〕也作"蜙蝑"。即螽斯。……(5/3032)

按:《大字典》"蜙"字条:"《说文》:'蜙,蜙蝑。以股鸣者。从虫,松声。蚣,蜙或省。'sōng《广韵》息恭切,平钟心。东部。〔蜙蝑〕也作'蚣蝑'。即螽斯。……"对比可知,"蚣"与"蜙"《说文》是重文,"蚣蝑"与"蜙蝑"是异形词,但"蚣(zhōng)"与"蜙(sōng)"的注音却不同,自相矛盾。考《广韵·钟韵》:"蜙,蜙蝑,虫名。息恭切。"又:"蚣,蝩螽虫。职容切。"《集韵·钟韵》:"蜙、蚣,《说文》:'蜙蝑,以股鸣者。'或省。思恭切。"可见"蚣"古今共有三个音义:a.息恭切(sōng),蚣

(蚣)蝑之蚣；b.职容切(zhōng)，指蟲螽("蟲螽"即蚱蜢,此义《大字典》失收)；c.古红切(gōng),蜈蚣之蚣。要之,"蚣蝑(蛟蝑)"之"蚣"从松得声,"蚣"为"蚣"省声,《广韵》读息恭切(《集韵》思恭切),大徐本"蚣"字条亦注息恭切,则读 sōng 无疑。附带说一下,《汉语大词典》"蚣蝑"之"蚣"注 shōng 音(现代汉语无此音节),《汉语方言大词典》"蚣蝑"之"蚣"注 gōng 音,均不妥。

107. 蚱　(一)zhà 海蜇。水母。《玉篇·虫部》："蚱,形如覆笠,常浮随水。"(5/3046)

按：《宋本玉篇》实作："蚱,形如覆笠,泛泛常浮随水。"[1]468 "泛泛",漂浮貌。《辞源》(修订本重排版)"蚱"字条引《玉篇》不误。

108. 蜿　向前进行的样子。明刘基《愁鬼言》："于是其物蜿蜿而前,踧踧而却。"(5/3060)

按："进行"当作"行进"。本条已见《校读散记》第 331 页。

109. 螃　(二)bǎng 动物名。似蛤蟆,陆居,可食。《玉篇·虫部》："螃,似蝦蟆而大。"(5/3076)

按：《宋本玉篇》实作："螃,似蝦蟆而居陆。"[1]465

110. 蟏　〔蟏蛸〕一种长脚小蜘蛛。……《尔雅·释虫》："蟏蛸,长踦。"郭璞注："小鼅鼄,长脚者,俗呼为喜子。"(5/3100)

按："鼅鼄"后逗号当删。

111. 蠮　〔蠮螉〕俗称细腰蜂。……《方言》卷十一："蠭,其小者谓之蠮螉。"郭璞注："小细腰蠭也。"(5/3102)

按：两"蠭"字并当作"蠭"。

112. 罥　《说文》："罬,网也。从网、缳,缳亦声。一曰绾也。"徐锴系传："今人多作罥字。"juàn ①捕取鸟兽的网。《说文》："缳(罥),网也。"(5/3113)

按："缳(罥),网也"之"缳"当作"罬"。

113. 箐　(三)qiāng 竹名。……南朝宋谢灵运《山居赋》"水石别

202

谷,巨细各汇"自注:"巨者竿挺之属,细者芜箐之流也。"(5/3176)

按:第一版"芜箐"作"无箐"。《校读散记》第 326 页:"'无'当作'籁'。"第二版改了一下,但还没有改对,把"籁"误排成"芜"了。"籁",黑皮竹。

114.算 ⑬认为;当作。鲁迅《坟·我之节烈观》:"不能专靠惩劝女子,便算尽了天职。"朱德《飞过泰山》:"泰山不算高,一千五百八。飞过二千一,它把头低下。"⑭作数,承认有效力。《儒林外史》第六回:"严贡生道:'这都由他么? 他算是个甚么东西?'"《儿女英雄传》第八回:"我这张弹弓……从我祖父手里流传到今,算个传家至宝。"(5/3181)

按:义例不够密合,尤其是义项十四,张冠李戴,殊可笑噱("说话算话""不能说了不算"之"算"才属于此义)。这两个义项可以合起来,释为"算做;属于"。

115.衃 (一)pēi ①赤黑色的瘀血。……《灵枢经·水胀第五十七》:"恶血当泻不泻,衃以留止,日以益大,状如怀子。"(6/3253)

按:《大字典》"瘕"字条义项一引作:《灵枢经·水胀》:"石瘕生于胞中……恶血当写不写,衃以留止,日以益大,状如怀子……"两者相较,篇目标注体例不一致,"泻""写"文字不一致,当统一。

116.艐 (三)zōng〔三艐〕也作"三朡"。古国名。《广韵·东韵》:"艐,《书》传云:三艐,国名。"按:《书·序》及《史记·殷本纪》作"三朡"。(6/3267)

按:《书·序》未见"三朡",《汤誓》有之。《书·汤誓》:"夏师败绩,汤遂从之,遂伐三朡,俘厥宝玉。"[2]161 又,《史记·殷本纪》"三朡"有异文,或作"三㚇"。中华书局标点本《史记·殷本纪》:"桀败于有娀之虚,桀奔于鸣条,夏师败绩。汤遂伐三㚇,俘厥宝玉。"[7]96

117.襄 《说文》:"襄,侠也。从衣,𡕛声。一曰囊。"段玉裁注:"侠当作夹,转写之误。"(6/3310)

按:本条释文中,"夾"都应当写作"夾"。"夾"今作"夹";"夾",《说文·亦部》:"盗窃裹物也。"《广韵》失冉切,音 shǎn。

118.襜 (二)chàn ①披衣。也作"幨"。《广韵·艳韵》:"幨,披衣或作襜。"(6/3323)

按:《广韵》"披衣"后当施句号。

119.羞 ④食物。……《礼记·月令》:"(孟秋之月)盲风至,鸿雁来,玄鸟归,群鸟养羞。"(6/3334)

按:第一版无"(孟秋之月)"。"孟秋之月"当作"仲秋之月"。[2]1373

120.糒 《说文》:"糒,干(饭)也。从米,葡声。"段玉裁注:"'饭'字各本夺……"bèi 干粮。《说文·米部》:"糒,干饭也。"……(6/3364)

按:《大字典》"糒"字下又收"糒"字,解释说:"同'糒'。《说文》:'糒,干也。从米,葡声。'……""糒"与"糒"是篆书楷定而造成的形体差异,但既然两字同引《说文》,当取其一,否则就自相矛盾了("干〔饭〕也""干也"亦不一致)。该字大徐本、段注本的字头均作"糒",《正字通·米部》:"糒,本作糒。"可从。也即正字当作"糒","糒"字下古字形及其解说均应移至"糒"字下。至于"糒",可引《玉篇》等作为书证。又,第一版"糒"字条引《说文》作"从米,葡声"("葡"今规范作"葡"),虽合《说文》,但不合"糒"之字形,亦有问题。

121.芋 《说文》:"芋,大叶实根,骇人,故谓之芌也。从艸,亏声。"(6/3382)

按:"于"篆书形如"亏",故"芋"又作"芌","污"又作"汙"。但这里的"芌"宜作"芋",以避免前后字形不一致。

122.芍 (二)xiào 莩茭。《尔雅·释草》:"芍,凫茈。"……《说文·艸部》:"芍,凫茈也。"(6/3384)

按:《大字典》"茈"字条:"(二)cí 〔凫茈〕莩茭。《尔雅·释草》:'芍,凫茈。'郝懿行义疏:'《说文》:"芍,凫茈也。"……'"同引《尔雅》

《说文》,一作"鼻",一作"鼻"。虽然这两个字是异体字关系,但字形最好统一起来。作"鼻"是。《尔雅》《说文》均作"鼻",郝懿行引《说文》亦作"鼻"。

123. 艾 (一)chāi 草名。《集韵·佳韵》:"艾,艸名。"《广韵·佳韵》:"艾,艾鬼,草名。"(二)chā 草芽。《玉篇·艸部》:"艾,草芽。"(6/3385)

按:"艾"字形有问题。古书"叉"常写作"义"(如《宋本玉篇·木部》:"栙,义耕切。""义耕切"即"叉耕切"),作为规范字形,当作"艾"。况且,《集韵》[5]103 及《宋本广韵》[8]73 正作"艾"。

124. 荶 wěi 初生的草木花。《尔雅·释草》:"蘠、荶、葟、华、荣。"……一说为花开貌。《说文·艸部》:"荶,艸之葟荣也。"(6/3394)

按:《尔雅》"华"后顿号当易为逗号,此以"荣"释以上诸词(《大字典》"蘠"字条标点同上,亦不确)。另外,"一说为花开貌"可疑,因为根据所引《说文》材料,看不出"荶"是"花开貌"的意思。

125. 苫 (一)shàn 编茅盖屋。……《尔雅·释器》:"白盖谓之苫。"……郝懿行义疏:"《左氏·昭十七年》正义及释文竝引李巡曰:'编菅、茅以覆屋曰苫。'"(6/3400)

按:有两个问题。"十七年"应为"廿七年",郝氏原文正作"《左氏·昭廿七年》"。"编菅、茅以覆屋曰苫。"——这是引文中的引文,当用单引号,后面再施右双引号。

126. 华 (一)huā ⑤当中剖开。……《礼记·曲礼上》:"为天子削瓜者副之,巾以絺;为国君者华之,巾以绤。"郑玄注:"华中裂之不四析也。"(6/3425)

按:郑玄注当标点为:"华,中裂之,不四析也。"

127. 荷 (二)hè ③承受。……《左传·昭公三年》:"一为礼于晋,犹荷其禄,况以礼终始乎。"(6/3433)

按:"乎"后当用问号。

128.蓈 《说文·艸部》:"蓈,禾粟之采,生而不成者,谓之蕫蓈。从艸,郎声。稂,蓈或从禾。"(6/3455)

按:本条"采"字当作"采"。"采"同"穗"。《广韵·唐韵》:"蓈,《说文》曰:'禾粟之穗,生而不成者,谓之蕫蓈。'"即作"穗"。

129.蓐 ②草席;草垫。《尔雅·释器》:"蓐谓之兹。"郭璞注:"兹者,蓐席也。"(6/3478)

按:两"兹"字并当作"茲"。《说文·艸部》:"茲,艸木多益。从艸,兹省声。"徐锴系传作"絲省声"。"兹"与"茲"虽是异体关系,但先有"茲",后才有"兹"。《大字典》"茲"字条义项七亦引《尔雅》及郭璞注,作"茲"不误。

130.约 (一)yuē ⑯褊。《广雅·释诂一》:"约,褊也。"⑰薄。《玉篇·糸部》:"约,薄也。"(6/3587)

按:"褊""薄"两义实即一义。《广雅·释诂一》:"约,褊也。"王念孙疏证:"褊,……经传皆通作薄。"《玉篇·衣部》:"褊,褕也,约也,俭也,磷也,菲也,沾也,大也。今为薄。""约"何以有薄义?近人应钟《甬言稽诂·释流品》"禪约沾踈"条:"约,古籍无训薄者,王氏疏证于约字无释,盖阙疑也。愚谓约者药之误,刊版蠹蚀,缺其上半体耳。《方言》十三:'药,薄也。'郭璞注:'谓薄裹物也。'"聊备一说,可参考。

131.索 ⑰涕泪流出貌。……又拧出。《儒林外史》第三回:"犹自索鼻涕,弹眼泪,伤心不止。"(6/3591)

按:研究生张星同学《训诂学》作业谓例中"索"当通"缩",《汉语大词典》"索"字条义项十八:"通'缩'。"《醒世恒言》第十六卷有"缩不上鼻涕"、《喻世明言》第二卷有"缩鼻涕"的说法。其说近是。还可补充的是,"索鼻涕""缩鼻涕"即"吸溜鼻涕","索""缩"都是借字,本字当作"嗍"(吴语索、缩、嗍同音),字又作欶、嗽、唦。《集韵·觉韵》:"欶,《说文》:'吮也。'或作嗽、唦、嗍。色角切。""嗍"本训吮,"嗍螺蛳"是用嘴巴吸气,"唧鼻涕"是用鼻子吸气,义相因。"唧"及其异体字比较生僻,所以白话作品及方言里用"索""缩"来记录。又,《汉语方言大词典》"索"字条义项二为"吮吸;喝",末尾引《儒林外史》"索鼻涕"例,亦义例不合。

132.絓 ②小儿皮鞋。……《集韵·董韵》:"絓,小儿皮履。"(6/3649)

按:"履"当作"屦"。《大字典》"絓"字上条为"絜",引《集韵·董韵》:"絓,《说文》:'枲履也。'一曰小儿皮屦。亦书作絜。"不误。

133.纂 ①赤色的丝带。……《国语·齐语》:"缕纂以为奉。"韦昭注:"纂,织文也。"(6/3694)

按:例证文字实作:《国语·齐语》:"缕綦以为奉。"韦昭注:"綦,绮文也。"因有异文,该例证似可删除或更换。

134.趙 疾行;疾行貌。……清范寅《越谚》卷下:"趙,疾走貌。趙来趙去趙进趙出。"(6/3727)

按:"趙来趙去"后面当加顿号。"趙来趙去""趙进趙出"是两个词语。

135.軋 (一)yà《广韵》鸟黠切,入黠影。质部。(6/3744)

按:"鸟"为"乌"之讹。

136.赈 ①富裕,富饶。《尔雅·释言》:"赈,富也。"郭璞注:"谓隐赈,富有。"…… ②赈济,以财物救济。《广韵·震韵》:"赈,赡也。"……(7/3882)

按:释文中9例古代的书证、例证"赈"全部误作"账",只有2例现代例证不误。

137.跟 ④追随。……宋吴自牧《梦粱录·顾觅人力》:"如有逃舍,将带东西,有元地脚保识人前去跟寻。"(7/3951)

按:"逃舍"当作"逃闪"。"逃舍"不辞,"逃闪"犹逃匿。《汉语大词典》"逃闪"条正引此一例。

138.遊　④嬉戏,游乐。《广雅·释诂四》:"遊,戏也。"(7/4117)

按:"释诂四"当作"释诂三"。

139.辛　①罪。《说文·辛部》:"辛,皋也。"……《清史稿·隆科多传》:"(隆科多)凡四十一款,当斩,妻子入辛者库,财产入官。"(7/4300)

按:《说文·辛部》:"辛,秋时万物成而孰。……从一,从辛。辛,皋也。"又《辛部》:"辛,皋也。读若愆。"尽管郭沫若以为"辛、辛实本一字"(见"辛"条字形解说引),但《说文》并无"辛,皋也"之训。本条已见《校读散记》第328页。

140.閒　(二)jiān　②近来。……《汉书·叙传上》:"帝(成帝)閒颜色黑瘦……"(7/4365)

按:"黑瘦"当互乙。[6]4202《汉语大词典》"瘦黑"条正引此一例。又,音项一"jiàn"义项二"距离"第二例:清杨宾《柳边纪略》:"其中万木参天,排比联络,閒不容天。"此"閒"当读jiān,义同"閒不容发"的"閒"。该例应归到音项二"jiān"义项一"中间;内"中。

141.隩　①水涯深曲处。《尔雅·释丘》:"隩,隈。厓内为隩,外为隩。"(7/4474)

按:末字"隩"当作"隈"。又《大字典》"隈"字条:"①水流弯曲处。《尔雅·释丘》:'隩隈,厓内为隩,外为隈。'"其中"隩隈,"当标点为:"隩,隈。"

142.銈　铁锈。……《集韵·庚韵》:"銈铁衣也。"(8/4507)

按:所引《集韵》"銈"后脱逗号。

143.鎡　《说文》:"鎡,可以句鼎耳及鑪炭。从金,谷声。一曰:铜屑。读若浴。"(8/4533)

按:"曰"后冒号可删。《大字典》"铲"字条引《说文》:"铲,镵也。一曰平铁。""鏐"字条引《说文》:"鏐,弩眉也。一曰黄金之美者。"可比勘。

144.鏉 　（一）shòu ②箭镞。《玉篇·金部》：“鏉，箭镞也。”(8/4574)

按：《宋本玉篇·金部》无此训，而作：“鏉，山逅切。铁銇也。”[1]326 也即铁锈的意思。故“箭镞”这一义项可疑。

145.鞈 　①鞋帮。《说文·革部》：“鞈，履空也。”段玉裁注：“空，腔古今字，履腔，如今人言鞋帮也。”(8/4623)

按：段注标点当作：“空、腔古今字。履腔，如今人言鞋帮也。”

146.鞡 　②纳鞋底。《集韵·至韵》：“鞡，《字林》‘刺履底也’。”(8/4633)

按：《集韵》标点当作：“鞡，《字林》：‘刺履底也。’”

147.颂 　（一）róng ① 仪容。……段玉裁注：“皃下曰：“颂，仪也。’古作颂皃，今作容皃。古今字之异也。”(8/4649)

按：“颂”前左双引号当改为左单引号。第一版不误。

148.顲 　《说文》：“顲，饭不饱面黄起行也。从页，咸声。读若戁。”（一）kǎn ①〔顲颔〕食不饱而面黄肌瘦。……《说文·页部》：“顲，食不饱面黄起行也。”(8/4669)

按：同引《说文》，一作“饭不饱”（从大徐本），一作“食不饱”（从段注本），当统一。

149.魁 　《说文》：“魁，羹斗也，从斗，鬼声。”段玉裁注：“斗当作枓，古斗枓通用。”(8/4717)

按：“羹斗也”后当用句号。“古斗枓通用”，“斗枓”中间当加顿号。

150.饭 　①吃饭。《说文·食部》：“饭，食也。”段玉裁注：“食之者，谓食之也，此饭之本义也。”(8/4734)

按：“食之者”当作“食也者”。

151.养 　（二）yǎng 同“养”。……宋曾公亮《武经总要后集·故事·粮尽可击》：“今释不取，所谓养虎自遗患也。”(8/4735)

按："養虎自遗患"之"養"当作"餋"。

152. 饙　同"餗"。《说文·弼部》："饙，鼎实，……餗，饙或从食束声。"(8/4889)

按："東声"当作"束声"。第一版不误。

153. 黪　黄色。《广雅·释器》："黪，黄色。"(8/4900)

按：《广雅》实作："黪，黄也。""色"是"也"之讹。

154. 鸽　鸠鸽科鸽属鸟的通称。……《说文·鸟部》："鸽，鸠属。"段玉裁注："鸠之可畜于家者状与勃姑同。"(8/4934)

按：段注中，"者"后当加句号；"状"后脱"全"字。

155. 鮥　(一)jiù 鮂鱼。《说文·鱼部》："鮥，当互也。"段玉裁注："今《尔雅》互作鮛。……按：《集韵》、《类篇》'模韵'鮛字注云：'吴人以为珍，即今时鱼。'寻绎郭注，诚谓时鱼也。"(8/5011)

按："《集韵》、《类篇》'模韵'鮛字注云"当作"《集韵》、《类篇》'模韵'、'鮛'字注云"。意谓《集韵》之"模韵"、《类篇》之"鮛"字，都有"吴人以为珍，即今时鱼"的注解。"即今时鱼"，《类篇》作"即今鲥鱼"，字异而义同。

156. 鯸　〔鯸鮐〕也作"鯸鮔"。河豚别名。《文选·左思〈吴都赋〉》："王鲔鯸鮐，鲗龟鳛鰽。"李善注引刘逵曰："鯸鮐，鱼，状如科斗，大者尺余，腹下白，背下青黑，有黄文，性有毒。"(8/5017)

按：李善注引刘逵曰有两处可商。"鯸鮐，鱼"，当作"鯸鮐鱼"；"背下青黑"当作"背上青黑"。《汉语大词典》"鯸"字条亦引刘逵注，标点、文字误同。《大字典》"鮐"字条不误。

157. 鰥　②同"鳏"。男子无妻。……《楚辞·天问》"舜闵在家，父何以鳏"汉王逸注："无妻曰鰥。"(8/5033)

按："父何以鳏"之"鳏"当作"鰥"。

158. 穈　méi　《广韵》靡为切，平支明。歌部。〔穈子〕即穄子。黍的一个变种，其子实不黏者。《玉篇·黍部》："穈，穄也。"《广韵·

210

支韵》:"穈,穄别名。"……(8/5042)

按:本条字头下以复音词"穈子"来释义,但所举书证、例证都是单音词"穈",二者对不上号。另外,《大字典》"䕆"字条:"má《集韵》谟加切,平麻明。穄。似黍而性不黏。也叫穈子。《广雅·释草》:'䕆,穄也。'""䕆""穈"字间关系未沟通。这两个字显然是异体字,《广雅·释草》:"䕆,穄也。"王念孙疏证:"䕆与穈同。""䕆"字《集韵·麻韵》"谟加切"的读音似不足采信。

159.藨 (二)biāo ②草莓。《尔雅·释草》:"藨,莓。"郭璞注:"藨,即莓也。今江东呼为藨莓子,似覆盆而大赤,酢甜可啖。"(8/5044)

按:《尔雅》及郭注文字错讹很多。当作《尔雅·释草》:"藨,藨。"郭璞注:"藨,即莓也。今江东呼为藨莓子,似覆盆而大赤,酢甜可啖。"("子"字或标点为属后读)本条已见《校读散记》第330页。

以下几条为后来补写:

160.睦 guī 《龙龛手鉴·来部》:"睦,俗。音归。"(1/35) 槌 guī 《改并四声篇海·来部》引《类篇》:"槌,音归。"(1/441) 槌 guī 《字汇补·又部》:"槌,音归。"(1/441) 睦 guī 《龙龛手鉴·来部》:"睦,音归。"(7/4456)

按:"睦""槌""槌""睦"等四字均"音归",无义训,其实都是"归(歸)"的俗字。《龙龛手镜·来部》:"㭜、睦,二俗。睦,或作。音归。"[9]189《大字典》"㭜"字条:"同'归'。《直音篇·来部》:'㭜',同'归'。"可证"睦""睦"亦同"归"。而"槌""槌"则是"归"的会意字。"归(歸)"字异写别构极多,大型字典需要沟通它们的字间关系。

161.墟 ②故城;废址。《广雅·释诂二》:"墟,尻(居)也。"(1/515)

按:"尻"当是"凥"之讹(本条系研究生卜宇钦提供)。

162.壞 (一)huài 《广韵》胡怪切,去怪匣。又古懷切。(1/

211

537）

按："古懷切"的"懷（怀）"为"壞（坏）"之讹，见《广韵·怪韵》[8]364、《集韵·怪韵》[5]525。

163.嗷 〔嗷嗷〕2.声音嘈杂。《荀子·彊国》："百姓讙嗷。"杨倞注："嗷，喧噪也。亦读为嗷，谓叫呼之声嗷嗷然。"（2/716）

按："百姓讙嗷""嗷，喧噪也"的两个"嗷"均当作"敖"；"嗷嗷然"后脱"也"字。

164.把 《说文》："把，握也。从手，把声。"（4/1591）

按："把声"当作"巴声"。

165.扷 yù《广韵》于笔切。①击。《玉篇·手部》："扷，揁击也。"《集韵·屑韵》："扷，揁击。"③挖。《痛史·娄东无名氏〈研堂见闻杂记〉》："先扷其目，次割势。"（4/1965）

按：义项一《玉篇》《集韵》的释义"揁击"费解。核《宋本玉篇·手部》，实作："扷，扷揁，击也。"[1]122 上海古籍出版社《集韵·屑韵》实作："扷，扷揁，击。"[5]704 然则"扷揁"当连读。义项三释为"挖"，说对了字义，但弄错了字音，此"扷"即"挖"之俗字，拙著《明清小说俗字俗语研究》第284页有说。

166.簾 铺床之竹垫。……《越谚》卷中："簾，猎。贫家铺床之竹扇。"（5/3229）

按：根据《越谚》体例，"猎"是词目"簾"的注音字。编者这样处理，会让人误以为"猎"是训释字。

167.舡 ①同"船"。……三国魏阮瑀《为曹公作书与孙权》："往年在谯，新造舟舡，取足自载，以自九江。"（6/3257）

按："以自九江"的"自"当作"至"。

168.翤 《说文》："翤，飞盛皃。从羽，从曰。"徐铉等注："犯冒而飞是盛也。"（6/3563）

按："从曰"之"曰"当作"冃"。"冃"即"冒"之古字。段玉裁注：

"从冃者,《庄子》所云'翼若垂天之云'也。"

169.齟　牙龈肿大,固齿不牢。(8/5105)

按:"固齿"费解,当是"牙齿"之讹。本条已见《校读散记》第330页。

参考文献:

[1] 陈彭年等:《宋本玉篇》(重修本),北京市中国书店 1983年版。

[2] 阮元校刻:《十三经注疏》,中华书局 1980 年版。

[3] 周志锋:《大字典论稿》,浙江教育出版社 1998 年版。

[4] 冷玉龙、韦一心主编:《中华字海》,中华书局、中国友谊出版公司 1994 年版。

[5] 丁度等:《集韵》,上海古籍出版社 1985 年版。

[6] 班固:《汉书》,中华书局 1962 年版。

[7] 司马迁:《史记》,中华书局 1982 年版。

[8] 陈彭年等:《宋本广韵》,北京市中国书店 1982 年版。

[9] 行均:《龙龛手镜》(高丽本),中华书局 1985 年版。

(原载《宁波大学学报》2019 年第 2 期,与研究生李泽敏合作)

评《〈汉语大词典〉研究》

迄今为止,有关《汉语大词典》(以下简称《大词典》)的研究成果已经非常丰硕了。"据统计,《大词典》出版以来,直接以其为研究对象的专著有十余部,论文千余篇。"①在众多的研究成果中,国家社科基金后期资助项目成果、李申先生等著《〈汉语大词典〉研究》(商务印书馆 2015 年版。以下简称《研究》)是一部很有分量、很有特色的论著。

《研究》正文共有"引言""《大词典》特点简论""《大词典》订补""《大词典》未收词语例释""关于《大词典》修订的理论探讨""结语"等六部分,核心内容又可以概括为两部分,一是关于《大词典》的具体订补,二是关于《大词典》修订的理论探讨。由于作者长期从事相关研究,既有扎实的语言学功底,又有良好的辞书学素养,因而订补词典疏漏,实事求是,可信度高,探讨修订理论,高屋建瓴,实用性强。

一

订补《大词典》疏漏无疑是全书的重点。具体包括两项内容:一是订正《大词典》现有条目中的疏误;二是补充《大词典》未收录的词语。第一项内容从"释义不确""义项不全""例证晚出""缺少书证或书证不充分""词形不全""引文有误""其他失误"等七个方面对《大词典》进行全面排查,指出其存在的问题,并逐一提出订补意见。其中释义问题 343 条,书证问题 811 条,立目问题 61 条,其他问题 138 条,总计 1353 条。第二项内容补充并考释《大词典》未收录的词语,共171 条。两项合计 1524 条。② 可见,《研究》对《大词典》的订补,面非常宽,涉及词典编纂的方方面面;量也非常大,只有长期钻研、全面排查才能取得这样好的成绩。在具体研究过程中,以下几点值得肯定。

1.重视近代汉语语料

作者认为,"衡量一部大型历史语文辞书质量的高低,在很大程度上要看它是否充分地反映了近代汉语词汇的面貌",而"以往的大型历史语文辞书在编纂中普遍存在着重雅轻俗、贵远贱近的倾向",故把订补近代汉语条目作为研究重点。《大词典》内容极为丰富,凭个人之力,要对所有条目都进行考察和研究,显然是不可能的。作者长于近代汉语研究,而《大词典》在近代汉语词语收释方面相对比较薄弱,问题也比较多,所以该书把近代汉语作为主要考察对象,这种策略是对的。如谓"和缓"可泛指医生、"道长"可指御史官员、"不耐烦"有"身体不适"义、"制度"有"安排,处置"义、"气质"有"脾气,性气"义、"朦胧"有"欺骗"义、"郑重"有"重视"义、"问诸水滨"有"投水自尽"义、"端然"有"依然,仍然"义、"总然"有"总是,一直"义、"做"有介词"替,为"义、"同"有介词"替"义等,见解新颖,结论可靠,支撑语料就是近代汉语。再如"气死风(风灯)""显微镜""窝窝头""穷光蛋""开后门""酒精""风车"等《大词典》或举现代作品例,或未举例,《研究》谓书证可提前至清代,靠的也是近代汉语语料的支撑。

2.善于用方言作佐证

《研究》在"词语考释上除重视书证外,特别重视征引方言口语活的语言材料"。造成辞书失误的原因很多,古今语言隔阂,文献材料不足,都会导致误解或费解。在这种情况下,如果能够借助活的方言,许多问题就能迎刃而解。作者正是这样做的。如《大词典》"阿搂"条:"揉搓。元李寿卿《度柳翠》第二折:'抖搜的宝钏鸣,偪偬的云髻松，阿搂的湘裙皱。'"作者认为释义有误，这几句写柳翠将被斩、被“吓杀”的情景，“抖搜”“傫僁”“阿搂”均为颤抖貌。今徐州一带仍说“阿搂”，音近似“合搂”，正是晃动、抖动、搅动义。又如《大词典》“割闹”条：“方言。指碎草，细料。”作者认为释义不够准确，“割闹”不是碎草或细料，而是碎草、树叶等混杂物。也写作“各闹”，《聊斋俚曲集·慈悲曲》第四回：“见哥哥已咱把各闹打扫了一大堆，还在那里扫。”董遵章释曰：“各闹，带尘土的碎草残叶。”李行健《河北方言词汇编》：“各闹，碎柴草。”并其证。再如《跻春台·巧姻缘》：“你去买少妻，反得老东西，看你这个人，还是点儿低。”同书卷三《心中人》：“爹爹呀，未必然，点儿低疾病临时变了症。”“点儿”“点儿低”是什么意思？作者根据东北方言释“点儿”为机遇、运气，释“点儿低”为时运不济，文献、方言互证，说服力就很强。

3.辨析词义精细准确

《大词典》是精品辞书，要找出并纠正其中存在的差错，难度可想而知。《研究》借助搜集到的第一手语料，综合运用各种训诂方法，发现和解决了许多问题。作者往往从细微处入手，辨难释疑，得其真诠。例如，《大词典》“哑酒”条：“俗谓哑巴酒。喝酒而不行令猜拳。”作者说：释义过窄，应是喝酒而没有游艺助兴。因为古代不唱曲、不玩武艺而喝酒也可称“哑酒”。“芳名”条：“对他人名字的美称。”作者说：释义过宽，“他人”可指女人，也可指男人，但男人的名字不能称“芳名”，《大词典》所举三例均指女性。“村牛”条：“蠢牛。对文盲的贬称。”作者说：释“蠢牛”尚可，后加“对文盲的贬称”，画蛇添足，因为被称为“村牛”的不一定就是文盲。也有正本清源、破旧立新的，例如，《大词典》“都抹”条：“方言。嘟起嘴巴不吭声。《醒世姻缘传》第四八回：‘狄希都抹了会子，蹭到房里。’”作者说：释义误，“都抹”义为徘徊、磨蹭，又写作“笃么”“独磨”“突磨”“杜磨”等；“都”“笃”等字当系“踱”的借字，与噘嘴无涉。《大词典》“梳拢”条：“①旧指妓女第一次接客伴宿。"作者援引 10 个例句,排比归纳,得出结论:《大词典》释义中动作发出者为"妓女",而各例中"梳拢"的动作发出者均为"嫖客",因而这个解释有误,正确的训释应是嫖客出高价让尚是处女的妓女伴宿。"压子",《大词典》不收,或释为"养子",或释为"典押给人做抵偿的儿子",作者通过文献梳理和民俗印证证明:"压子"指借助过继儿子或用泥娃等方法来压住风水,以便促生儿子的风俗。除了辨析疑难词语以外,《研究》对《大词典》其他方面的订补也不乏可圈可点之处。如《大词典》"切云"条:"上摩青云。极言其高。《楚辞·九章·涉江》:'带长铗之陆离兮,冠切云之崔嵬。'"作者按:例句为一对句,"长铗"与"切云"相对,均为名词。"切云"当为"切云冠",古时的一种高冠。《大词典》"通成"条:"方言。全部,整个。《醒世姻缘传》第四三回:'到了那里,通成不得了,里头乱多着哩!'"作者按:"通成"非一词。"成不得"意即"不成;不行";"通",义为"全然,完全;根本"。"通成不得了"意即"全然不行了"。诸如此类的精彩例子,俯拾即是。

二

探讨《大词典》修订理论是《研究》的又一项重要工作。作者认为:"虽然现在订补《大词典》方面已经取得丰硕成果,但总的看其研究也有明显不足:一是微观考察较多,宏观研究太少。二是重视修订失误的实践,尚缺乏理论层面的探讨。"[③]的确,现有订补《大词典》的著作或论文,绝大部分都是具体指出它在立目、释义、义项、书证等方面的疏失,并提出修改意见。这是一种微观研究。这种微观研究对《大词典》的修订和完善是十分必要的,微观研究成果为《大词典》第二版的编纂和修订打下了良好的基础。但是,对于《大词典》这样一部大型历史性语文辞书而言,光有微观研究是远远不够的,"因为如

217

果不能对整部辞书从宏观上加以审视,进行综合性考察,做更为系统深入的研究,那么书中隐藏着的许多问题可能就很难发现"④。基于这种认识,《研究》专设"关于《大词典》修订的理论探讨"一个部分,以七十多页的篇幅,从七个方面入手,探讨第二版应当如何更好地规划全书,如何进行全面的修订和从整体上提高全书的质量。

这七个方面具体是:(1)词目增补类析;(2)关于方言词语收录的标准问题;(3)关于同义条目释义问题;(4)义项排列顺序问题研究;(5)对书证不一的专题考察;(6)从史料笔记看《大词典》的修订;(7)关于"死亡"义词语的调查研究。内容也涉及立目、释义、义项、书证等方面,订补条目约300条。这里观察其中几个专题。

关于词目增补类析。作者认为,《大词典》词语失收的一个重要原因是对汉语词汇的一些特殊现象关注不够,在许多方面造成系统性缺失。因此,在第二版修订过程中要特别注意以下七类词语——羡余词语、"反词同指"词语、缩略语、配套词、同素逆序词、异形词和别名异称。针对《大词典》在以上七类词语方面失收的情况,提出按照类别从整体进行考察,对修订二版的收词立目工作肯定是有助益的。

关于方言词语收录的标准问题。作者认为,《大词典》非常重视方言词语的收录,但难称尽善尽美,主要是方言词语收录标准存在问题。在调查研究的基础上,提出了《大词典》收录方言词语应坚持"三为主原则",即以文献载录的方言词语为主,以古代方言词语为主,以古今重要作家和作品中的方言词语为主。此外,还对《大词典》处理现代汉语方言词语提出了要把握好"三条注意事项"。收录标准厘清了,其他问题就容易解决了。

关于义项排列顺序问题研究。作者认为,《大词典》相当多的词语义项排列存在颠倒、错乱现象。要解决好这些问题,需要首先从理论上加强探讨,明确义项排序原则,并力求厘清一个个多义词的词义系统,注意释义的层次性和义项的层阶性,并用适当的方法予以体现。通过"刀"部"列""利""刺""制""剥""割"六个词和"穴"部"窄""窠""穷""窃"四个词的实例解剖,分析了《大词典》义项失序的情况及类型,提出了正确排序的策略。这些观点新颖务实,对大型历史语文辞书多义词义项排序很有参考价值。

探讨《大词典》修订理论是《研究》的一大特色,它与订补《大词典》具体疏失部分相辅相成,又是后者的拓展和升华。其中许多见解不仅对《大词典》修订有直接帮助,对其他工具书的编纂和修订也有一定借鉴意义。

三

上面我们从两个方面论述了《研究》的优点和特色,可以看出,它为《大词典》的修订作出了积极的贡献,功不可没。但如果求全责备,《研究》本身也还存在一些小问题,可以进一步完善。今就微观研究部分整理几条,向作者和读者请教。

1.有些条目释义还可斟酌

例如,谓"只好"有"大约""差不多"义,表示估量,举《警世通言》"年纪也只好二八"、《照世杯》"离着杜景山只好七八尺远"等例。这种用法的"只好"当释为"只有",表示数量少。近代汉语用例甚夥,如《西湖佳话》卷六:"闻说苏姑娘只好二十余岁,为何就死了?"《雨花香》第十种:"即或向岳父挪借,也只好些微,决不有六百两助我。"《后西游记》第三十九回:"原来真解没甚繁文,多不过一卷两卷,少只好片言半语。"并其证。谓"周章"有"周遍""周全""完备"义,举《飞龙全传》第五十二回"诸事都宜预备,免得临时局促,不及周章"一例。"周章"用在"不及"后面,当是动词,这一用法近代汉语词典多有提及,义为"张罗、办理"。谓"梢"可指"事物的结局(结果)","梢"又作"稍",

举《跻春台》"保佑你不久日就把稍翻""早早翻梢赎儿身""无有银钱去翻稍""只要有钱翻了梢"等例。其实,"梢(稍)"即赌资、赌本,"翻梢(稍)"即翻本,也指转运、翻身,《大词典》均已收释。谓"沦"有"浇""泡"义,举宋洪迈《夷坚志》"倾水沦茗""携瓶沦茶"两例。"沦",实作"瀹(yuè)",义为煮,《大词典》即收有"瀹茗""瀹茶"两条。谓"补丁"可指"宴席间增加的饭菜",举《孽海花》第三回"(雯青)想得出神,侍者送上补丁,没有看见,众人招呼他,方才觉着。匆匆吃毕,复用咖啡"一例。此"补丁"即布丁,指用水果、面粉、牛奶、鸡蛋等制成的一种西餐点心,与"补丁"字面意思无关。

2.有些条目义例不够密合

例如,"可笑"条谓《大词典》列"好笑"一个义项,还可补一义:用作程度副词,相当于"甚,非常"。凡举两例,次例为《敦煌变文集·燕子赋》:"燕子被打,可笑尸骸:头不能举,眼不能开。"唐五代以来,"可笑"有程度副词"很、非常"的用法,学者多有论及;但此例"可笑"仍是"好笑"的意思,"尸骸"义为模样(多含贬义),如果释为"非常模样",不可通。"清楚"条谓可补"将财物交割完毕""偿还"义,引了很多例证,其中《跻春台》两例是"我的生意一本一利,交算清楚,还要说冤枉话""众人收送清楚,尽都去了",这两例"清楚"是形容词,为一般用法。该条下面又说:"有时亦作'给楚',例如《跻春台·巧姻缘》:'不够开消,遂将铺子顶了,各会让些利钱,方才给楚。……'义同。""楚"也有结清、还清的意思,但"给楚"不是一个词,"给"是用在动词前加强处置语气的一个虚词。"手尾"条"首尾。犹瓜葛。比喻互有牵连",《大词典》引《二十年目睹之怪现状》例,《研究》溯源到明代,举《鼓掌绝尘》第六回:"黄昏那一服药,却是你的手尾,我直要到五更时候才吃。"但恐怕例与义不合。⑤"首尾"是多义词,《大词典》义项八释为"指一手经办的事",《鼓掌绝尘》的"手尾"应是此义。

3.有些条目例证过于单薄

这种情况在第二部分"义项不全"一节里较为突出。这一节是补充义项,有些条目只有一个书证,虽然绝大部分是可以成立的,但似乎说服力还不够强。下面试举两例。如谓"时议"可补"商议""商讨"义,举《续西游记》第十二回"只为一宗心事,特来时议"一例。《古本小说集成》本作"時議"。颇疑"时议"为"计议"之误。该书多用"计议",如第十一回"众妖计议"、第十六回"见众僧纷纷计议,乃察探得知情由""众妖计议已定"等,"计议"与"时议"形近(简化字"时"早已有之),先误作"时议",后又作"時議"。"计议"有"商量""商议"义,见《大词典》。又如谓"沿"可补"离""差"义,引《水浒后传》第六回"(猛虎)咆哮剪尾,扑这道人,只沿一尺多近,不能到身"一例。"沿",有的本子作"隔",《古本小说集成》本作"沿"。"沿"恐为"没"之形误。笔者以上推测不一定正确,但从字面看,"时议""沿"不该有如此奇特的意思,光有一个例子很难下结论。

书中存在这些小问题可能与学生参与了部分写作有关。些小疏失,无伤大雅。从整体看,《研究》毫无疑问是一部研究《大词典》的上乘之作。

附注:

① 见《〈汉语大词典〉研究》第 357 页。具体可参阅该书第 370 页附录一"有关《汉语大词典》的成果目录索引"。专著还可补充一部:周掌胜《汉语大词典论稿》,吉林人民出版社 2006 年版。至于书名或论文题目中没有出现"大词典"字样而内容涉及《大词典》的,那就更多了,难以一一统计。

② 见《〈汉语大词典〉研究》第 356 页。

③ 见《〈汉语大词典〉研究》第 359 页。

④ 见《〈汉语大词典〉研究》第 282 页。

⑤ 见《〈汉语大词典〉研究》第 127 页。又，该书第 75 页谓"手尾"可补亦指"所做的事情"义，首例即举《鼓掌绝尘》第六回："惠姿，黄昏那一服药，却是你的手尾，我直要到五更时候才吃。"是。

参考文献：

[1] 李行健：《河北方言词汇编》，商务印书馆 1995 年版。

[2] 汉语大词典编辑委员会：《汉语大词典》，上海辞书出版社、汉语大词典出版社 1986～1994 年版。

（原载《辞书研究》2016 年第 6 期）

立足于"史"，致力于"精"，着意于"新"

——《近代汉语词典》简评

2015 年 12 月，上海教育出版社推出了四卷本《近代汉语词典》（以下简称《白编》），该词典在编纂理念、编纂体例、收词规模、释义质量、语料运用等方面都远远超过以往同类辞书，是一部既具有集大成性质，更具有创新特色的里程碑式的汉语断代词典。笔者先睹为快，获益良多，特撰读后感与大家分享。

一

《白编》由中国社科院语言所白维国先生担任主编，江蓝生、汪维辉先生担任副主编，国内十余位一流的汉语历史词汇研究专家通力合作，历时 18 年编纂而成。由汉语词汇史专家组成的编写团队，其编写旨趣与众不同：力争把词典编成一部汉语词汇史性质的工具书，全面反映近代汉语词汇系统面貌及其动态演变，而不以释疑解难作为主要目标。这种"史"的理念贯穿全书。

1.收词力求齐全，尽可能反映近代汉语词汇面貌，这是体现历史观念的重要方面。

以首字为"一"的词条为例。共收词语 366 条，与许少峰《近代汉语大词典》（以下简称《许大》）相比，增加的有：一百五、一般无二、一般样、一般一辈、一般一样、一半、一伴、一本连枝、一本帐、一本直说、一笔勾倒、一壁里、一边、一边里、一边厢、一便、一便似、一表、一布、一糙子、一扯、一冲一撞、一初、一处、一川、一寸肠、一筲、一打里、一大、一大半、一代、一带、一党、一荡、一道风、一蒂儿、一点、一点半点、一点点、一点两点、一调烟、一叠声、一丁丁、一堆、一对、一顿把、一多半、一多子、一法、一副当、一个、一个价、一个家、一股、一股皆收、一罥、一瓜一蒂、一衮、一果儿、一呵、一合相、一狠二狠、一后、一忽、一会、一会间、一混汤子、一伙、一家货、一箭、一觉、一觉里、一搅、一缴过儿、一节、一尽、一径里等,共计174条。当然,《许大》收了而《白编》未收的词语也有不少,但《许大》收词范围是唐代至清代,《白编》收词范围是唐初至清代中叶,且后者收词更为严格,因此《白编》在收词方面,更加齐全,更有系统性。

近代汉语多口语词、方言词,一个词往往有多种写法。为了存古求真,词典不厌其烦地予以收录。比如现代汉语的"花里胡哨",近代汉语里至少有五种写法:"花狸狐哨""花黎胡哨""花藜胡哨""花里胡哨""花丽狐哨"。词典按出现时代把"花黎胡哨"作为主条,统领其他各种变体。由此我们知道,"花里胡哨"这个词的古代写法也是"花里胡哨"的。

2.体现历史观念,就要努力弄清楚词义的发展脉络。《白编》在这方面做得很出色。例如:

"盘缠"条凡收7义: ①供应;供给。②支付;给付。③支付用度;花费;开销。④日常的花费;费用。⑤路费。⑥钱。⑦指资产。每个义项所举首例的书籍或时代分别是《敦煌变文》、《敦煌变文》、宋、《五代会要》、宋、金、元。

此词高文达主编《近代汉语词典》(以下简称《高编》)收有3义: ①日常费用。②开支,花销。③供养。每个义项所举首例时代分别是元、元、明。《许大》收有2义: ①生活费用,日常开销。②路费,旅费。每个义项所举首例时代分别是元、明。《汉语大词典》(以下简称《汉大》)收有 3 义(实为 5 义)： ①费用。特指旅途费用。②花费。亦指供养。③指钱币。每个义项所举首例时代分别是宋、宋、金。比较可知,《白编》不仅增加了义项,提前了书证,更重要的是,由于挖掘出"盘缠"一词的早期用法,打破了以往先名词、后动词的排列方式,从而使义项排列更能体现词义演进的历史轨迹。再如：

"山子"条凡收 7 义： ①山。②假山。③坟堆；坟头。④幞头的骨架。⑤僧人的自称。⑥瑶族的一支。⑦指虎。

此词《高编》《许大》均不收,《汉大》收了,列 4 义： ①古良马名。②假山。③旧时湖广地方迎春扮演的节目。④我国少数民族瑶族的一支。其中义项①不属于近代汉语,义项③属于方言用法。《白编》与《汉大》相比,增加了 5 个义项。这样,就全面地反映了"山子"一词在近代汉语里的使用情况,尤其是补出义项①"山",使"假山""坟头""幞头的骨架"等义有了源头,词义内部的引申关系就非常清楚了。

3.历史性的语文词典书证都是按时代排列的,《白编》做得更加精细。例如：

【有染】 有不正当男女关系。宋元《警世通言》卷一六:"……亏杀张胜立心至诚,到底不曾～。"元明《水浒传》六九回:"小弟旧在东平府时,与院子里一个娼妓～。"清《情梦柝》一六回:"虽未曾与弟～,私爱俨然。"

一般词典引白话小说,不标时代。《白编》不仅都标出了时代,还做得很细。对《清平山堂话本》《古今小说》《警世通言》等小说集,还分别按照各篇写作年代进行标注。如宋元《清平山堂话本·篇名》/明《清平山堂话本·篇名》,宋元《古今小说》卷×/明《古今小说》卷×,宋元《警世通言》卷×/明《警世通言》卷×等。这在辞书编纂史上是个创举,对准确揭示词语或词义的时代性无疑是有积极意义的。

二

词典编写团队既有很高的学术涵养,又有很强的精品意识,他们的目标是"编写一部体例更完善、收词量更大、释义更精准、举例更可靠、学术性更强的近代汉语词典"(《序言》语)。就做"精"而言,笔者认为以下几点值得一提:

1.严格遵守"只解释近代汉语出现的新义,不罗列古义和今义"的原则。例如:

【人客】 客人。 ①指嫖客。宋耐得翁《都城纪胜·闲人》:"又有赶趁唱喏者,探听妓馆～,及游湖赏玩所在。" ②指旅客、游客。明吴与弼《别武昌》:"借问同舟～姓,新晴作伴好还乡。"……③指幕宾。清汪景祺《西征随笔·张祖泽深之狱》:"索立呼高入见,且喜其字画端楷,知人意指,留之幕中,高遂为权贵～矣。"

此词《高编》不收,《许大》收"客人,亲朋"1义;《汉大》收4义:①特指攻入他国者。②客人,宾客。③佃客。④旅客。其中义项①、义项③上古、中古即有;义项②所举首例为唐杜甫《遣兴》诗,但研究表明,此义中古汉语已见;只有义项④才是近代汉语的。《白编》所列3义纯粹是近代汉语新义,即便是旅客义,也把始见书证由《汉大》的清代提前至明代了。

2.全面系统地揭示近代汉语词语的各种意义和用法。例如:

"故事"条凡收10义: ①有人物情节、供讲说描绘的传说或事件。②往事。③事端;事故。④形式;礼仪。⑤缘故;理由。⑥指有来由的名称。⑦花样;变化。⑧诡计。⑨勾当;坏事情。⑩取笑;戏弄。

此词《许大》不收,《高编》收2义: ①典故。②花样。《汉大》收6义:①旧事,旧业(首例《商君书》)。②先例,旧日的典章制度(首例

《汉书》)。③典故(首例宋《六一诗话》)。④花样(首例《红楼梦》)。
⑤叙事性文学作品中一系列为表现人物性格和展示主题服务的有因
果联系的生活事件(无书证)。⑥文学体裁的一种。……较适于口头
讲述(无书证)。跟近代汉语相关的实际上也只有"典故""花样"2义。
《白编》把"故事"的词义梳理得详细清晰,发掘出来的诸多新义大多
可补《汉大》疏漏。尤其是义项①"有人物情节、供讲说描绘的传说或
事件",把《汉大》当作现代用法的"故事"溯源到了元代。再如:

"还(hái)"条副词共收 15 义(为节省篇幅,仅引首例,其他从简):
a)表示状态、动作的持续。相当于"依然""仍然"。六朝已见。唐:
"乱离～奏乐,飘泊且听歌。" b)表示动作的重复。相当于"再"
"又"。唐:"若为南国春～至,争向东楼日又长。" c)表示动作类同。
相当于"也"。《变文》:"王见我等,～如怒蜗(蛙)相似。" d)强调程
度的加深。相当于"更加"。六朝已见。唐:"殊方又喜故人来,重镇
～须济世才。" e)表示疑问。见于晚唐以后的典籍中。《祖堂集》:
"径山和尚～有妻不?" f)表示追究。相当于"究竟"。《变文》:"远
公～在何处?" g)表示认定。相当于"一定"。《变文》:"～是诸天威
力化。" h)表示已然。相当于"已经""曾经"。唐:"上国献诗～不
遇,故园经乱又空归。" i)表示未然。相当于"尚"。宋:"烟中～未见
归桡。" j)表示程度尚可或勉强过得去。元:"止有这一所宅子,～
卖的五六百锭。" k)强调动作或状态更进一步。明:"耿埴道:'～几
乎吓死。'" l)表示项目、数量增加。清:"我～有几句药石之言,要
分付你。" m)表示意外或责问的语气。相当于"竟"。元明:"直娘
贼,～敢应口!" n)表示让步。相当于"尚""尚且"。清:"如今虽死,
～有坟茔可拜。" o)用在条件句里表示容谅认可。清:"不问这方～
好,若问了这药方儿的病症,真把人琐碎死。"连词收 2 义: a)表示
假设,相当于"假设""如果"。唐:"僧～相访来,山药煮可掘。" b)用
于选择,相当于"还是"。宋:"老夫大笑问客道,月是一团～两团。"

以上解释"还"的虚词用法细密精当,其中好几个用法可补《汉大》之未备,如"相当于'也'""相当于'究竟'""相当于'一定'"等。[①]

3.在释义中尽量说明词的理据。例如:

"灵"条:"对死者遗体的讳称。俗以为人死后尚有灵魂存在,故称。""信"条:"③某些动物的舌头。避忌语,忌与'折(本)'谐音而改读。""盈盈"条:"指十五岁。语本《礼记·礼运》:'是以三五而盈,三五而阙。'""台用"条:"敬称对方的身体状况。用,指饮食。""台严"条:"①敬称对方的健康。严,衣装。②敬称对方,'严'指尊严、威严。""大能"条:"甚、极,由同义语素构成的双音副词,'能'亦为甚义。""胡梯"条:"有水平踏脚及扶手护栏的梯子。样式应从胡地传入,因称'胡梯'。""收荒摊"条:"经营废旧物品的货摊。废旧物品叫荒货。""子"条:"⑤语气词。⑥介词。犹言在。⑦助词。犹言着、了。……按,⑤⑥⑦中的'子'是'着'的方言音。"诸如此类的解释都非常精到,不仅使读者知其然,而且知其所以然。

4.在前人研究成果的基础上精益求精。例如:

【感冒】 ①感染;遭受。多指疾病。宋《太平惠民和剂局方》卷一〇:"～风冷,鼻塞身热,喷嚏多嚏。"明《朴通事谚解》卷中:"相公脉息尺脉较沉,伤着冷物的样子,～风寒。"……②因受风寒而患的病,又称伤风。宋陈自明《妇人大全良方》卷二二:"凡产后发热、头痛、身疼,不可便作～治之。"《元曲选·萧淑兰》三折:"虽是～,怎生这等沉重,茶饭也不思进些?"……

"感冒"一词是什么时候产生的?内部结构又是怎样的?郭芹纳先生认为:"感冒"是"由两个具有相同意义的词组合而成的并列结构",本是感受、感染义,后引申为当疾病讲的名词。前者所引最早书证是元明的《水浒传》,后者是清代《蜃楼志》。[②]郭先生的考证是很有见地的。在此基础上,词典把两个义项的书证均提前到宋代,尤其是把疾病名"感冒"一词的出现时间上推了约500年。

三

学术研究贵在创新,编纂词典也不例外。《白编》创新之处随处可见,以上两部分所论也无不与创新有关。这里再就新词、新义、新解、新例略加申说。

1.挖掘了一批新词。例如:"【博末子】即'薄媚'(鸨母)。明佚名《醉太平带莲花落·掉侃》:'寸打徕不能饱肚,～委实心焦。'""【薄喇】薄;贫瘠。喇,词缀无义。清《聊斋俚曲·翻魇殃》:'还有四十亩～地,也还打他几石粮。'""【差头】差役。清《歧路灯》九二回:'吃过午饭,叫个能干～,跟的送去。'""【饭园子】饭馆。清《歧路灯》一八回:'请那苏杭山陕客人,就在～里罢了。'""【付搭】车夫。明陈铎《醉太平·推车》:'有～名色,非驾驭之才。'""【几娘】多少。偏指少。娘,词尾,含强调语气。明康海……《集贤宾·行乐》:'岁月有～些,不饮的谁今在也!'""【揭账】犹'揭债'(借钱,指付较高利息的借贷)。清《歧路灯》六九回:'总之,～做生意,这先就万万不可。'"在浩繁的文献中搜集以往未被关注的词语,难度很大,也很有意义。

2.抉发了很多新义。例如:"【栽】量词。相当于'株'。唐元稹《花栽》之一:'买得山花一两～,离乡别土易摧隤。'""【言】为;为了。唐孟浩然《夏日宴卫》:'～避一时暑,池亭五月开。'""【败】揭穿(谎言、真相)。《元曲选·赚蒯通》三折:'夜深也咱独坐,谁想道人瞧破,呀,早将我这伴狂～脱。'""【方圆】人才;才能。唐天册万岁元年十月二十二日敕:'朕厉精思化,仄席求贤,必使草泽无遗,～曲尽。'""【借重】加害的讳词。明李梅实《精忠旗》一七出:'把他的头颅～,把他的性命送终,又不劳你王贵半分铜。'""【不次】没遍数。指多次。元佚名《清江引·相思》:'帘外无情月,如何你独圆,照得人来缺?恶相思挽霜毫～写。'"尽管词典不以释疑解惑作为主要目标,但所发掘出来的冷僻义对于解读古代文献是很有助益的。

3.提出了许多新解。例如:"洒子"条释为"汲水器",举宋曾公亮等《武经总要》、明崔世珍《老乞大集览》、清徐乾学《读礼通考》等三例。其中《老乞大集览》上:"洒子,汲水之器。……"例句自带释义。《许大》释为"喷壶",举《朴通事》《老乞大》两例。词典不但纠正了误释,而且通过书证,说明该词宋代就有了,清代还在使用,源流交代得非常清楚。"枕顶"条释为"枕头的两端,方形,多绣有花鸟虫鱼之类",举《金瓶梅词话》《野叟曝言》两例。此词《金瓶梅词典》释为"枕头",《白话小说语言词典》释为"旧式长方形枕头两端缝缀的方形布片上面,多绣有图案"。这两个解释前者不准确,后者令人费解(标点有误,逗号当在"片"字下)。词典根据《汉大》,作出了正确训释。"锦标"条解释说:"③……后以锦标借指状元。④泛指第一名。"《许大》:"本指彩旗,古时用于奖励比赛优胜者。后泛指彩头。《五灯会元》第十八卷:'……饥餐渴饮无穷乐,谁爱争先夺~。'明薛近兖《绣襦记》第五出:'但愿龙门一跳,月桂高攀,早夺~回来。'"《白话小说语言词典》:"古代以锦作为竞技获胜者的奖赏,称锦标。因指技艺超群。[例](秀英)也是烟花阵里的主帅,在徽州时夺得好大~。(荡寇·九五)"这两个解释前者太笼统,后者词性不合。其实,第一、三例可以用《白编》义项④来解释,第二例可以用《白编》义项③来解释。

4.使用了大量新例。编纂词典,语料是基础,甚至对词典质量起到决定性的作用。有些词典在编写时为了贪图方便,将现成资料明抄暗引,例句都是老面孔。《白编》则不然,利用"文渊阁四库全书电子文本""国学宝典""中国基本古籍库"等大型语料库,对每一个词条都进行了电子文本的检索,获得第一手语料。这样做的好处是,既能防止书证滞后和遗漏,又能找到新的别人没有使用过的例句。翻开词典,我们看到的是一条条鲜活而贴切的书证,这里凝结着编者们耗时费力辛勤检索的心血。

四

诚如《序言》所说,"编词典是个永无终结、永远需要修订的工作,这部词典当然也不例外"。词典总体质量很高,某些细节方面还可进一步完善。

1.有些释义或义项还可斟酌。如"欺"条:"⑬低;凹;洼。唐沈佺期《伤王学士》:'宠儒名可尚,论秩官犹～。'《元曲选外编·霍光鬼谏》一折:'眼～缩腮模样,面黄肌瘦形相。'"《许大》"欺"条:"④抠进,凹陷。犹嵌。"引上一例。此义有问题,词典因袭而误。核《元曲选外编·霍光鬼谏》,"欺"实作"嵌"。元无名氏《独角牛》第二折:"常言道我虎瘦呵雄心在,你可便休笑我眼嵌缩腮。"又第三折:"你这等面黄肌瘦,眼嵌缩腮,一搭两头无剩,你可到的那里!"可见"眼嵌缩腮"是当时习惯说法。"宠儒名可尚,论秩官犹欺"的"欺",似是义项③"怜;同情;感伤"的意思,这里用于被动,"可""犹"互文。"藁"条:"主意。字或作'藁'。明《警世通言》卷二五:'谁知桂迁自见了小官人之后,却也腹中打～,要厚赠他母子回去。'""藁"无"主意"义,词典"打稿"条义项②释为"盘算;思索",是。当以"打藁"出条,作为"打稿"的副条。"唾喀"条:"吞咽。清《聊斋志异·花姑子》:'由此得昏瞀之疾,强啖汤粥,则～欲吐。'""唾""喀"均有呕吐义,而"喀"方言里还有把卡在喉咙里的东西用力吐出的意思,释为"吞咽",意思反了,当训呕吐貌。"稳便"条:"⑦自愿。明《醒世恒言》卷九:'情愿将庚帖退还,任从朱宅别选良姻。此系两家～,并无勉强。'"此义可疑。例中"稳便"用义项②"稳妥;方便"来解释,也讲得通。"放闸"条:"②指泄精。清《蜃楼志》六回:'岱云乐极情浓,早见淮河～。'""淮河"不会"泄精","淮河放闸"才比喻人泄精。又,即使"淮河放闸"比喻人泄精,也属于临时义,似可不收。

2.有些例证不够贴切。如"趁钱"条:"挣钱;赚钱。……用作名词时则指所赚的钱。清《照世杯·百和坊》:'试看世界上,那个肯破悭送人他吃辛苦的做官担惊担险的～。'"此例标点有误,理解也不够准确。正确的读法是:"看官们,试看世界上那个肯破悭送人?他吃辛吃苦的做官,担惊担险的趁钱,……好去打点升迁。"例中"趁钱"还是赚钱义。《鼓掌绝尘》第十三回:"爹爹,真是孩儿有算计,不然,你在娄公子那里,一年可有这许多趁钱?"此例则为名词。③"劝劳"条:"①激励勤劳;激劝。唐张九龄《敕安西节度王斛斯书》:'朕以信示下,以赏～。'明《列国志传》一二回:'次日出城,前往南郊,～农桑。'……"首例"劝劳"系动宾结构,是词组;次例为并列结构,是词。笼统放在一起,似欠妥当。

3.有些地方自相矛盾。如"凹(wā)"条:"拉拢;勾搭。明《金瓶梅》三七回:'你若与他～上了,愁没吃的、穿的、使的、用的?'""凹(āo)"条:"③勾搭;巴结。"举两例,首例相同。"打颏歌"条:"dǎ kē gē即'打孩歌'。""呆打颏"条:"dāi dǎ hái同'呆打孩'。""颏"当读hái。《凡例》说:"白话小说一律不出时代和作者名。"上面说过,白话小说都标了时代,但有几处标得不一致,如:"放钱"条作"明《古今小说》卷三六","落忽"条作"宋元《古今小说》卷三六";"挥"条作"明《水浒传》三五回","疑影"条作"元明《水浒传》三五回"。后者是。

另外,可以补收的词条和义项还有不少,可以吸收的研究成果还有不少,少数词语和义项唐前即有之,等等,这里不展开了。

感谢各位作者十多年来殚精竭虑为学界做了一件大好事,并谨以此文纪念我十分尊敬的白维国先生!

附注:

①"还"之"i)表示未然。相当于'尚'"义,似可斟酌。"未然"的意思是后面的否定词"未""不"来表示的,此"还"还是"依然""仍然"

义。又,词典不出"还(huán)"的动词单字条,似欠妥当。

② 见郭芹纳《释"感冒"》,《陕西师范大学学报》1995 年第 3 期;又见《训诂散论》第 82~88 页,中国社会科学出版社 2002 年版。

③ 见周志锋《读〈白话小说语言词典〉札记》,《宁波大学学报》2015 年第 1 期。

参考文献：

［1］白维国主编:《白话小说语言词典》,商务印书馆 2011 年版。

［2］高文达主编:《近代汉语词典》,知识出版社 1992 年版。

［3］汉语大词典编辑委员会:《汉语大词典》,上海辞书出版社、汉语大词典出版社 1986－1994 年版。

［4］许少峰:《近代汉语大词典》,中华书局 2008 年版。

（原载《古汉语研究》2017 年第 2 期）

《近代汉语词典》疑义举例

　　白维国先生主编的《近代汉语词典》(上海教育出版社 2015 年版,以下简称《白编》)是迄今为止规模最大、质量最高的一部近代汉语断代词典,出版后引起了学界的广泛关注和好评。《辞书研究》《古汉语研究》《中华读书报》等发表了多篇评介文章,对《白编》的成就、特色作了准确的概括和论析,也指出了其中的一些不足。[①] 限于篇幅,本文拟就其释义方面有疑问的地方提出一些看法。[②] 由于释义与义项设立、例句配置有密切关系,因而文章也涉及义项及例证等问题。讨论条目按音序排列。不当之处,请编者和读者指正。

一、释义有待完善例

　　【从嫁】　① 嫁。从,无实义。唐顾况《梁广画花歌》:"凝睇掩笑心相许,心相许,为白阿娘～与。"温庭筠《南歌子》:"偷眼暗形相,不如～与,作鸳鸯。"(一/268)

　　按:"从"如果无实义,那就不好解释为什么用在这里。今谓从即嫁,"从嫁"系同义复词。"从"自上古至近代汉语里都有"嫁"义,薛正兴(1988)、周志锋(1998:11)均有讨论,可参考。今补数例,《二刻拍案惊奇》卷一二:"(唐太守)冷笑道:'你果要从了陈官人,到他家去,须是会忍得饥、受得冻才使得。'赵娟一时变色,想道:'我见他如此撒漫使钱,道他家中必然富饶,故有嫁他之意。'"清《聊斋志异·青梅》:

"女伶仃益苦,有邻妪劝之嫁。女曰:'能为我葬双亲者,从之。'"两例皆"从""嫁"互用。《元曲选·救风尘》二折:"自家宋引章的母亲便是。有我女孩儿从嫁了周舍,昨日王货郎寄信来,上写着道:从到他家,进门打了五十杀威棒。"下文:"好教大姐知道:引章不听你劝,嫁了周舍,进门去打了五十杀威棒。"例中"从""嫁"互用,"从""从嫁"互用,并可证。

【打阵】 ② 攻打阵势。宋黄彦平《欢喜口号》之三:"愁见淮阴～来,白毡玄甲倒如摧。"《元曲选·马陵道》一折:"公子,着那～的将军来认我这阵势咱!"清《说岳全传》五七回:"你去与他说,教他摆好阵势,快来知会～。"(一/321)

按:"打阵"一词不见其他辞书收录,《白编》收了,且列了四个义项,是其长处。但义项二释义还可修正。从第二、三例看,"打阵"的确与"阵势"有关联,但"阵势"是"军队作战的布置",包括阵法、队形等,"打阵"解作"攻打阵势",有动宾搭配不当、释义不够明确之嫌。"打阵"当是指破阵、攻阵。《马陵道》一折:〔正末云〕大小三军,与我摆开阵势!打阵的来!〔公子云〕庞元帅,认的这个阵势么?……〔庞涓云〕公子,这个唤做天地三才阵。〔公子云〕你着什么阵破他的?〔庞涓云〕我着四门斗底阵破他。"《说岳全传》五七回:"狼主不必心焦。待臣明日摆下一阵,名为'金龙绞尾阵',诱那岳南蛮来打阵,可以擒他。"这两个例子语境比较清楚,可以比勘。

【分另】 分家各立门户。《元典章·户部三》:"随处诸色人家,往往父母在堂,子孙～。"《元曲选·儿女团圆》楔子:"我请你来,别无甚事,我要～了这家私。"明《拍案惊奇》卷三〇(笔者按,〇当作三):"嫡亲数口儿,同家过活,不曾～。"(一/505)

按:现有辞书如《汉语大词典》《近代汉语大词典》《元语言词典》等对"分另"一词的解释颇为一致,就是分开家产,另立门户,似乎都把"分另"当作"分家另过"的缩略语了。这个解释施之第一、三例,大致可通;但施之第二例,不可通,因为"分另"的对象是"家私"。《元曲选·合同文字》三折:"一应家私田产,不曾分另。"《醒世姻缘传》七六回:"旧时只有外甥一人,不拘怎样罢了;如今又添了这个小外甥儿,这家事就该分令的了。"("分令"同"分另")两例"分另(令)"的对象也是"家私田产"及"家事(家产)"。"分另"实即分、分开,与"另立门户"无涉。《儿女团圆》楔子"分另家私"之类的说法凡十一见,也偶有说成"分家私""分开家私"的,是其显证。"另"在方言里有分、分家义。《汉语方言大词典》"另"字条:"①〈动〉分家。晋语。陕西北部。弟兄两个~了。"又"另开"条:"②〈动〉分开;分家。"又"另家"条:"〈动〉弟兄分家。晋语。山西忻州。这个柜子是~时候分下哩。"然则"另""分"同义,"分另"系同义复词,义为"分开;分家"。

【恍】　guāng 俊俏。明汤式《一枝花·增(笔者按,增当作赠)钱塘镊者》:"摘得些俊女流两叶眉娇娇媚媚,镊得些~郎君一字额整整齐齐。"(一/705)

按:把"恍"释作"俊俏",大概是因为"恍郎君"与"俊女流"对举,对文见义。问题是理据是什么?《汉语大词典》《汉语大字典》"恍"之"guāng"音项,前者释为"威武貌",举同上一例;后者释为"勇武貌",除了上例外,还有书证——《广韵·唐韵》:"恍,武也。"还有一个例证——明刘基《卖柑者言》:"今佩虎符坐皋比者,恍恍乎干城之具也。"查《广韵·唐韵》,与"恍"同音的还有一个"㫚"字,释作"㫚㫚,武皃"。《集韵·唐韵》:"㫚,武也。""恍""㫚"义同。汤式此例前面还有这样一句:"剃得些小沙弥三花顶翠翠青青。"三个排比句句式非常整齐,"小"状"沙弥","俊"状"女流","恍"状"郎君",各自为义。可见,释作"威武貌"或"勇武貌"是有根据的,而释作"俊俏"有随文释义之嫌。

【开方】　① 方圆;面积。宋陈藻《东林春晚作》:"相距能几何?~只百里。"清《荡寇志》九〇回:"那山南原有一座空城,向驻一员捕

盗巡检,城内面～五六里。"(二/1071)

　　按:"开方"这种用法,《白话小说语言词典》释为"方圆面积",举上《荡寇志》一例;《汉语大词典》释为"见方",举《南史·到溉传》"遭母忧,居丧尽礼。所处庐开方四尺,毁瘠过人"一例。比较两说,我们以为后者为优。这里补充两条证据。1.《孟子·滕文公上》:"方里而井,井九百亩。"清焦循《孟子正义》:"方者,开方也。方一里,谓纵横皆一里。"焦循认为"开方"即"方",也即"纵横"。2.旧题汉东方朔撰《海内十洲记》:"方丈洲在东海中心,西南东北岸正等,方丈(洲)方面各五千里。"下文:"(昆仑三角)其一角有积金为天墉城,面方千里。"此与"城内面开方五六里"相比较,可知"面开方"当与"方面各"或"面方"同义,"面开方五六里"就是每面纵横五六里或每面五六里见方的意思。考虑到"见方"一般用在表示长度的数量词后面,而"开方"却用在前面,本条"开方"释为"纵横;方形每边"则更加贴切。

　　【韸韸】　péng péng 隐指臀部。明《西洋记》一七回:"三宝老爷道:'怎么禁不得这等打?'众作头道:'小的们是铁铸的～,禁不得这等打。'三宝老爷闻之,又发大怒,骂说道:'你这狗娘养的,倒不把铁去铸锚,却把铁来铸你的～!'"又四六回:"……都说道:'我们今番不怕你铁铸的～了。'"(二/1468)

　　按:据上文,铸生铁的作头事先商议用"眼面前的方言俗语"来应答三宝老爷铸锚未铸成的责问,"铁铸的韸韸,禁不得这等打"就是一句俗语。"韸韸",原指击鼓声,这里指鼓。皮鼓可打,铁鼓禁不得打(这里意谓不能打)。如果解作"臀部",铁铸的臀部怎么禁不得打呢?又,"倒不把铁去铸锚,却把铁来铸你的韸韸",后面一句如果解作铸鼓,可通;解作铸臀部,也讲不通。事实上,《白话小说语言词典》"韸韸"条已有确诂:"鼓声,借指鼓。"正引以上两例。《白编》后出,可惜未能参考吸收。

　　【歇昼】　白天休息。明汤显祖《南柯记》一〇出:"恰才我溪边

檀树下～来,不知东人就往那里去了?"又四二出:"有紫檀一株,藤萝缠拥,不见天日,我长在那里～。"(四/2324)

按:这是把"昼"理解为白天了,恐怕不够准确。"歇昼"是个方言词,未见有"白天休息"的用例。"歇昼"的"昼"当是中午义。《玉篇·书部》:"昼,日正中。"《广韵·宥韵》:"昼,日中。""昼"之中午义,自先秦到现代方言均有之,例多不举。"歇昼"义同"歇午""歇晌",指午休。《汉语方言大词典》"歇昼"条:"〈动〉午睡。㊀吴语。江苏无锡、溧水。㊁闽语。福建顺昌、闽侯洋里、建瓯、仙游、厦门。"《现代汉语方言大词典》"歇昼"条:"黎川,福州,厦门。午休:伊逐日_{每天}着_要～一下(厦门)。""歇昼"本指午间休息,也即中午不劳作,既可以是一般的休息,也可以是午睡,二义实相因,不矛盾。《白编》所举两例都出自明汤显祖《南柯记》,汤显祖是江西临川人,今临川、黎川都属于抚州市,而黎川话午休叫"歇昼"。用黎川方言来解释《南柯记》中的"歇昼",在逻辑上应该是说得通的。

【扎火囤】 用女色设置圈套讹诈钱财。明《二刻拍案惊奇》卷一四:"做自家妻子不着,装成圈套,引诱良家子弟,诈他一个小富贵,谓之～。"沈璟《博笑记》一五出:"我也元不姓火,从小会～,故此人叫我是小火囤。"清《水浒后传》一七回:"～,开天窗,做刀笔讼师,无所不为。"(四/2568)

按:《白编》释义似被《二刻拍案惊奇》例的"正文训诂"所误导了。"扎火囤",吴语,是"设圈套诈骗"的意思,江苏苏州、浙江安吉话有这种说法。清同治十二年《安吉县志》:"以计欺人曰扎火囤。"参《汉语方言大词典》第506页。《二刻拍案惊奇》卷十:"我家初丧之际,必有奸人动火,要来挑衅,扎成火囤。落了他们圈套,这人家不经拆的。"明沈鲸《鲛绡记》二九出:"是你盘算小民,扎人火囤。"以上诸例均与"女色"无涉。设圈套行骗,所用圈套可以是女色,但不限于女色。

二、义项还可斟酌例

【把草】　草把；小捆的草。明《金瓶梅词话》九三回："总甲分付他看守著他，寻个～教他烤。"(一/28)

按：白维国《金瓶梅词典》及《白话小说语言词典》都收有"把草"条，释义基本相同，例证完全一样，只此一例。"把草"其实不成词，这个义项也就不能成立了。"个把草"应该读作"个把/草"，而不是"个/把草"。其中"个把"是一个词，表示约数；"草"有成捆的秆草义。《〈金瓶梅词话〉〈醒世姻缘传〉〈聊斋俚曲集〉语言词典》"把³"条"〈助〉概数助词"义项下首例即举"寻个把草教他烤"，并用括号加注："一捆儿捆扎起来的秆草叫'一个草'或'一个草个子'。"是其证。

【彼此】　在并列句中用作发端语。明《西洋记》三八回："～你中国五百年生出七十二个贤人，我西洋不读书，不知道理，五百年就生出我们七十二个女将。"又四九回："我们这里有个规矩：～是我的祖师的班辈，往来具一个柬帖；下一辈的往来，具一个禀帖；再下一辈的，不敢具帖，当面口禀。"(一/75)

按：编者把这两例"彼此"看作"发端语"，也即虚词，不确。其实这两例"彼此"并非属于近代汉语的特殊用法，用代词"双方"的意思来解释，非常顺畅，毫无滞碍。

【軃】　duǒ　② 介词。向，朝。宋觉范《送亲上人乞食三首》之三："以有梦幻身，安能～饥渴。"陈著《贺新郎·次韵戴时芳》："回首西风(笔者按，风一作湖)空溅泪，醉沉沉轻掷金瓯破。平地浪，如何～?"《元曲选·青衫泪》二折："我又不曾～着(笔者按，着字原脱)你脸上直拳。"(一/425)

按：徐沁君等注《青衫泪》例说："意为：我又不曾向着你脸上打一拳。就是说我不曾欺负你。'你'指刘一郎。軃(duǒ 朵)：垂下。这里有向着的意思。"③《汉语大词典》《汉语大字典》"軃"字条义项二都这样解释:"介词。向,朝。"所举都是元马致远《青衫泪》第二折此例(《大字典》作"第一折",误)。《白编》本其说而广其例。近代汉语里,表示对着、朝着(身体某个部位)义的介词有"盖""劈""擗""着""照""拦""蓦""分""搂""兜""当""夹"等,"軃"作介词向、朝讲则太奇特,颇可疑。"軃"或作"嚲",主要有两个意思:一是下垂,一是同"躲"(此义习见,《白编》失收)。《白编》所举三例"軃"其实都是躲义。首例如果释为"安能向(朝)饥渴",讲不通,而释为"安能躲避饥渴",则可通。同样,次例如果释为"平地浪,如何向(朝)",也讲不通,而释为"平地浪,如何躲避",则可通。《青衫泪》例子的语境是,妓女裴兴奴因为恋着白居易,自从白居易被贬为江州司马分手后,不肯接客。江西茶商刘一郎用重金买通鸨母,鸨母贪财,逼迫裴兴奴顺从,裴兴奴坚决不从。于是就有以下说唱:"〔卜儿怒科云〕好贱人!上门好客,你怎生不顺从,和钱赌鳖? 打死你这奴才!〔正旦唱〕我觑着眼前人即世里休相见,我又不曾軃着你脸上直拳。"联系上文"打死你这奴才",不难看出,"我又不曾軃着你脸上直拳"就是"我又不曾躲着你脸上直拳"的意思("你"当指鸨母)。前人误训"軃"为介词,《白编》因循而讹。

【活鬼】 ① 用在特定的熟语中,指死亡事件的见证人。元俞琰《书斋夜话》卷四:"至如街谈巷语,亦莫不有对:良将手下无弱兵,死人身边有～。"(笔者按,本条凡有多个例证的只举首例)②以活人形象出现的鬼魂或以鬼魂形象出现的活人。明汤显祖《牡丹亭》三五出:"〔内旦作哎哟介〕〔众惊介〕～做声了。"③做盗骗事的人。明徐畹《杀狗记》二三出:"你两个是死鬼,我两个是～,有名叫做拖狗皮。"④比喻形象丑陋或生命衰弱垂危的人。明杨柔胜《玉环记》六出:"手似统臂黑猿,面如～出现。"⑤ 称将死或该死之人。清洪昇《长生殿》一三出:"你本是刀头～罪难逃,那时节长跪阶前哀告。"(二/843)

按:《汉语大词典》"活鬼"条解释说:"指半死不活的人。《儒林外史》第二三回：'〔牛浦〕屙到三四天，就像一个活鬼。'"只有一条例证，且随文释义，不够准确。《白编》分为五个义项，用了十条例证，应该说比《汉语大词典》翔实、丰满得多了。但仍有缺憾：义项分得太细，解释过于具体。今谓"活鬼"即指鬼。鬼是人们想象出来的，它有几个特点：鬼是看不见的，能被看见，那就是"活"的了；鬼的形象是丑恶的，因而可以比喻丑陋或病弱垂死的人；鬼专干坏事，所以也可以比喻坏人。《欢喜冤家》八回："只见老崔正在那里祷鬼，一个邻居取笑他道：'鬼来了。'福来大惊，跑出门外。只见何礼母子，要到灵前拜祷。福来道：'活鬼出现了。不可进去。'"《兰花梦奇传》一四回："内里传出话来，着火夫厨子会同轮班人役捉鬼，各执棍棒，赶进厅来。有个大胆轿夫，先上前一棍，打得活鬼跳了一跳。众人齐上，棍棒交下，活鬼已倒。轿班上来压住，取绳索过来，想要把他背剪，扯他膀子，那里扯得动？众人道：'这个鬼力气不小呢！'"并"活鬼"与"鬼"互见。今宁波话犹管鬼为"活鬼"（周志锋 2006：178～181）。《白编》五义实可合为一义："即鬼。也可喻指丑陋、病弱垂死或专干坏事的人。"

【无情】　无缘；没有关系。宋元《古今小说》卷三六："这汉与行院～，一身线道，堪作你家行货使用。"（三/2249）

按：本条只举一例，而释义可商。例句的语境是：盗贼宋四公的徒弟赵正要上东京开封去，宋四公与他一封书，让他去找"家住汴河岸上，卖人肉馒头"的另一个徒弟侯兴。信中写道："今有姑苏贼人赵正，欲来京做买卖，我特地使他来投奔你。这汉与行院无情，一身线道，堪作你家行货使用。我吃他三次无礼，可千万剿除此人，免为我们行院后患。"（行院指同行、行帮；线道指肉）宋四公因被徒弟赵正"三次无礼"，所以说"这汉与行院无情"，还嘱咐侯兴杀了他。例句"无情"用《汉语大词典》"无情"条义项二"没有情义；没有感情"释之，可通，似乎不必另设一义。

【易】　①又。清《十二楼·生我楼》一回："恰好生出个孩子,取名叫做'楼生'。相貌魁然,～长～大。"按,此句中"易"即"又"的方言记音字。(四/2482)

按:《明清吴语词典》"易"字条义项二:"〈连〉相当于'又……又……'。口恰好生出个孩子,取名叫做'楼生'。相貌魁然,易长易大,只可惜肾囊里面止得一个肾子。(《十二楼·生我楼》1回)常恁养勿大了,全仗着佛法无边领过了关。似乎说道过子关末,就易长易大哉。(《三笑》39回)"《白编》此条盖本此。吴语管"又"叫"咦",在明清及近代通俗文学作品中,字又写作"夷""以""咿""呷""伊""已""亦"等,写作"易"则罕见。仔细审核文意,两例"易长易大"均非"又长又大",而是容易养大、容易长大的意思,"长"读 zhǎng。首例是说财主尹厚婚后无子,"知道是阳宅不利,就于祖屋之外另起一座小楼",搬进去后,果然得子,且孩子容易养;次例意思更加显豁。可见,"易"读如字,而不是副词"又"义。

三、义例不够密合例

【边】　③ 表示时间,相当于……之时。……明《醒世恒言》卷二九:"少不得初十～,就有乡绅同僚中相请。"(一/78)

按:这例"边"不等同于"时"。此"边"一般用在"初十""月半""二十""月底"等表示日期的词语后面,表示临近那个时间,"边"是附近、左右的意思。如《醒世姻缘传》二七回:"谁知到了八月初十日～,连下了几日秋雨。"许多方言都有这种说法,如《昭通方言疏证·释天》:"今昭俗犹有初十边、二十边、月尽边之说。"(姜亮夫 2002:172)《阿拉宁波话》(修订版)收有"初十边""月半边""二十边""月底边"等词,"初十边"释为"农历初十前后的几天",余类推(朱彰年等 2016:15)。

【表里】　② 同"表礼①"。……明《朴通事谚解》卷中:"上位赏

242

了一百锭钞、两～段子。"(一/87)

按："表礼"义项一是"作礼品或赏赐用的绸缎布匹之类",然施之上例难通。"一百锭钞"与"两表里段子"都是数量结构,"表里"当是量词。"表里"本指衣服的面子和里子,又可泛指衣料。作为量词,则用于面子和里子齐全的衣料,相当于副、套。《金瓶梅词话》七〇回:"各赏银四十两,彩段二表里。"《西洋记》一八回:"万岁爷又取过金花银花各二十对,红绿彩缎各二十表里,用皇亲递与大元帅郑太监。"《醒世姻缘传》九九回:"抚院亲自教场送行,送了蟒段四表里,金花二树,金台盏一副,赆仪一百两。"并其例。遍检相关辞书,均未见有把"表里"之量词义离析出来的。

【俯近】　接近;靠近。……宋程公许《溪亭春日二首》之一:"借屋三间～郊,溪流如练绕兰皋。"(一/545)

按:按照诗歌节律,此联属于二二一二句式,"俯近郊"内部结构恐非"俯近/郊",而是"俯/近郊"。"俯近郊"与"绕兰皋"相对,尽管此为首联,不要求对仗。"郊"字古书很少单用,往往与"近""远"等连用。"俯"单用有接近、靠近义,详参王锳《诗词曲语辞续拾》"俯"字条。《白编》亦收"俯"之"接近"义。

【捎】　④(细长物)转动;打滚。清《野叟曝言》三回:"旋又豁过尾来,旁边有一小柳树,砉然一声,折作两段;那尾已～到素臣所蹲树上。"又五七回:"被把门的一棒,直打下台阶来,就在地下乱～乱滚,嚎哭无休。"又一〇八回:"最怕是掉转尾靶,～入臀牝中去,辣痛无比。"(三/1899)

按:所引三例,每例义别。首例"捎"是拂、掠的意思,上古、中古汉语即有之。《汉语大字典》"捎"条:"③ 拂;掠。《正字通·手部》:'捎,掠也。'汉司马相如《上林赋》:'拂翳鸟,捎凤皇,捷鸳雏,掩焦明。'《世说新语·政事》:'见令史受杖,上捎云根,下拂地足。'"次例"捎"是"打滚"义,字又作"消"等,常与"滚"连用说成"捎滚"或"消滚",是吴语,见《大字典论稿》第 260 页"捎"条、《明清吴语词典》第535 页"捎""捎滚"条、《近代汉语大词典》第 1644 页"捎滚"条及第2038 页"消滚"条。末例"捎"是刺、插、捅的意思,见《大字典论稿》第260 页"捎"条。末例这种用法的"捎"也作"消"。《明清吴语词典》第535 页"捎"条:"⑥〈动〉同'消'。用细长物体插入卷动。□……只把那尾巴向大小便一捎,那种的辣痛,连尿屎要捎出来哩!(《野叟曝言》108 回)"又第 665 页"消"条:"〈动〉(用长物伸入)搅动。□重了绞我又当不起,轻了消我又熬不得。(《挂枝儿》8 卷)姐道:'我郎呀,消进消出,吃你尖酸头弄大子我个眼。'(《山歌》8 卷)……"以上解释不够准确。《野叟曝言》一一三回:"又把铁丝销入砍断阳物管中,直捎进小肚中去,靳直复又叫喊起来。"下文:"把凤氏仰睡在地……牝内灌油,捎入烛捻,将火点着。"从文献用例来看,"捎(消)"的词义重心不是转动、卷动、搅动,而是刺、插、捅。《白编》于第一义可不收,第二、第三义应当分成两个义项分别释义举例。

【神福】 祭神用的供品、纸马等。《元曲选·冯玉兰》二折:"只等那船头上烧了利市纸马,分些～吃得醉饱了,便撑动篙来,开起船来。"明杨士奇《嘱付侄升缘路事宜》:"遇作～酒肉,须及驾船之人,自家宁可不用。"清《醒世姻缘传》八五回:"次日五鼓,船上作了～,点鼓开船。"(三/1919)

按:"神福"凡三例,第一例指可吃的"供品",第二、三例既非"供品",也非"纸马",当以"作神福"出条,"作神福"是指"一种祈求神灵保佑平安的祭祀仪式。祭祀时摆上酒肉供品并焚烧纸马,祭后众人分享祭品"(徐复岭 2018:948)。《白编》所引例证没有涉及"纸马",需要更换。《水浒传》六一回:"第三日,烧了神福,给散了家中大男小女。"《水浒后传》一六回:"到龙江关上写了一只江西三板船,把行李装好,烧了神福开船。"上引两例"神福"均指祭祀神灵的纸马之类。

【头脑】 ① 脑筋,思维能力。宋《朱子语类》卷二(笔者按,二当作九）："然四面八方合聚凑来，也自见得个大～。"《元朝秘史》卷一："恰才统格黎河边那一业（笔者按,业当作丛）百姓,无个～管束,大小都一般,容易取有。"明《拍案惊奇》卷二九："这句'做官方许'的说话,是句没～的话,做官是期不得的。"△清《老残游记》四回："那强盗～,早已不知跑到那里去了。"② 头绪。明《拍案惊奇》卷一六："省得又去别寻～,费了银子。"△清《负曝闲谈》二五回："春大少爷摸不着～,只得跟着他到一间书房里。"（三/2164）

按:本条凡引六例,有四例义例相左。义项一《朱子语类》例前文是："凡看道理,要见得大头脑处分明;下面节节,只是此理散为万殊。如孔子教人,只是逐件逐事说个道理,未尝说出大头脑处。"其中"头脑"与"脑筋,思维能力"无涉,"大头脑"才是一个词。"大头脑"即主旨、要旨,《汉语大词典》及《白编》等都有收释。《元朝秘史》《老残游记》例的"头脑"是"首领;头目"的意思。义项二《拍案惊奇》例的"头脑"是"对象;人选"的意思。"头脑"当"首领;头目"及"对象;人选"讲,近代汉语习见,相关辞书也多有收录,《白编》不收,可补。除此之外,"头脑"在近代汉语里还有许多特殊用法,《汉语大词典》《明清吴语词典》《近代汉语大词典》《白话小说语言词典》等都有比较详细的收释,可参酌。

【做家】 ① 勤俭持家。《元曲选·老生儿》一折："则为我～呵忒分外,今日着我无儿呵绝后代。"元明《水浒传》五回："你看我那丈人,是个～的人,房里也不点碗灯,由我那夫人黑地里坐地。"明《醒世恒言》卷三："这些东西,就是侄女自家积下的,……这还是他～的好处。"（四/2786）

按:近代汉语里"做家"主要有两个意思,一是"过日子;兴家立业",一是"俭省;节约"。《白编》上引三例均是俭省、节约义,与"勤俭持家"有别。首例刘从善把自己没有儿子归咎于过分"做家","勤俭持家"是好事,过于节俭近于吝啬才是坏事。例句上文"刘从善那老子空有钱,则恁般割舍不的使",便是"做家"的注脚。次例文意显豁。第三例出自《卖油郎独占花魁》,例句省略的部分是:"也不是你本分之钱。他若肯花费时,也花费了。或是他不长进,把来津贴了得意的孤老,你也那里知道!"可见"做家"也是节俭义。也说"做人家"。如《二刻拍案惊奇》卷二二:"宅上家业丰厚,先尚书也不纯仗做官得来的宦橐,多半是算计、做人家来的。"《孽海花》二六回:"再者我的手头散漫惯的,从小没学过做人家的道理。"《白编》"做人家"条不收此义,可补。"做家""做人家"当俭省、节约讲,元明清通俗作品用例甚夥,今方言亦多有保留,特别是吴语。此外,江西瑞金客话、福建福州闽语等有"做家"一词,湖北鄂州江淮官话、安徽歙县徽语等有"做人家"一词,参《汉语方言大词典》《现代汉语方言大词典》等相关条目。

附注:

① 这些文章是:江蓝生《〈近代汉语词典〉的新境界》、芮东莉等《〈近代汉语词典〉:汉语词汇研究史上的里程碑》,均见《辞书研究》2017 年第 1 期;周志锋《立足于"史",致力于"精",着意于"新"——〈近代汉语词典〉简评》,《古汉语研究》2017 年第 2 期;芮东莉等《千年的词汇演变史,亦是千年的文明发展史——〈近代汉语词典〉拆解千年语言密码》,《中华读书报》2016 年 8 月 10 日第 10 版;洪帅《十八年磨一剑的〈近代汉语词典〉》,《中华读书报》2017 年 4 月 5 日第 10 版等。

② 浙江大学汪维辉教授认真审读了本文稿子,并提出了一些修改意见,谨致谢忱!

③ 见徐沁君等《元曲四大家名剧选》,齐鲁书社 1987 年版,第 672 页。

参考文献：

［1］白维国主编：《白话小说语言词典》，商务印书馆 2011 年版。

［2］汉语大词典编辑委员会：《汉语大词典》，上海辞书出版社、汉语大词典出版社 1986～1994 年版。

［3］汉语大字典编辑委员会：《汉语大字典》（第二版），四川辞书出版社、崇文书局 2010 年版。

［4］姜亮夫：《昭通方言疏证》，云南人民出版社 2002 年版。

［5］李荣主编：《现代汉语方言大词典》，江苏教育出版社 2002 年版。

［6］石汝杰、宫田一郎主编：《明清吴语词典》，上海辞书出版社 2005 年版。

［7］王锳：《诗词曲语辞续拾》，《古汉语研究》1990 年第 4 期。

［8］徐复岭：《〈金瓶梅词话〉〈醒世姻缘传〉〈聊斋俚曲集〉语言词典》，上海辞书出版社 2018 年版。

［9］许宝华、宫田一郎主编：《汉语方言大词典》，中华书局 1999 年版。

［10］许少峰：《近代汉语大词典》，中华书局 2008 年版。

［11］薛正兴：《〈吴越春秋〉词语校释》，《社会科学战线》1988 年第 3 期。

［12］周志锋：《大字典论稿》，浙江教育出版社 1998 年版。

［13］周志锋：《明清小说俗字俗语研究》，中国社会科学出版社 2006 年版。

［14］朱彰年等：《阿拉宁波话》（修订版），宁波出版社 2016 年版。

（原载《语言研究》2019 年第 4 期。与研究生梁逍合作，梁逍为第一作者）

明清吴语词汇的全景展示

——评《明清吴语词典》

2005 年 1 月,由石汝杰和宫田一郎两位先生主编、十几位吴语研究专家参编的苏州大学和日本北陆大学合作研究项目最终成果《明清吴语词典》,终于由上海辞书出版社出版发行了。作为母语是吴语的语言工作者,笔者有幸在第一时间拜读了这部力作,欣喜之情难以言状。该词典全方位地展示了明清吴语词汇的面貌,无论是对明清吴语材料的挖掘、整理,对明清吴语词汇的训释、考证,还是词典的编写方法、编排体例,创新之处随处可见。

一

编纂一部明清吴语词典,全面搜罗、甄别明清吴语文献材料是工作的第一步,也是最重要、难度最大的一步。该词典首先对吴语作了界定:"本词典所谓的吴语,其范围和现代方言学所界定的吴方言不完全相同,主要指分布在苏南和上海、浙北地区的方言,广而言之,是指广大的北部吴语的方言。"(《前言》第 5 页)又对收词对象作了规定:"本词典以明清时代吴语地区作者的作品为主要对象。"(《前言》第 9 页)"本词典的目的是罗列明清时期文献中的吴语词语,不管现代使用不使用,都收录。"(《前言》第 10 页)那么,怎样判断某部作品是不是吴语文献,某个词语是不是方言词呢? 该词典确立的原则是:

"所谓吴语文献,是指大部或部分用吴语写作的作品,也就是本词典所划定的时代、地域范围内的作品。"(《前言》第10页)"在搜集资料时,常把作者的籍贯(严格地说,应当是出生地或长期生活的地点)或其母语形成的地点当作一项重要的参考条件。"(《前言》第15页)"不见于其他方言(尤指官话等非吴语),也不见于通语的,就算作当时的方言词语。"(《前言》第11页)为了判断某个作品是否具有吴语特征,该词典特别重视语法特征的标记价值,把以下几项作为辨认吴语特征的依据:1.V+快(哉);2.AA里/AA能/AA叫;3.数+量+头;4.后缀"相";5."杀"作补语;6."处"的用法;7.动词重叠式+补。(《前言》第12~15页)正是由于词典编纂者对吴语、明清吴方言词语及明清吴语文献事先有了明确而科学的理论界定,该词典所收作品和词语丰富而不芜杂,赅博而不宽纵。

与以往的吴语研究著作和词典相比,引书广博、收词齐全是该词典的一个显著特点。据词典附录《吴语文献资料书目》所载,该词典引用的文献多达400余种,举凡民歌民谣、戏剧、弹词、小说、地方志和有关风俗等的著作,字书、韵书,农、医、烹调等科技类书,笔记、吴语汇编及考释著作,《圣经》方言译本,外国人编写的有关吴语方言的研究著作、词典和教科书,等等,都在搜罗、征引之列,数量之众多,品种之齐全,前所未有。这些文献,基本囊括了从明代到民国初年的吴语文献资料。其中不少作品是过去吴语研究者很少关注、很少引用的,甚至国内难以见到的。从中不难看出词典编纂者对吴语历史文献的熟悉程度、搜检力度以及治学的严谨态度。

资料齐全保证了收词齐全。该词典共收词语16843条,与以前出版的《简明吴方言词典》(收词语5000余条)、《吴方言词典》(收词语8000余条)相比,无论是词目数量还是篇幅规模都要大得多;而且,该词典是断代词典,而后两种都是古今兼收的。该词典收录的词语,以一般方言词为主,兼收少量流行于吴语地区的成语、惯用语、歇后语、谚语以及黑话、行话等,还收录了一些跟当时吴语区风俗习惯有关的文化词语。可以这么说,该词典的预期目的——"广泛收罗明清时代到民国初年的书面文献中出现的吴语地区的方言口语词语,尽可能较全面地反映出明代到清末的吴语词汇面貌,努力整理出词汇发展变化的脉络"(《前言》第4页),已经达到了。

以词典最后一个词目"做"为例。词头"做"下,共收词语148条,《简明吴方言词典》只收21条,《吴方言词典》只收26条,分别是后两书的7倍和5.7倍。如果剔除现代部分,只计明清词语,那么《简明吴方言词典》只剩11条,《吴方言词典》只剩15条,该词典收词分别是这两部词典的13.5倍和9.9倍。再如吴语指示代词多为见母字,普通话声母读g、j,吴语多读g,书面语里写法多种多样。光是表这、这样、这么、那、那样、那么等意思的单音节指示代词该词典就收有"该、盖、概、咯、革、格、辖、个、葛、更、勾、谷、骨、故、归、贵、过、吉、几、己、价、间、监、解、介"等25个,至于由它们构成的多音词则收得更多了。词典收词之赅备,由此可见一斑。该词典对明清吴语词汇进行了大清仓、大盘底,它所新发掘的大量明清词语,不仅可补目前方言词典之未备,也可补近代汉语词典、《汉语大词典》等辞书之未备。

二

考释精当、义项完备是该词典又一个显著特点。所谓"考释精当",首先是精于校勘。20世纪八九十年代以来,明清通俗文学作品尤其是白话小说大量出版,为从事明清语言研究提供了很大的便利。但今人整理的作品在校勘、标点等方面存在着不少问题,如果机械地使用,势必以讹传讹。该词典的做法是:"不管使用哪一种资料,都尽可能找到早期的印本(包括影印本)进行对勘,进行文字的校正,以求得到较好的文本。""如小说,就充分使用上海古籍出版社出版的《古本小说集成》来核对。"（《前言》第 18 页）这样做，很辛苦，但很有必要。试举一例。明冯梦龙《山歌·毡屯团儿》："毡屯囝儿轮蛳行，娟个见子气膨膨。"此据上海古籍出版社 1987 年版《明清民歌时调集》，吉林文史出版社 1994 年版《中国艳歌大观》文字相同。"屯"不见字书，其义费解。该词典根据上海古籍版影印本《冯梦龙全集》，校作"毡屯团儿轮蛳行"，不仅改"囝"为"团"，更重要的是改"屯"为"屯"。词典以"屯"出条，释为"〈名〉指鸡奸时的肛门"，然则"毡屯团儿"意即入肛门的男孩。这就不仅恢复了古书原貌，而且使得词目、释义准确无误。

其次是精于辨义。明清吴语词语有不少在现代吴语里很少使用甚至不再使用了，解释起来颇费猜详，有一些还常被误解误释。词典编纂者善于审察文意，善于吸收最新研究成果，训释疑难词语大多允洽确当。例如"借掇"，《拍案惊奇》卷十一："那周四不时的来假做探望，王生殷殷勤勤待他，不敢冲撞，些小借掇，勉强应承。"《汉语大词典》释"借掇"为"以借为名取人钱财"，那是把"掇"理解为"取"了。该词典则释"借掇"为"借（款）"，是。词典又有："掇那，暂借，挪用。那，即'挪'。""那掇，挪借，借（钱）。那，即'挪'。""转掇，移借。"这就准确地揭示出吴语"掇"有借、暂借的意思。"捊"，《运甓记》第十三出："闷来时捉子管短笛，捊来黄牛背上响介一响。"《汉语大字典》释"捊"为"同'将'"，而"将"又释为"jiāng 扶。后作'将'"。该词典"趮"条释为"爬；爬行。又作'捊'"，正举上例。这一解释显然优于《汉语大字典》。"卵袋"，《型世言》第二回："若王大官不肯依我们出钱，这便是钱财性命，性命卵袋。我们凭他。"张季皋主编《明清小说辞典》释此"卵袋"为"指长圆形口上有绳可结扎的钱袋"，该词典"钱财性命，性命卵袋"条引此例释曰："比喻钱财就是性命。卵袋，阴囊。"说解是。"做头"，冯梦龙《山歌·伯姆》："三月里清和四月里天，伯姆两个做头眠。"《吴方言词典》释此"做头"为"假装"，该词典则说："做头，同'做一头’。头在同一方向(睡)。”后一说为长,因为“做”在吴语里有同、同一的意思。“搭”,《海上花列传》第一回:“黎篆鸿搭,我教陈小云拿仔去哉,勿曾有过回信。”这种用法的“搭”,《简明吴方言词典》《吴方言词典》均看作“助词”,该词典则释作“〈名〉用在指人的名词或代词后边,表示这个人所在的地点(尤指其家)”,词性把握更为准确。凡此足见编纂者释词辨义的功力。

再次是注意说明有些语素的语法功能。例如“是俚”“是你”“是我”“是我里”等条,分别释为“他”“你”“我”“我们”,又都分别说明:“是,是前缀。”“暗暗教”:“同‘暗暗里’。‘教’是后缀。”“暗暗里”:“暗暗(的),偷偷(的)。‘里’是后缀。”“暗暗能”:“同‘暗暗里’。‘能’是后缀。”“暗暗咜”:“同‘暗暗里’。‘咜’是后缀。”“女客家”:“同‘女客’。家,是后缀。”“明朝头”:“同‘明朝’。‘头’是后缀。”“明朝子”:“同‘明朝’。‘子’是后缀。”“拚得”:“同‘拚②’。得,是助词。”“拚却”:“不惜牺牲。却,可看作补语。”诸如此类,对读者准确理解方言词语无疑是有帮助的。

其四是对有些词语注明方言读音或方言音转。例如“浼”:“托,求。音当同‘挽’。”“浼”《说文》训污,音 měi。当请托、央求讲,现有辞书亦均注 měi 音。污义与请托义毫无关联,现代方言亦未见有以 měi 音之“浼”表请托义的。“浼”其实当读 wǎn,本字即为“挽”。“挽”有请托义,近代汉语例繁。再如“高”:“①‘教’的白读音。吩咐,让。”“居”:“②即‘归’。回(家)。‘居’为‘归’的白读音。”“区得”:“幸亏;亏得。区,记‘亏’的口语音。”“即”:“①即‘只’。仅。”“临”:“②即‘轮’。”所谓“即某”,也即某字的口语记音字(当然能直接指明更好)。这种做法,对非吴语区的读者尤为有益。

其五是言必有据。该词典的释义是以文献资料为依据的,每一义项至少有一条例证,有的义项例证多达六七条,还尽量选用不同时代、不同作者、不同体裁的作品的例证。这既避免了凿空臆说,也为后人继续研究提供了参考资料。

作为一部全面反映明清吴语面貌的大型词典,义项是否完备至关重要。总体看,该词典不仅注重收列常用义,而且注意考释生僻义,做到了义项齐全,分项合理,义项排列得当。下面看几个实例。"挡",《简明吴方言词典》只收一义:"量词:种;类。"《吴方言词典》单字不收"挡"。该词典则收 7 义:1.〈动〉扶,抓。引申为执掌。2.〈动〉碰,撞。3.〈动〉抵挡,遮掩。4.〈动〉躺,横着。5.〈量〉份。6.〈量〉个。指人,有贬义。7.〈量〉次,回。指占卜等事。"盘",《简明吴方言词典》共收"躲藏""缠住,使不能脱身""转让(工商企业)""彩礼"等 4义,《吴方言词典》收"同'畔'""吵嘴;拌嘴""蹚水""聘礼""一个动作反复多次""缠住,使不能脱身"等 6 义。该词典凡收 15 义:1.〈名〉盘子。指盛礼物的器具,又指礼物,尤指订婚时男家给女家的礼物。2.〈动〉缠绕。3.〈动〉纠缠;耽搁(住)。4.〈动〉盘问,查问。5.〈动〉增加(利息或利润);(利)滚(利)。6.〈动〉反复学习、使用(变得熟练)。7.〈动〉辗转换乘(搬运)。8.〈动〉清点结算。9.〈动〉出让(产业);购进(别人转让的产业)。10.〈动〉潜(水)。11.〈动〉(液体)溢出。12.〈动〉蹑手蹑脚地走。13.〈动〉攀援、爬上(高处)。14.〈动〉同"拌②"。罗唆。15.〈动〉见"畔"。"来浪",《简明吴方言词典》共收 3 义,《吴方言词典》共收 4 义,该词典共收 12 义,对"来浪"的词义尤其是它的虚词意义和用法描述得更为精细、准确。总之,翻开词典,新义纷呈,毫无疑问,编纂近代汉语词典、修订《汉语大字典》《汉语大词典》等,从中可以择取许多有价值的东西。

编写方法先进、编排体例合理是该词典的第三个特点。"本词典的编写方法不同于以往的词典,我们利用计算机进行资料搜集和编写,本来用手工做的大量工作基本上都用计算机来做。"(《前言》第 17页)利用计算机编纂词典,除了省时、省力以外,至少还有两大优点:一是可以避免反复抄写引起的错误,二是可以减少词条、义项的遗漏。借助计算机编词典，这是辞书编纂的发展方向，该词典带了一个好头。编排体例方面，该词典一改许多词典按笔画排列的做法，而按词语的音序排列；对同一词语的不同写法采用主条带附条的方式集中释义、举例。这样做，不但检索起来非常方便，更重要的是把同音异形词及有关词语放在一起，便于读者整体了解和综合研究。可见，编纂者对词典体例的设计是很有匠心的。

三

综上所述，称《明清吴语词典》是一部精品词典，当非虚美。但编纂这样一部断代区域语言词典是一项大工程，不可能做到尽善尽美。笔者在翻检过程中随手记录了一些可商可补之处，今梳理数事如次，求教于编者和读者。

关于如何认定吴语文献和吴方言词。诚如编纂者所说，这是"很麻烦的""最困扰人的问题"（《前言》第 11、12 页）。尽管编纂者提出了一些原则、办法，也很有道理，但语言现象是错综复杂的，有些做法还可进一步研究和讨论。比如，现在划定是吴语文献的，其中的词语是不是一定就是吴方言词？被认为是非吴语作品的，其词语是不是就没有吴方言词？试以"翅关""柱科"两词为例。该词典收有"翅关"，释曰："〈名〉翅膀。□ 就像个老虎生了两只翅关，一发会飞。（《三宝太监西洋记》80 回）"查《现代汉语方言大词典》，今山西万荣方言管翅膀叫"翅关"；查《汉语方言大词典》，西南官话如广西桂林方言管翅膀叫"翅拐"，西南官话如四川成都、仁寿及重庆方言，赣语如湖南耒阳方言叫"翅管"（"翅关""翅拐""翅管"当是同一个词的不同变体）。但没有查到现代吴语有把翅膀叫做"翅关"的。可见，把"翅关"看作明清吴语还可斟酌。该词典不收"柱科"，此词见于《西游记》（未列入《吴语文献资料书目》）第二十三回："那呆子真个伸手去捞人，两边乱扑……东扑抱着柱科,西扑摸着板壁。"又作"柱棵",《隋史遗文》(列入《吴语文献资料书目》)第二十九回:"还亏了风高地面,那草楼像生根柱棵,不然一霎儿就捱倒了。"义为柱子,房柱。据《汉语方言大词典》《现代汉语方言大词典》,今江苏丹阳、靖江、海门、启东、吕四等地犹管柱子叫"柱科",字则多作"柱棵"或"柱窠",如木头柱棵、水泥柱棵。"柱科(柱棵)"当是吴语。这说明,在其他方言作品里,也可能有少量吴方言词。当然,要把这种散见的方言词语搜罗起来相当困难。

关于立目收词。有的词目出条失当。如"呼开眼龟":"〈动〉同'呼卵脬'。开眼龟,喻指男阴。□ 吮痈何足异,尝粪不为奇。呵尽豪门卵,名呼开眼龟。(《禅真逸史》24 回)"核原文,这几句是描写帮闲无赖管贤士的。下文云:管贤士的妻子"和隔壁富商黄草包通奸,管贤士禁止不得,只索做了开眼龟"。该词典已收"开眼龟"(释为"明知老婆与别人通奸而不加干涉的男人"),且正举"只索做了开眼龟"为例。可见,所谓"名呼开眼龟"也即"名叫开眼龟",文中两例"开眼龟"同义,"呼开眼龟"不成词。"大手指桠":"〈名〉大的指缝,比喻大手大脚。□ 你向常用一个钱要掂掂厚薄,也算是一钱如命的。几时屙落了肚(胆)子,就这般大手指桠起来?(《何典》3 回)""大手指桠"非一词。"大手指"犹大手大脚;"桠",抓,参该词典"桠"条。"满家眷等":"〈名〉全家所有人。□ 趁势杀进衙门,把些贪官污吏,满家眷等,杀个馨尽。(《何典》9 回)""等"当是助词,不当以"满家眷等"立目。"热石头":"〈名〉用于'热石头浪蚂蚁'。比喻焦急、走投无路的人。参见'蚂蚁'。□ 心慌意乱,如热石头上蚂蚁一般,又如金屎头苍蝇相似。(《常言道》4 回)……""蚂蚁":"②〈名〉比喻走投无路的人。参见'热石头浪蚂蚁'。□ 得了这个消息,急得如煎盘上蚂蚁,没奔一头处。(《醒世恒言》20 卷)……"单是"热石头"或"蚂蚁"都不能比喻走投无路的人,"热石头上(浪)蚂蚁"才有这个意思。而所谓

"参见'热石头浪蚂蚁'",其实词典无该条目。

关于释义。有些词条释义还可推敲。例如"哮":"②〈形〉(因过咸)齁人。□ 其弟语吃(音'吉',言謇也),连叫'鲊、鲊、鲊'。其兄大怒曰:'你休得吃哮了,连累我使钱买药。'(《解愠编》7 卷)""齁",指"太甜或太咸的食物使喉咙不舒服"。而喉咙不舒服不至于"使钱买药"。例中"哮"实指哮喘。今宁波民间尚有吃得过咸要得哮喘病的说法。"肚肠根":"〈名〉常用于表示某种心情达到很高的程度。□ ……阿晓得我为子个件事务肚肠根才急断拉里哉?(《文星榜》18出)引得人笑断肚肠根……(《何典》序)家内夫人先晓得,几乎哭断肚肠根。(《玉蜻蜓》42 回)"其实,"急断肚肠根""笑断肚肠根""哭断肚肠根"才"表示某种心情达到很高的程度","肚肠根"本身并无此义。考《现代汉语方言大词典》"肚肠根"条:"丹阳。肠子(多虚用):把人格~笑断则哆。"可从。特别要指出的是,有关《何典》的条目,该词典训释多有讹误。《何典》是一部幽默、滑稽的讽刺小说,书中大量运用了"偏义格""返源格""矛盾格"等新奇的修辞手法,许多词和俗语不能按常义理解,否则就会上当受骗。例如"出门弗认货":"商品出售,概不负责。□ 且说那臭鬼,自从活死人起身之后,也便收拾些出门弗认货,各处去做那露天生意。(《何典》10 回)""出门弗认货"固然有"商品出售,概不负责"的意思,但这里用"偏义格",仅指"货"。"着湿布衫":"〈动〉比喻惹上麻烦事,代人受过。□ 你们可是在奈河桥上失足堕河,弄得这等拖水夹浆,着了湿布衫回来?(《何典》3 回)"此用"返源格",实实在在指穿着湿的衣服。"无洞蹲蟹":"同'无洞掘蟹'。□ 搬出菜来:一样是血灌猪头,一样是斗昏鸡,一样是腌瘪雌狗卵;还有无洞蹲蟹,笔管里煨鳅,捡弗杀鸭。(《何典》1 回)""无洞掘蟹"释为"比喻无风起浪,硬找碴子",是动作行为,"无洞蹲蟹"是菜名,二者显然不同。其实,"无洞蹲蟹"即蟹,此用"矛盾格":蟹必有洞且不蹲而爬,之所以这么说,既造成戏谑效果,又吻合鬼域语境。又,例中

"捩弗杀鸭"释作"〈名〉扭不死的鸭。比喻忍耐性强、不爽快的人",亦误。类似的条目还有"半截观音""包拍大红衫""鬼头大刀""镬里鹣鹞""冷镬子里热栗子""杉木金刚""笋敲肉""拖牙须堂客""显汤狗头""乡下乌壮蟹""凿孔注牙须"等。

关于举证。个别条目存在着义例不合的情况。例如"花心":"〈名〉花蕊,也比喻女阴深处。□ 贪花费尽采花心,身损精神德损阴。劝汝遇花休浪采,佛门第一戒邪淫。(《醒世恒言》28 卷)……"首句当读作"贪花/费尽/采花/心","花心"非一词。"娘戏":"〈名〉詈语,他妈的,狗日的。□ ……倘然我要瞒其,乌糟糟轧仔姘头,拨其晓得仔,其就要娘戏娘倒辱的。(《九尾狐》34 回)"例句是宁波富翁钱慕颜说的话,是地道的宁波方言。"辱",骂;"娘戏娘倒"是一词,形容骂人凶狠、刻毒的样子,其中"戏"当是"死"的口语记音字。今宁波还说"娘死娘倒辱人家"。"赚":"①〈动〉哄骗;用计骗人。□ ……一娘进帘子来叩头,王奶奶见他人品生得好,嘴又甜,太太长奶奶短,管家婆他称为大娘,丫头们总唤姑娘,赚得上上下下没一个不欢喜。(《梼杌闲评》2 回)②〈动〉蹑手蹑脚地走;溜(走)。□ ……乡下人不见粪桶,各处又寻,门上牢头说:'是了,被他挑桶赚去了。'一齐四下追赶,那里去寻!(《欢喜冤家》10 回)"首例"赚"实为赢(得)、获(得)义,次例实为诓骗义。

此外,词条(包括同音异形词)及义项也偶有遗漏,限于篇幅,这里不展开了。

以上是从高标准的要求对这部词典挑点儿毛病。这些疏失,无损于该词典的成就和价值。

总之,《明清吴语词典》是明清吴语词汇研究集大成性的、创造性的、标志性的成果,我们期待着编纂者继续耕耘,在吴语历史研究领域取得更大的成绩。

参考文献：

［1］闵家骥等：《简明吴方言词典》，上海辞书出版社 1986 年版。

［2］吴连生等：《吴方言词典》，汉语大词典出版社 1995 年版。

［3］许宝华、宫田一郎主编：《汉语方言大词典》，中华书局 1999 年版。

［4］李荣主编：《现代汉语方言大词典》，江苏教育出版社 2002 年版。

（原载《辞书研究》2006 年第 3 期）

悉心打磨，后出转精

——评《白话小说语言词典》

　　白话小说语言研究起步比较晚，1964 年陆澹安出版《小说词语汇释》，此后 20 年，这方面研究进展不大。20 世纪八九十年代，这一领域忽然成了同行关注的热点，论文、著作相继涌现。光就词典而言，重要白话小说如《水浒传》《西游记》《金瓶梅》《红楼梦》等都出版了专书词典，有的还不止一种；断代词典如高文达《近代汉语词典》、许少峰《近代汉语大词典》等，白话小说自然是其取材的重要内容；方言词典有《明清吴语词典》等，涉及大量白话小说；专门解释白话小说语言的已有《宋元明清百部小说语词大辞典》和《明清小说辞典》两部。在这种情况下，要再编纂一部性质相似的词典，难度是可想而知的。但是，由白维国先生主编、商务印书馆 2011 年 3 月出版的《白话小说语言词典》（以下简称《词典》）却没有雷同之感，该词典收词之多、征引之广、释义之精、义项之全远远超出了同类词典，堪称悉心打磨、后出转精之作。本文拟就其创新之处作些评介，并对若干疏失进行讨论。

一

　　收词齐全、征引丰富是该词典的一大特点。该词典"基础资料扎实，直接从 40 余种主要白话小说中勾乙资料，制资料卡片近 30 万张,重要的白话小说词语应无遗漏;引证丰富,引书达 240 余种;收词 5.6 万余条,为国内同类辞书之最"(见《词典》封底)。正因为重视第一手资料,取材范围又非常广泛,很多有特色的词语得以首次进入词典。例如:

【酸虫】 谑称媒人。媒、梅谐音,梅子味酸,因称。[例]只为我家院君要取位二娘子,特着区区寻个～。(醋葫芦·三)

【水儿】 官员的讳称。水即泉,钱的代称,因于行贿场合称官员为水儿。[例]我们～难说话的,做我不着,与他打一棒。(隋史·四一)目今～不长进,只好的是此道。(醋葫芦·九)

【字识】 书办;文书吏员。[例]忙叫营中～,取那册来查点。(豆棚·一一)下马坐定,叫那～,逐名唱过。(豆棚·一一)

以上三个词语都与人物称谓有关,现有辞书均不见收录。"媒人"古有许多叫法,称为"酸虫"则罕见。"水儿"一词《醋葫芦》用例很多,如第九回:"员外府上不敢计论,但是我们那水儿十分利害,好歹专会辨驳。"下文:"敝衙有个钱先生,名唤钱通,与水儿十分相得。"《词典》不仅收了"酸虫""水儿",还把称呼的来历交代得十分清楚。"字识"又作"识字",《词典》也收了,解释说:"即'字识'。[例]鹏子认得他是卫里的～,前日也有个儿子从他教书的。(鸳鸯·一·二)""识字"词义也非常特殊。再如:

【站头】 同"站④"。[例]一路行来,见各尖宿～,地方官都备办公馆。(雪月梅·四五)小将前行,探得此去须有一百余里,方有～。(荡寇·一一一)……("站④"释为"旅行中途换马、食宿的地方"。)

【站道】 站与站之间的路程。[例]这日～本大,公子也着实的乏了,打开铺盖要早些睡。(儿女·三)

【站封面】 在封面上署名。[例]～亦非容易之事,就是小弟,全亏几十年考校的高,有些虚名,所以他们来请。(儒林·一三)

【站倒】 站立;站着。[例]我们下力的人,不摆龙门阵,不扯白

谈经，～打瞌睡，活路做不清。(跻春台·卖泥丸)

以上四个首字为"站"的词语也不见辞书收录。前三个易懂，底下说说"站倒"。"站""倒"意思相反，为什么有"站立；站着"义？"倒"在方言里有个特殊用法，相当于"着"，今南京、武汉、贵阳、成都等地方言都有这种用法(参见《现代汉语方言大词典》第 3230、3237 页，《四川方言词语考释》第 128 页)。《词典》收了这个词，就为方言用法提供了文献佐证。《词典》还收有"跟倒"，解释说："跟定；不放松地跟着。[例]又吩咐幺师喊他～设法去找，倘若走了，要你垫赔。(跻春台·川北栈)"可以比勘。稍嫌不足的是，"跟倒"释义还可精练些，释作"跟着"即可。

有些白话小说因种种原因，迄今没有被现有辞书列入收词范围，《词典》注意到了，从中挖掘出一些新词新义。例如：

【戏】　④性交。[例]我如今也不～了，待你睡一睡，晚些好合他征战。(绣榻·上)他白白的～了你的老婆，你也～他家的牝才是。(绣榻·下)

"戏"为吴语，"娘希匹"的"希"义同"戏"，"匹"本字作"肶"(《广韵·质韵》："肶，牝肶。謷吉切。")，指女性生殖器。例中"戏牝"义同"希匹"。此义各家未及，因为一般辞书都不引《绣榻野史》。该书固然不雅，但正如医生看病往往忽略性别，语言研究也无雅俗之分，该书一些方言俗语词还是具有语料价值的，《词典》的做法值得肯定。

【且】　介词。从；自。[例]三爷善合带着秃儿～外头买了一大捧樱桃来。(小额)您要说当大夫的恶习，千奇百怪，～今天说到我们停版也说不完。(小额)

虚词"且"《近代汉语大词典》凡收"犹，尚""既，已""有时，偶尔"等 11 义，《近代汉语虚词词典》凡收副词、连词、语气助词等 19 义，但均不及介词用法。《词典》"且"字只收这一种用法，却很有特色(此义徐世荣《北京土语辞典》、陈刚等《现代北京口语词典》等都有收录)。

《小额》是晚清满族作家松友梅创作的京话小说,近年才被从遗忘的角落里翻印出来。该书有许多地道的北京方言和特殊用法,编者注意到这类材料,难能可贵。《词典》还收了《小额》中"颏拉嗉"(喉结)、"蘑菇"(麻烦)、"青字儿"(刀的隐语)、"消遣"(指演出)、"味气"(气味)等词语,其词或其义皆可补现有辞书之未备。

另外,《词典》收了白话小说中数百条同素异序词,有的是两个词形共现同收的,有的是只出现或只收一个词形的。如放卖/卖放、看照/照看、面脸/脸面、识结/结识、胸抹/抹胸、愿情/情愿、庸平/(平庸)、仗倚/(倚仗)、证对/(对证)、倒反/反倒、说述/述说、望看/看望、围桌/桌围、攒积/积攒、套头/(头套),等等。其中"放卖、看照、面脸、识结、胸抹、愿情、庸平、仗倚、证对"等现有辞书均没有收释;"倒反、说述、望看、围桌、攒积、套头"等《汉语大词典》只举现代例证或没有书证,可据以提前或补充书证。

征引丰富不仅有助于挖掘新词语和新义项,还有助于证明疑难词语的词义。例如:

【坐脚】 屁股,隐指女阴。[例]取木盆洗～。(金瓶·九二)等他上过了马桶,拿汤来洗了～。(金云翘·一五)她虽不梳头,不缠脚,然只要她的下头,哪管他的上头,只要她的～,哪管她的走脚。(八洞天·八)

"坐脚"一词一般词典都没有收录,只有《近代汉语大词典》收了,解释说:"称屁股。《金瓶梅词话》第九二回:'上房经济和冯金宝还在被窝里,使他丫头重喜儿来叫大姐,要取木盆洗～,只顾推不开。'"许氏训释不误,但是《词典》更胜一筹。这是因为例证更加丰富了,新增的两条例证不但很好地证明了词义,而且还有辅助作用:传达出它隐含的意思(女阴)及其词义理据("坐脚"与"走脚"相对)。

【洒浪】 显排场,出风头。[例]纱王三叫人将几顶帽子送将来还他,上复道:"已后做东道要～那帽子时,千万通知一声。"(二拍·

三九）院君有的钱钞，再做三五百金与他～～，包有半年孝顺。（醋葫芦·一四）

首例"洒浪"上海古籍出版社1983年版王古鲁注为"在人前出风头"，《近代汉语大词典》释为"炫耀，出风头"，《明清吴语词典》释为"即'晒晾'。晒；晾"。"洒浪（晒晾）"在近代汉语及现代方言里，一般都当晒、晾讲，尽管首例"洒浪"文中确有炫耀、出风头的意思，但因为没有找到旁证，所以笔者《大字典论稿》"浪"字条也把它释作晒、晾。现在《词典》增加了《醋葫芦》的用例，"洒浪"的炫耀、出风头义可以证实了。今更补一例，《山水情》第十六回："我们这样薄福下贱，到了春里也要去借两件衣服来，打扮了，合了起同行女伴，出去洒浪一番。"

二

释义精当、义项完备是该词典的又一特色。释义精当表现在以下几个方面。

一是挖掘了许多新义。例如：

【绊】 寻求；找。［例］总是那边未见得成，或者另～得头主。（拍案·四〇）他若没有这箭起这些因头，那里又～得（景家）这头亲事来？（二拍·一七）

《明清吴语词典》"绊"字条："②张罗，安排。□ 阿唷，今日要忙杀个哉，拜忏还寿生，专炼大施食，四处绊道场，只怕弄列必。（文星榜四出）"以上三例同出吴语作品，文意当相同，似以"寻求；找"为优。

【听】 ③照应；照料。［例］金钟儿听此一句，略略的冷笑了，一面藉空儿出去～何公子去了。（绿野〈钞〉·四七）

《词典》还收有"听饭"，解释说："看饭；照看饭食。［例］你还没有吃饭，我与你～去。（绿野〈钞〉·四七）"因为不明"听"有此义，

"我与你听饭去"有的本子写作"我与你打听饭去"（如齐鲁书社1995年版《绿野仙踪》第287页），"打听"讲不通，下文："怎么这老金，听饭去就不来了？"可证。又，"看"也有此义，"听""看"两词可以比勘。

【张】　④受到。[例]或是大相公清早～了寒气。（歧路·一九）我家相公，不知怎的～了风寒，大病起来。（歧路·一九）

《汉语方言大词典》"张"字条："⑨受；承受。㊀晋语。山西忻州：～忽着呐_{受冷了}。㊁徽语。安徽绩溪：我打扇，你～风……"（第2954页）可以互相印证。

以上三例是实词，下面三例是虚词：

【忽】　①用在时间词前，起指示作用，略相当于"某"或"有"。[例]看看十月满足，～日，傍三更时分，肚内阵阵疼来。（清平·花灯轿）～一日欧公有事出去了。（拍案·八）～一日，孝移不吃夜间晚酌，蒙头而睡。（歧路·一〇）

白话小说习见"忽日""忽一日""忽地一日"等说法，其中绝大多数"忽"并没有迅速或出乎意料的意思，对此，笔者蓄疑有年。但是查考各种词典，都找不到合适的解释。《词典》上述释义为我们准确理解这类词语提供了钥匙。又，唐宋笔记小说中即有类似用法，如《太平广记》卷一百一《渭滨钓者》引《玉堂闲话》："忽一日，垂钓于大涯碛，竟日无所得。"又卷四百三十五《舞马》引《明皇杂录》："忽一日，军中享士，乐作，马舞不能已。"王锳先生《唐宋笔记语辞汇释》"忽〔二〕""忽，也通'或'，但为不定代词，表示'某人'、'某物'、'某时'的意思。"《词典》在王说基础上离析出"忽"之"某""有"义，很有见地。

【乃】　用在指称他人的亲属称谓词之前，有时相当于"其"（他的），有时相当于一个前缀。[例]他的～父是我朝数得起一个清官。（醒世·一六）万人皆如此说，因而～祖母便先爱如珍宝。（红楼·

二)慌忙走进堂屋，先替～兄作了个揖。(老残·七)

"乃"作代词，一当"你""你的"讲，一当"其""他的"讲。在第二种用法的基础上，又产生了一种类似前缀的用法，这种特殊用法过去不大被人注意。如《汉语大词典》把"乃眷"释为"他的妻子"，"乃翁"释为"他的父亲"，有的能讲通，但下面例子就讲不通了。《儒林外史》第十九回："不想那一日，弟媳妇不曾出来，是他乃眷抱柴，众人就抢了去。"《斩鬼传》第七回："知他乃翁姓甚名谁？""乃"与后边的"眷"等已凝固为一词，都不能用"其"义来解释了。《词典》把这类"乃"看作"类似前缀"，问题就迎刃而解了。

【下老实】 ②十分；非常。[例]你只休抢他的性子，一会家乔起来，也～难服事的。(醒世·二四)(按，当作"一九")我今日有些病，～不耐烦。(巫梦·五)

"下老实"可作情态副词，有"下死劲、狠狠地"等意思，相关词典已有收释；但其程度副词"十分；非常"的用法却很少有人注意到。兹更举三例以证成其说。《醒世姻缘传》第二十七回："虽是空坛，有鬼在内，谁知那两个坛都下老实的重。"又第四十九回："亏了大的丫头子，今年十二了，下老实知道好歹，家里合他奶奶做伴儿。"又第九十六回："我见你这一向下老实合他话的来。"

二是纠正了许多旧说。例如：

【工程】 ①工夫；时间。[例]我和你来了有十昼夜多～，他怎么得这等快？(西洋·三四)遇着这个客人，缠了多时，正是：买卖不成，担误～。(古今·一)

首例《宋元明清百部小说语词大辞典》释为"路程"；次例《汉语大词典》释为"指各项劳作"，高文达《近代汉语词典》释为"工作"。相比之下，《词典》训释更为准确。

【过铁】 过刀；杀头。[例]但军职等官过了铁，文书做绝了，则子孙永不能袭职。(于谦·一八)

《汉语大词典》"过铁"条："谓犯有杀戮之罪。清刘献廷《广阳杂记》卷四：'有相士密语激云曰："我观诸少年皆当过铁者也，公胡与久处耶？"激云不解所谓。曰："头临白刃，非过铁而何？"'""谓犯有杀戮之罪"，释义不够简洁精确；《宋元明清百部小说语词大辞典》以"过了铁"出条，也欠妥当。《型世言》第三十一回："他与杨兴在外先寻了两个人情，一个是失机指挥，只求免过铁，不要翻黄，子孙得荫袭的，肯出三千两。""过铁"就是杀头。

【洒落】 ④玩耍。［例］随即唤书童司茗来问他："近处有甚么好～的去处么？"（女开科·一）

《禅真后史》第三十三回："况终日独坐书斋，甚觉无聊，怎得一个洒落去处，消遣数日也好。"其中"洒落"，高文达《近代汉语词典》释为"爽快自在，放浪不羁"，当是不明"洒落"有玩耍义而误训。

【卯君】 指兔子，对以色事人的男子的蔑称。十二生肖中卯为兔。［例］凤林最伶透，便知他是个～，忙招呼了他。（品花·二三）

"卯君"一词，《汉语大词典》释为"卯年生的人"，举宋苏轼诗、清曹寅诗两例。《近代汉语大词典》先引宋苏轼诗及赵次公注，后加按语："子由即苏辙，苏轼之弟。后因以卯君称兄弟。"下举清曹寅诗和《品花宝鉴》例。"卯君"是多义词，就《品花宝鉴》例而言，既不是指"卯年生的人"，也不是指"兄弟"，而的确是指"兔子，以色事人的男子"。

【走作】 走样；发生异常变化。［例］谁知佛印心冷如冰，口坚如铁，全不见丝毫～。（恒言·一二）你看多少人家名门大族的娘子，汉子（方）伸了腿就～了。（醒世·四三）他那中间人，我都熟识，丝毫不得～的。（儒林·五二）

所举三例，《近代汉语大词典》分为三义，首例释为"走样，变样"，次例释为"改嫁"，末例释为"出岔，出纰漏"。我们认为，《词典》把这三个用例概括为"走样；发生异常变化"一个意思是准确的。"改嫁"

不确,原文是珍哥辩白自己"汉子伸了腿"没有"养汉",与"改嫁"无涉。《儒林外史》例释为"出岔,出纰漏"虽符合文意,但其实仍是上述意思。"走作"的基本意义是"走样;发生异常变化",用于人,指人行为失常,如首例、次例;用于事,指事情出纰漏,如末例;用于物,指东西变坏,如《生绡剪》第一回:"必定货物走作,没处出脱,到我这里来。"

《词典》封底语云:该词典"释义精当,很多条目为国内首释,一些条目订正了此前学界的误释"。其言不诬。

《词典》在前人的基础上,对白话小说中的词语意义作了系统梳理,力求做到义项完备。这方面成绩也非常突出。例如:

【只】 ①仅;仅仅。②只是;一味。③且;姑且。④一直;直到。a)用于空间。b)用于时间。⑤竟;竟然。⑥尚;还。⑦即;就;便。⑧只好;只得。⑨只管;只顾。⑩都;全。⑪正;正在。⑫用于强调唯一。a)用在人称名词或代词前面。b)用在指示代词前面。c)用在时间词前。⑬指示词,这。⑭表示轻微转折。可是;只是。⑮只要。(例略,下同。)

不难看出,《词典》归纳整理"只"字义项是下过一番功夫的,既完备,又准确。《水浒词典》"只"字条共收七义,其中"只[1]"释为"在",举第七回"林冲就只此间相等"、第十五回"事不宜迟,只今夜三更便去"等例;"只[5]"释为"忽",举第九回"正行之间,只听得背后有人叫道:'林教头,如何却在这里?'"等例。后出的相关词典多踵其说。其实,"只"当"在""忽"讲,属于随文释义,并非确诂,上述用法并没有改变"只"的本质属性。按照《词典》解释,例句中的"只"都可以纳入第十二义"用于强调唯一":"只此间相等"是用在指示代词前,"只今夜三更便去"是用在时间词前,"只听得背后有人叫道"是强调动作唯一。可以这么说,本条列项、释义具有拨乱反正的意义。

【意思(儿)】 ①语言、字面或神态等所表现或暗含的意义。

②心思;想法。③情趣;趣味。④情意;好意。⑤敬意。⑥心计;谋略。⑦见识;本事;手段。⑧缘故;道理。⑨苗头;征兆;眉目。⑩仪态;神情。⑪打算;盘算。⑫犹"意思意思"。⑬缺少实际内容的象征性的表示。⑭指达到的某种程度、水平。⑮委婉语,指代某些不便直接明白说出的内容。

"意思(儿)"亦凡收十五个义项。《明清小说辞典》不收"意思",《宋元明清百部小说语词大辞典》"意思"条只收"对别人的敬意;心意"一义。相比之下,《词典》义项完备的特点就显得非常突出。顺便说一下,《明清吴语词典》凡收三义,其中第三义释为"〈副〉表面上;稍微地",举《清夜钟》第二回"过得两三日,一个急症,痰喘而亡。陈氏也只意思悲伤,倒是这两个女子哭泣甚苦"一例。释义似欠准确,此"意思"不是副词,可用"仪态;神情"来解释。

三

综上所述,《词典》堪称精品。但编纂这样一部语言词典是一项大工程,不可能做到尽善尽美。笔者在披阅过程中也发现了一些可以商议的地方,比如取材范围还可拓宽,特色词语还可挖掘,有些义项还可补充,有些释义还可完善,等等。限于篇幅,下面仅就释义、立目和举证各举一例加以分析。

关于释义。个别条目释义还可推敲。例如:

【方脉】 开方诊脉。[例]咱县门前住的行医何老人大小～俱精。(金瓶·六一)

此袭中华书局《金瓶梅词典》而误。"大小方脉俱精"是说大方脉、小方脉俱精,"方脉"不是"开方诊脉"。《汉语大词典》收有"方脉"条,释曰:"医方与脉象。引申为医术。"但"大方脉""小方脉"中的"方脉"也非此义。明陶宗仪《辍耕录》卷十五《医科》:"医有十三科。

考之《圣济总录》，大方脉杂医科、小方脉科、风科、产科兼妇人杂病科、眼科、口齿兼咽喉科、正骨兼金镞科、疮肿科、针灸科，祝由科则通兼言。""大方脉"指治疗成人内科杂病的，"小方脉"即小儿科，合称为"大小方脉"。宋周密《武林旧事》卷八《宫中诞育仪例略》："仍令太医局差产科大小方脉医官宿直。"《二十年目睹之怪现状》第一百四回："他的招牌是'专医男妇老幼大小方脉'。"并其例。《词典》已收"大方脉"，释为"中医分科，医治成年人内科疾病的称大方脉"，是，此当以"大小方脉"（《汉语大词典》已收）出条，互相照应。又，"方脉"还有诊脉义，如《杀子报》第十回："世成连声答应道：'冯先生，费神与我方方脉看。'……冯先生点头道：'是。'就去坐在床沿之上与他方脉。"《何典》第三回："到得家里，方过了脉，那郎中道：'这不过是吓碎了胆，又受了寒湿气，不妨事的。'"今老派徐州方言犹称号脉为"方脉"（参见拙著《明清小说俗字俗语研究》第 112 页）。《词典》未及此义，可补。

关于立目。个别条目词目文字失校。例如：

【罗乖】 调皮；淘气。［例］两脚鏖糟拖破鞋，～象甚细娘家。（西湖·一九）

此例出自《西湖二集》，人民文学出版社 1989 年版、浙江文艺出版社 1985 年版文字同（第 312、361 页），后者注解说："罗乖：吵闹、佻皮。"《宋元明清百部小说语词大辞典》"罗乖"释为"调皮；淘气"；《近代汉语大词典》释为"指罗圈腿"。《古本小说集成》本、华夏出版社1995 年版则作"啰乖"（第 805、214 页）。"罗乖""啰乖"文字有误，各家注释亦不确。下文云："这首诗是嘲人家鏖糟丫鬟之作，乃是常熟顾成章俚语，都用吴音凑合而成。"既然是吴语诗，当以吴语求之。"罗乖""啰乖"当作"啰里"或"罗里"。"啰里"是方言词，一般人不明其义；且"裏（里）"之俗书写作"裹"，"裹"字下半部分字迹漫漶，抄写、刻印及校点者便误认作"乖"字。"啰里"，吴语疑问代词，哪里。清乾隆十五年《昆山新阳合志》:"那里曰啰里。"明王錂《春芜记》第十五出:"他两个只指望销金帐里风光好,啰里知被我这秃厮儿隔断子玉楼春。"《缀白裘·金锁记·思饭》:"叫我到啰里去借介?"《女开科传》第十一回:"真是个书呆弄出嗜个把戏,如今连余秀才也勿知走到啰里去哉。"皆其证。"啰里像甚细娘家"即哪里像什么小姑娘。又写作"啰哩""啰俚""罗里""罗哩""落里""落俚""洛里""陆里""陆俚"等(参见《明清吴语词典》相关条目)。吴连生等编著《吴方言词典》收有"罗乖"条,解释说:"哪里;哪。柴萼《梵天庐丛录·咏不检束使女》:'两脚鏖糟踏破鞋,罗乖像甚细娘家。'"释义是,可惜讹字未能校正。又,沈怀兴教授惠告:吴语"啰"即"那(哪)"(《广韵》奴可切,与"婀娜"的"娜"同音)之音转。其说可从。

关于举证。个别条目义例不够密合。例如:

【那谟】 即"南无"。[例]适来的长老来有影,去无踪,不知是那一位~?(西洋·四)当中坐着个瘪嘴~佛。(何典·一)

《词典》"南无"条释为"梵语音译,意思是归命、敬礼、度我。常用在佛、菩萨或经典名前,表示对佛法僧三宝的归敬"。"那谟""南无"是一词异写,但《三宝太监西洋记通俗演义》中的"那谟"却与"南无"常义有别,是名词,指和尚。首例下句:"弟子道:'他自己称为滕和尚。'"可证。该书这种用法多见,如第一回:"这老祖却不是等闲的那谟。"第五回:"却说四众人等弟子,要做圆满,便就有个弄神通、阐法力的那谟来了。"第十二回:"文武百官本等是说天师高妙,也有说这和尚却不是个等闲的那谟。"第十三回:"这个校尉也就晓得这个长老不是个等闲的那谟。"事实上,"南无"也有类似用法,不过不是指和尚,而是指佛或菩萨。《词典》"南无"条第二例:"我的~耶!那里寻本儿利儿!(金瓶·四五)"《词典》释义与实际用法也不符,此例"南无"犹言菩萨。《西湖二集》第二十六卷:"至心朝礼,木鱼中敲出雷经;皈依南无,跪拜时误踏罡斗。"此例"南无"犹言佛、菩萨。至于《何典》中的"那谟佛"，其实就指佛或菩萨。《何典》语言风格独特，好用"偏义格"，如第四回"即使要再嫁，也该拣个梁上君子"、第九回"轻骨头鬼听说，便拿了一把两面三刀"，"梁上君子""两面三刀"只取"君子""刀"义，同理，"那谟佛"只取"佛"义。

尽管《词典》还存在一些小问题，但白璧微瑕，无损于这部词典的成就和价值。

参考文献：

[1] 白维国:《金瓶梅词典》,中华书局 1991 年版。

[2] 高文达主编:《近代汉语词典》,知识出版社 1992 年版。

[3] 汉语大词典编辑委员会:《汉语大词典》,上海辞书出版社、汉语大词典出版社 1986～1994 年版。

[4] 汉语大字典编辑委员会:《汉语大字典》(第二版),四川辞书出版社、崇文书局 2010 年版。

[5] 胡竹安:《水浒词典》,汉语大词典出版社 1989 年版。

[6] 蒋宗福:《四川方言词语考释》,巴蜀书社 2002 年版。

[7] 李荣主编:《现代汉语方言大词典》,江苏教育出版社 2002 年版。

[8] 石汝杰、宫田一郎主编:《明清吴语词典》,上海辞书出版社 2005 年版。

[9] 王锳:《唐宋笔记语辞汇释》(修订本),中华书局 2001 年版。

[10] 吴士勋、王东明主编:《宋元明清百部小说语词大辞典》,陕西人民教育出版社 1992 年版。

[11] 许宝华、宫田一郎主编:《汉语方言大词典》,中华书局 1999 年版。

[12] 许少峰:《近代汉语大词典》,中华书局 2008 年版。

[13] 张季皋主编:《明清小说辞典》,花山文艺出版社 1992 年版。

[14] 周志锋:《大字典论稿》,浙江教育出版社 1998 年版。

[15] 周志锋:《明清小说俗字俗语研究》,中国社会科学出版社 2006 年版。

（原载《辞书研究》2015 年第 3 期）

一部特色鲜明、功力独到的
扩展型专书词典

——《〈金瓶梅词话〉〈醒世姻缘传〉
〈聊斋俚曲集〉语言词典》评介

近30年来,近代汉语专书词典、断代词典出了不少,但是按语言的地域特征把几部白话作品的词语汇集在一起编成一部词典的,还没有看到。徐复岭先生的国家社科基金后期资助项目成果《〈金瓶梅词话〉〈醒世姻缘传〉〈聊斋俚曲集〉语言词典》(上海辞书出版社2018年4月版,以下简称《词典》)在这方面做了一个很好的尝试,该书体例新颖,内容多有创获,是一部特色鲜明、功力独到的近代汉语扩展型专书词典。关于这部词典的特色和优点,李行建、刘俊一两位先生的《序》及作者的《前言》和《后记》都已谈到;笔者拜读之余,觉得仍有必要向读者做进一步推介。

一、突破专书词典模式,编纂体例新颖

专书语言词典是编纂断代语言词典和历史性汉语大词典的基础。迄今为止,有关近代汉语的专书词典为数不少,但冷热不均,像《水浒传》《金瓶梅》《西游记》《红楼梦》等名著都已有专书词典,有的还不止一种,而其他白话作品的专书词典则罕见。至于把几部白话著作合起来编成一部词典的,更是没有。《词典》汇聚《金瓶梅词话》

《醒世姻缘传》《聊斋俚曲集》三书词语而成一典，突破了以往专书词典的编写模式，在编纂体例方面就是一个创举。

作者之所以把《金》《醒》《聊》三书合在一起研究、编写词典，是因为三者具有相同、相似之处。《前言》说：

从时间上看，"《金》《醒》《聊》这三部文学作品在写作时间上具有连续性。《金瓶梅词话》成书于明嘉靖后期至隆庆、万历年间，《醒世姻缘传》成书于明崇祯至清顺治年间，《聊斋俚曲集》写成于清康熙朝中后期。三部作品的写作时间基本上是前后连接、不间断的，贯串了十六世纪中期到十八世纪初期大约一百五十年的历史"。

从语言上看，"这三部白话文学作品在语言风格上具有相同的地域特征。无论是作为白话小说的《金瓶梅词话》和《醒世姻缘传》，还是作为通俗戏曲的《聊斋俚曲集》，它们的'方言文学'的色彩都极其浓厚，口语化程度都极其高，而且所采用的基础方言应该都属于或基本属于明清时期北方话系统的山东方言"。

基于《金》《醒》《聊》三书基本反映了明朝中后期至清朝前期一百五十年间北方方言尤其是山东方言的生存状况和基本形态，将这三部作品中的词语汇集起来合编成一部语言词典，不仅对于阅读和研究这三部文学作品具有重要意义，而且对于搞清楚特定时间、特定地域的语言面貌，进一步开展近代汉语词汇研究、方言史乃至汉语史的研究，具有特殊的学术价值。而单一的专书词典由于时间及资料的局限，就很难取得相应的效果。

根据三书语言特征相似、具有互补性的特点，光是在疑难词语训释方面，就有明显的优势。例如《金》八十回有"省腌"一词："妇人也有些省腌，就坐不住，随即告辞起身去了。"白维国（1991）《金瓶梅词典》释为"明白；醒悟"；李申（1992）《金瓶梅方言俗语汇释》释为"觉得羞愧。'腌'是'愧'的记音字"；张鸿魁（1999）《金瓶梅字典》谓"腌"当作"腥"，形近而讹；《汉语大词典》则引作"省腥"，释为"察觉"；许少峰

(2008)《近代汉语大词典》亦作"省瞆",释为"觉察,发觉",但"瞆"注音 kuì。"腊"字《广韵》有"肥也""畜胎""肉美"三义,于文义皆不合。"瞆"字《集韵·海韵》训"明也","瞆"字《玉篇·目部》训"明也",都读 kǎi,意思似乎都对得上,但"省腊(瞆)"文献只有上引一例,白话作品为什么使用这么冷僻的词,令人费解。《词典》勘误条目"省腊"条说:"腊,'腔'之讹误。省(xǐng)腔,即醒悟、明白。……参看正文〖省腔〗。""省腔"条:"〈动〉明白其中的意思;醒悟。《醒》八十:韩芦装着相打的模样,悄地里把戴氏胳膊上捏了一下,戴氏省了腔,渐渐的退下神去。又八一:单完是衙门人,省的腔的,已是知道就里。 方 今北京、河北话有此语。"《金》《醒》语言一对比,加上方言旁证,这个疑难词语就涣然冰释了! 又如《金》九十三回有"寻个把草教他烤"一句,白维国《金瓶梅词典》以"把草"出条,释为"成束的草;草把",对此,笔者蓄疑已久。《词典》"个¹"条:"〈量〉一捆麦子、高粱或谷草等叫一个。《金》九三:……总甲分付他(指陈经济)看守着他,寻~把草教他烤。《醒》十九:一日,场里捆住不曾抖开的麦子不见了二十多~。《聊·富》三:遂即拿了~草来,叫他好打铺。……"又"把³"条"〈助〉概数助词"首例亦举"寻个把草教他烤",并用括号注:"一捆儿捆扎起来的秆草叫'一个草'或'一个草个子'。"原来"个把草"应该读"个把/草",而不是"个/把草"。《金》《醒》《聊》三书互证,使人豁然开朗。[①]

编纂体例值得称道的还有异形词集中释义和"参看"。白话小说往往据音记字,从而产生了一大批异形词。《词典》仿照《元曲释词》《宋元语言词典》之例,把异形词类聚在一起,集中释义、举例,既节约了词典篇幅,又能使读者对不同书写形式一目了然,同时还为准确推求词义提供了便利条件。例如"紧自"一组副词,《金》和《醒》中写作"紧自/紧仔/紧子/紧则/紧着"和"紧",《聊》中写作"急仔/急自/极仔"和"禁子的",词形达十个之多。《词典》分别放在"紧自"和"急仔"

条下集中释义,并在"急仔"条下注明"参看〖紧自〗",又在"紧²"和"禁子的"条下分别注明"参看〖紧自〗"。这种异形词集中编排加上"参见"的体例,有助于互相印证,触类旁通。再如"周生"条:"结束生命;死去。周,终、完毕。《醒》五七:这孩子到他手里,不消一个月,打的像鬼似的,再待一个月,情管周了生。㊦摺生。《聊·俊》:狠狠一下摺了你的生,倒还割了这块癣!""周生""摺生"都罕见而费解,两者放在一起,比较互证,意思就容易理解了,"周"有终、完毕义,"周生"相当于丧生、送命,而"摺"是"周"的借字。

二、重点收录口语词汇,收词很有特色

《词典》洋洋 145 万字,共收三书词语 13200 余条,包括词、词组、熟语以及习用格式等,不但规模大,收录的词语也很有特色。

《金》《醒》《聊》三书当中,《金瓶梅》专书词典或方言、俗语、隐语训释著作已出了多种;日本学者植田均先生于 2016 年出版过《醒》日语版的专书词典,国内很少见到;②《聊》则迄今没有专门的词典。为了和已出的有关辞书(包括《汉语大词典》等)相区别,作者制定的收词范围和原则是:(1)《词典》以扫除三书中的语言障碍为主要任务之一,收词与一般历史语文词典或专书词典不同,不刻意求全,不贪图三书词语的"全覆盖",收词以明清时期日常生活中的口语词汇为主。(2)着重发掘并收录那些读者似曾相识却未必明白其确切含义或用法的"熟词"或"熟词生义"。(3)重点收录有特殊用法的词语特别是虚词,并尽量详细解释其意义和用法特点,从而使这部词典兼具语法词典的性质。(4)以《汉语大词典》和《现代汉语词典》为参照对象,尽量避免重复,特别注意收录《汉语大词典》等辞书中未收录或虽已收录但在某些方面有待改进的词语。由于收词角度与其他辞书不同,尽量避免与已有相关辞书的雷同和重复,从而使《词典》既具有明显

的个性，又具有较强的实用性和较高的学术性。

下面以"新词""新义"为例做些介绍，因为"新词""新义"在一定程度上体现了《词典》的创新水平。

关于"新词"。新词是指《汉语大词典》及各种近代汉语词典等没有收录的词语（方言词典除外）。《词典》挖掘并正确解释了许多新词语，有助于汉语词汇尤其是方言词汇的研究。例如：

"成溜(liù)"条："〈形〉(言语)流利顺畅。《聊·快曲》四：输了的着他指头骂曹操，骂的都～。又《襄》十三：夫人说：'您哥哥和嫂嫂和睦么?'老王低头说：'和……和睦呀。'夫人说：'和睦就是和睦，怎么揭揭不～了？想是不好么?'"说话流畅叫"成溜"，此词不见于普通语文词典。

"垫手"条："（～儿）〈动〉(把钱物)放在手中，以备随时使用。《醒》七一：我变转了一百两银子，放着等一总里交，怕零碎放在手边使了，先送了来与老公～儿使。《聊·增》二一：些须微礼休嫌少，权且当作胭粉钱，零碎～也方便。""垫手"一词《醒》《聊》都有，但未见方言词典收录，老派上海话有"垫手补"一词，指留在手头的备用金，可以比勘。

"诮撒"条："〈动〉讥诮；挖苦。《聊·襄》十七：好贼欺心的忘八！我到怜惜他，他可这么～人，说的俺就像个人了！气杀我！又：骂一声小囚根，浅嘴薄舌～人，天下就是你狗脸俊！ 方 今山东青州、寿光、威海话有此语。"讥讽的意思在山东方言里有十几种说法，其中"诮撒"有文献用例，可以进入语文辞书。

"响皮肉"条："〈名〉经过特制的猪的内皮，可做菜肴。也称皮肚(dǔ)。《醒》三八：连春元叫人送了吃用之物：腊肉、～、羊羔酒。又八七：许过捎羊羔酒、～与寄姐尝，又忘记不曾捎到。""响皮肉"是一种特色食品，今四川方言仍保留，蒋宗福(2014)《四川方言词源》"响皮"

条:"煮熟晒干的猪肉皮用温油逐渐加热炸泡而成的一种食品。"可参证。

"提浮梁线"条:"浮梁线是拴在木偶身上的悬丝,艺人通过移动悬丝使木偶做出各种动作,故玩木偶戏称作'提浮梁线'。此处指悬梁自尽。《醒》九:只见计氏正在晁大舍住房门上~哩。"本条既讲本义,又讲转义,解说很到位。

"求面下情"条:"以谦卑的态度请求对方(做某事)。《醒》十三:我说这事也还要仗赖哩,~的央己你,送你冰光细丝三十两。又二二:我又不借他的银子,为甚~的?""求面下情",说法很形象,也很特别。

"趹歇着口子"条:"形容讨好谄媚、巴结人的样子。趹歇,同'蹀躞',颤抖、哆嗦。《聊·增》八:也罢,这楼上无人见,就叫他三声爷,哄他几串金钱,谁待爷长爷短的~常叫他哩? 方 今山东寿光话说'趹歇着嘴'。《汉语方言大词典》释为"〈动〉张着嘴(贬)",例同,似欠准确。《词典》指出"趹歇"同"蹀躞",意思就显豁了。

关于"新义"。新义也即"熟词生义"。《词典》抉发了许多被人忽略的新义,可补近代汉语词典及《汉语大词典》等的疏漏。例如:

"桌"条:"〈量〉②用于箱、柜、橱等。只;口。《聊·翻》七:先抬上两~箱子,占着俺的。又《襄》三:一~破柜扫扫土,棉花车子落落弦。""桌"这个量词用法很特殊,未见词典收录。

"饥困(kun)"条:"〈动〉饥饿。《聊·墙》一:他急自极好害~,何况等了半日多,此时不知怎么饿。又《慈》四:张诚又说:'俺哥哥你还不吃饭么?'张讷说:'我不~。'又《富》三:到了五更里,觉着~,便叫店主来,对他说想饭吃。 方 今山东中东部方言有此语。"这个词现有词典都释为"饥饿困顿",不及此义。

"徘徊"条:"〈动〉想;寻思。《聊·磨》十六:坐书房暗~,出了恭便回来,坐许久教人心中怪。又二五:将筐篮解开,嚼着锅饼暗～,第五篇已是有个架儿在。""徘徊"有寻思义,犹"踟蹰"有思量义,引申轨迹相同。

"或者"条:"①〈副〉横竖;反正。《聊·翻》二:[仇福说]'从夜来只顾盘问我,～没赌没嫖。'姜娘子说:'仔怕嫖赌也是有的。'又《襄》四:他三叔是好秀才,又老成,自然教导那孩子～不差。又十三:江城说:'我作的我受,～打不着你,你管甚么闲事!'""或者"是个常用词,但此义颇为特别。

"千万"条:"〈副〉①反复多次地(叮嘱、央求)。《金》九四:他～分付,只教我把你送在娼门。《醒》十三:两个勉强吃了几杯酒,～央了差人许他两个在一床上睡了。……②实在;确实。《醒》八:就是咱娘的性儿,你别要见他善眉善眼的,他～只是疼我;他要变下脸来,只怕晃住娘子那些话他老人家也做的出来。又五六:狄员外惟恐家丑外扬,～只有一个独子,屈心忍耐。《聊·襄》四:……进了学～侥幸,进不了也就罢了。又《磨》十六:保儿才十四岁就侥幸进了学……本不该离了师傅,～的只是无钱。""千万"此两义辞书多未措意,《词典》把它们离析出来了,很有见地。

三书有不少文字错讹现象,《词典》在校勘方面下了很大功夫。对于有文字问题的条目,一般都编入"附录二·勘误条目"中,从而保证了立目和释义的准确性。例如:

"拣省"条:"省,'着'之形误。拣着,拣选、挑着。《金》六三:催促子弟快吊关目上来,分付拣省热闹处唱罢。(张本作'拣着')"白维国《金瓶梅词典》及《白话小说语言词典》"拣省"条都释为"挑出重要的,省去次要的",例子同上。"拣着"《金》书多见,如二十二回:"我的儿,你若依了我,头面衣服随你拣着用。"又六十八回:"靠背将军柱,夜对木伴哥,随他拣着要!""着""省"形近易讹。后两种词典未加甄别而以"拣省"出条,误。

三、注重方言佐证词义，释义后出转精

释义是辞书的灵魂，也是决定辞书质量的关键因素。作者长期研究三书语言，有丰富的前期积累；又善于吸收学界最新研究成果，综合使用各种训诂方法来诠释词义，因此在词语解释方面取得了显著成绩。总体看，《词典》释义比较具体、详细、准确，特别是在以下几个方面，做得比较突出。

一是有些词条能够尽量说明音借、音变及内部结构等情况，例如：

"百势"条："〈动〉故作姿态；装样子。百，借作'摆'。《金》五八：偏你会那等轻狂～，大清早辰刁蹬着汉子请太医看。"近代汉语里"百"可借作"摆"，如"百忙"可写作"摆忙"。"百势"他书不收，有的词典以"轻狂百势"出条，释为"做出种种轻狂的样子"或"举止轻浮貌"，似乎都没有弄清楚"百"是"摆"的借字。

"除的家"条："〈介〉表示排除。除了。的(de)，'了(le)'的音变；家(jia)，语缀，无义。《醒》二二：可说这房子，我都不给你们，留着去上坟。～阴天下雨好歇脚打中火，论这几间房倒也不值甚么。又四十：～白日里去顽会子就来了，那里黑夜住下来？……"三书词语多词缀，《词典》都是一一注明，这对读者弄清词语的结构很有助益。

二是有些词条能够追溯词源或说明理据。例如：

"穷奇"条："〈名〉指凶恶的人。语出《左传·文公十八年》：'少皞氏有不才子，毁信废忠，崇饰恶言……天下之民谓之穷奇。'《醒》三五：此般异类，这样～，岂愁他！又三九：～泼恶，帝远天高恣暴虐，性习苍鹰贪攫搏。……"此词《汉语大词典》释为"古代恶人的称号"，只举上引《左传》例，《词典》则源流兼备了。

"温鳌妆燕"条："《百家姓》中'温别庄晏'四姓连读，谐音为'瘟鳌装忾'。意为没精打采,寡语少言,不大旺相。《醒》九七:狄希陈没敢答应,站了一会。素姐道:'你～似的不做声,是不叫我去么?'"白维国主编的《白话小说语言词典》及《近代汉语词典》都释为"形容人不做声。山东土话把蝙蝠叫'燕鳖蝠',传说是老鼠偷吃了盐变成的,因而不会发声",举例相同。两相比较,《词典》的解说及理据分析更加合理。

三是有些词条能够详细解释词语的意义和用法特点。例如:

"你[2]"条:"〈代〉指示代词。①用于远指。那(与'这'相对)。《金》……又三五:……'～没廉耻货进他屋里去来没有?'春梅道:'六娘来家,爹往他房里还走了两遭。'(万本。戴本改为'那')……③指代性状、程度等。那么;这么。《金》一百:师父出家人,如何～不近道!……‖参看〚乜(niè)〛。""你"作指示代词,用法非常特殊,一般词典都没有论及。

"通"条:"②〈副〉整个儿;全然;完全。常用于否定句。《金》八:吃了一日酒,到晚拉众朋友往院里去了,一夜～没来家。……《醒》四:这们大节下,你～门也不出,只在家里守着花罢!……③〈副〉简直。带夸张意味。后多跟'是、像、似'等动词。《金》七七:西门庆道:'又题甚么温老先生儿,～是个狗类之人!'《醒》四七:他又一步不肯离我,昨日两次往府里考去,我都跟了他去,～像个吃奶的孩子一般。……"《词典》解释虚词的用法往往很详细,此即其例。[③]

四是利用方言佐证词义。这是本书释义方面的最大特点,这一特色贯穿全书。鲜活的方言材料不但印证了释义的可靠性,还使读者了解了古今方言的传承情况。例如:

"拙病"条:"〈名〉倒运的病;不治之症。拙,倒霉;糟糕。《金》九:二哥请坐。我告诉你,哥哥自从你去了,到四月间,得个～死了。又六二:我的哥哥,奴已是得了这个～,那里好甚么! 方 今山东阳谷话有此语。"此前的辞书只有吴士勋、王东明（1992）主编的《宋元明清百部小说语词大辞典》收了这个词，释为"难治之症"，引《儒林外史》一例。一般词典不收这个词，可能是因为用例少，词义不好判断。其实"拙"有糟糕、坏的意思，现在有了方言为证，就没有疑问了。

"探业"条："〈形〉知足；安分守己。《醒》九五：你要不十分～，我当臭屎似的丢着你……。《聊·墙》一：这肚子又不～，这不是还不曾晌午……好饿的紧。又《穷》：孩子绝不～，老婆更不通情。 方 今河南和山东济宁、聊城、阳谷、平邑话有此语。"其中《醒》九十五回的例子，《宋元明清百部小说语词大辞典》、张季皋（1992）《明清小说辞典》均释为"安分守己"，后出的《白话小说语言词典》则释为"作恶业；作孽"，意思截然相反。《词典》不但用《醒》《聊》互证，而且用方言旁证，从而牢牢坐实了词义。

五是订正了许多旧说。《前言》说："粗略统计，本词典纠正旧有辞书比较明显的失误多达一千余条。"的确，《词典》后出转精，胜义纷呈，新颖独到的见解随处可见。上面已举了不少，这里再举两例：

"五积六受"："本作'五脊六兽'。比喻行为怪异，不合常态。民国《临朐续志》：'五脊六兽，谓人好弄乖也。'《醒》五九：薛三槐媳妇、狄周娘子接过狄婆子的轿来往里就抬，狄婆子道：'这～的甚么模样？可是叫亲家笑话。' 方 今北京、山东话有此语。"《汉语大词典》释为"形容不便活动，只能呆板地坐着"，《白话小说语言词典》释为"形容闲得坐卧难受，心情不安宁"，均引上例一例。据文意，狄婆子走亲戚，因为得了瘫症，手脚不能动，是坐着椅子被抬过去的。上文讲到狄婆子原本不想去，说："什么模样？往那椅子上拉把抬着，街上游营似的，亲家不笑话，俺那媳妇儿也笑话。"可见"五积六受"正是"比喻行为怪异，不合常态"。其他两部词典有随文释义或主观臆测之嫌。

"割"条："②〈动〉割切。筵席上的主菜为整鹅、整鸭或大块的猪肉等,主厨上席为宾客分割开,并讨赏钱。也称割道。《金》三一:须臾酒过五巡,汤陈三献,厨役上来~了。头一道小~烧鹅,先首位刘内相赏了五钱银子。又四一:厨子上了一道果馅寿字雪花糕,喜重重满地娇并头莲汤,~了一道烧花猪肉。③〈名〉指菜肴。《金》八十:众人祭毕,陈经济下来还礼,请去卷棚内,三汤五~管待出门。"又"割道"条:"①〈动〉义同[割]②。《金》五一:吃罢汤饭,厨役上来~。西门庆唤玳安拿赏赐赏了厨役。②〈名〉义同[割]③。《金》四九:西门庆递酒安席已毕,下边呈献~,说不尽肴列珍馐,汤陈桃浪。"白维国《金瓶梅词典》"割"条释为"指菜肴。宴会中的主菜为整鹅整猪时,由厨师亲自上席割切讨赏,故称割";"割道"条释为"①筵席上,厨役亲自割切讨赏的那一道主菜。②泛指菜肴"。白维国主编的《白话小说语言词典》及《近代汉语词典》释义与此相同,都把动词用法混在名词义当中了。

四、余 论

如果精益求精,本词典也有一些需要改进的地方。

有些条目的释义还可推敲。如"搬"条义项三:"摆;摆放。《醒》十二:~上酒饭来,大家吃了。又十四:见了妹子,叙了些打官司的说话,~上饭来,勉强吃了不多。"此"搬"当是"端;平举着拿"义。白话小说例夥,如《水浒传》二十一回:"(阎婆)收拾了数盆菜蔬,……开了房门,搬将入来,摆在桌子上。"又二十四回:"(那妇人)却搬些按酒、果品、菜蔬入武松房里来,摆在桌子上。"《喻世明言》五卷:"有好嘎饭尽你搬来。"《水浒传》两例先言"搬"后言"摆",足见两者义别。今吴语如江苏常熟话、浙江宁波话等仍管端饭、端菜、端茶的"端"叫"搬"。(许宝华等 1999;朱彰年等 2016)"搬"字此义《近代汉语大词典》已有说。"分令"条:"分另。分开家产,另立门户。《醒》七六:旧时只有外甥一人,不拘怎样罢了;如今又添了这个小外甥儿,这家事就该～的了。"谓"分令"即"分另",是;释为"分开家产,另立门户",不确。"分另"不是"分家另过"的缩略语,而是"分开;分家"的意思。元杨文奎《儿女团圆》楔子:"恰才伯娘请将我来,要分另了这家私。"元无名氏《合同文字》三折:"一应家私田产,不曾分另。"上揭三例"分另"的对象是家事、家私、家私田产,"分另"即分、分开,与"另立门户"无涉。元无名氏《神奴儿》一折:"自祖父以来,俺家三辈儿不曾分另。"此"分另"即分家。"另"在方言里有分、分家义。《汉语方言大词典》"另"字条:"①〈动〉分家。晋语。陕西北部。弟兄两个～了。"又"另开"条:"②〈动〉分开;分家。"又"另家"条:"〈动〉弟兄分家。晋语。山西忻州。这个柜子是～时候分下哩。"然则"另""分"同义,"分另"系同义复词。需要指出的是,现有辞书对"分另"一词的解释都犯了"据文生训"的毛病。

有些讹字、音借字的辨识还可斟酌。如勘误条目"掉"条:"'棹'之形误。棹,用同'笊',用笊篱捞取。《金》九六:须臾,掉上两三碗湿面上来,侯林儿只吃一碗,经济吃了两碗。参看正文〖棹〗。"(正文实无"棹"条)。这个解释似嫌迂曲,再看其他的例子。《金瓶梅词话》四十二回:"于是来楼上,见他爹老子掉一盘子杂合的肉菜、一瓯子酒和些元宵,拿到屋里。"又四十六回:"伯爵令书童取过一个托盘来,桌上掉了两碟下饭、一盘烧羊肉,递与李铭。"三例"掉"用法相同,当是"绰"之形误或"绰"之俗写,而"绰"用同"抄",表示用筷子、匙子等捞取或舀取。④"天不使空人"条:"上天不白使唤人。意为出力者必定得到报偿。"举《金瓶梅词话》八十七回、九十五回两例。翟建波(2013)《中国古代小说俗语大辞典》"天不使空人"条引《金》九十五回例,又有两个副条:"天也不空使人",引《金》八十七回例;"天无白使人",引《荡寇志》八十七回例。今谓"使空人"不词,颇疑是"空使人"之讹。《歧路灯》五十二回:"朝廷老还不空使人,况绅士们结交官府,四时八节,也要费些本钱。"《绿牡丹》十九回:"朝廷也不白使人,那有白捉之理!"清末民初陈炳翰《古董谚铎》卷二:"江桥船碰着不得,皇帝无没白使人。"均可旁证。"秀才旁牛,请行"条:"旁,借作'耪'。秀才耪地不知如何赶牛前进,只好文绉绉地对牛说'请行'。这里是请你走开的意思。《醒》十三:……你往后住下了,我也不能管你的饭管你的头口了,~!""耪",松土、锄草。耪地不需要牛,且"耪牛"也不通。此"旁"当是靠近的意思。

有些俗字或异形词的判定还可商讨。如"pī"音下"分"条:"见〖劈〗①。'劈(pī)'的俗写简字(以刀将物左右分开曰劈)。"又"劈"条:"①〈动〉正对着;冲着(身体某部位)。……⑨分(pī)。《聊·快曲》三:午时三刻曹操到,我就一马闯出去,分心刺杀老奸曹。又四:夹马拧矛撺出去,一声霹雳震山岗。单照曹操分心刺,一下就成致命伤。(分心,即劈心,正对着心口)"又"劈头"条列有异形词"分(pī)头",举《聊》三例。《后记》还特别指出:"动词'分'和由它构成的复合词'分头'等,'分'为'劈(pī)'的俗写简字,注 pī 音,不注 fēn。""分"这种用法如果仅见于《聊》,看作"劈"的俗字还勉强说得过去,但实际上,《西游记》《封神演义》《隋唐演义》《绿牡丹》《五美缘》等都有用例。(白维国 2011,吴小萱 2017)《西游记》八回:"铁棒分心捣,钉钯劈面迎。"又十七回:"分心劈脸刺,着臂照头伤。"首例分、劈对举,次例分、劈、着、照互用,都是对着、朝着的意思,"分"显然不是"劈"的俗写简字。"分"这种用法在今天青海西宁方言里还普遍使用,读去声,如:"那个人抡起个铁锨把分头就是两铁锨把,就把人打倒了。""分"的对象不止于头,可以是人或动物身体的各个突出部位,如脸、嘴、胸部、屁股等,于是有"分脸一巴掌""分嘴一捶""分腔子(胸部)两捶""分沟子(屁股)两脚"等说法。(都兴宙 2011)近代汉语里,作对着、朝着(身体某部位)讲的除了"分、劈、着、照"以外,还有"盖、拦、蓦、搂、兜、当、夹、捞"等,现代厦门方言还说"破",各有来历。

任何著作都不可能是完美无缺的,尤其是词典。大醇小疵,不影响《词典》的成就和价值。

附注:

① 严格地讲,《词典》"个¹"条的"个"是个普通量词,没有特殊含义。"个把草"的"个把"是一个词,表示约数;"草"有成捆的秆草义,词义很特殊,也是正确理解"个把草"的关键所在,可惜《词典》未予收录。另外,白维国先生主编的《近代汉语词典》也以"把草"出条,释为"草把;小捆的草",也不确。

② 植田均:《〈醒世姻缘传〉方言语汇辞典》(日语版),白帝社2016年版。

③ 作为扩展型专书词典,义项可以分得细些;如果是综合性的词典,这两个义项可以合为一个。

④《金瓶梅词话》这三例"掉"用法颇为特殊,白维国先生《金瓶梅词典》读如字,释为"端;持"。这里采用徐复岭先生与笔者邮件交流时他的修正意见。

参考文献:

[1] 白维国:《金瓶梅词典》,中华书局1991年版。

[2] 白维国主编:《白话小说语言词典》,商务印书馆2011年版。

[3] 白维国主编:《近代汉语词典》,上海教育出版社2015年版。

[4] 都兴宙:《〈聊斋俚曲集〉词语杂释》,宁波大学学报2011年第4期。

[5] 汉语大词典编辑委员会:《汉语大词典》,上海辞书出版社、汉语大词典出版社1986~1994年版。

[6] 蒋宗福:《四川方言词源》,巴蜀书社2014年版。

[7] 李申:《金瓶梅方言俗语汇释》,北京师范学院出版社1992年版。

〔8〕吴士勋、王东明主编:《宋元明清百部小说语词大辞典》,陕西人民教育出版社 1992 年版。

〔9〕吴小萱:《〈清末上海石印说唱鼓词小说集成〉词语研究——从辞书学视角的考察》,宁波大学硕士学位论文,2017 年。

〔10〕许宝华、宫田一郎主编:《汉语方言大词典》,中华书局 1999 年版。

〔11〕许少峰:《近代汉语大词典》,中华书局 2008 年版。

〔12〕翟建波:《中国古代小说俗语大辞典》,上海辞书出版社 2013 年版。

〔13〕张鸿魁:《金瓶梅字典》,警官教育出版社 1999 年版。

〔14〕张季皋主编:《明清小说辞典》,花山文艺出版社 1992 年版。

〔15〕朱彰年等:《阿拉宁波话》(修订版),宁波出版社 2016 年版。

(原载《辞书研究》2018 年第 6 期)

一部别开生面的语文辞书发展史

——评《汉语语文辞书发展史》

　　我国辞书编纂源远流长,但辞书理论、辞书史的研究相对滞后。就辞书史而言,直到 20 世纪 80 年代以后,才陆续有相关著作问世,如刘叶秋的《中国字典史略》、林玉山的《中国辞书编纂史略》、赵振铎的《古代辞书史话》、张明华的《中国字典词典史话》、杨正业的《语文词典编纂史》、雍和明等的《中国辞典史论》、徐金法的《中国辞书发展史引论》、杨文全的《近百年的中国汉语语文辞书》等,它们对中国辞书史都作了有益的探索。但这些著作多以"史略""史话""引论"等命名,在全面性和系统性方面或有欠缺。有鉴于此,2016 年 3 月,上海辞书出版社"辞书研究文库"推出了徐时仪先生的《汉语语文辞书发展史》(以下简称《发展史》)。该书近 40 万字,由"上编·导论""中编·传统辞书""下编·新式辞书"构成,将辞书放在社会文化层面进行考察,全面系统地梳理了我国语文辞书发展演变的历史脉络,材料丰富,论述精审,新见迭出,是一部别开生面的辞书史研究力作。

一、史家眼光,视野开阔

　　辞书是人类文明演进和社会文化发展的产物,辞书的产生和发展与社会的需求紧密相关。研究辞书史,就要以史家的眼光,站在历史的高度,从社会发展的角度来审视辞书这种语言文化现象。《发展史》的作者正是这么做的。"本书尝试在中国社会文化发展的大背景中梳理汉语语文辞书的发展史,将汉语语文辞书置于社会文明演进的历史中进行考察,冀从社会文化学角度探讨汉语语文辞书适应社会需要的发展脉络,揭示汉语语文辞书中蕴含的中华民族传统文化内涵。"(《后记》语)可以说,这一思想贯穿全书。

"上编·导论"共五章,其中第二章"社会与辞书"分十节,分别是"经学与辞书""宗教与辞书""科举干禄与辞书""国家与辞书""平民与辞书""民族融合与辞书""汉字文化圈与辞书""西学东渐与辞书""文白转型与辞书""电子计算机与辞书",全方位、多视角地考察了社会与辞书的关系,论述了社会对辞书产生和发展的作用,从而雄辩地证明"社会的需求既是孕育辞书的母体,又是辞书编纂的催生婆,满足社会的需求是各种辞书产生和发展的基本动力"。第五章"辞书与社会发展"分三节,分别是"辞书编纂的时代烙印""辞书编纂的价值观念""辞书修订的与时俱进",论述了辞书编纂及修订反映文明演进和社会发展的情况,实际上是从另外一个角度来阐释社会与辞书的关系。不仅如此,在中编"传统辞书"、下编"新式辞书"中,无论是论述古今辞书的历史分期,还是评介每个时代有代表性的辞书,都是在社会文化观照之下进行的,因为作者认为"一部辞书发展史实际上就是一部不断满足社会需求的辞书编纂史"。

《发展史》不仅找准了"观察点",在具体论述方面视野也非常开阔。如"上编·导论"第二章论述社会与辞书的关系,分十个方面,因经学与辞书的关系最为密切,放在首位,并从"儒家经典的训释与《尔雅》""今古文经学之争与《说文》""义疏之兴与《经典释文》""疑经思潮与《字说》""经世致用与《经籍籑诂》"等五个角度来阐述,说明"中国古代辞书的编纂是为治经通经服务的,儒家经学与古代辞书的编纂有着千丝万缕的密切关系"。他如宗教与辞书的关系、古代帝王和政府与辞书的关系、平民百姓与辞书的关系、民族交往和融合与辞书

289

的关系、汉字文化圈与辞书的关系等，同类著作很少涉及，既充分说明社会政治文化的发展是辞书产生和发展的基础，又大大拓宽了读者的眼界。第四章第三节"词义网络系统与网络词典"，将大脑词库、词义网络系统与网络词典有机地结合在一起进行讨论，详细介绍了网络词典这种新型辞书的认知原理、产生依据及其特点和优势，也是同类著作很少提及的。又如中、下两编讨论"传统辞书"和"新式辞书"，不仅评介了常见辞书，还介绍了不少不常见的辞书，甚至是罕见辞书。如叙述明清雅书，说"主要代表作有《骈雅》《汇雅》《通雅》《叠雅》《别雅》《说雅》《湖雅》《比雅》和《佛尔雅》等"，在具体介绍时还增加了《新尔雅》；叙述明清方俗辞书时，提到了明代的《元龙通考杂字》《切要事类便览》《俗言》《俚言解》《常谈考误》《世事通考》《目前集》《方言据》《雅俗稽言》《俗呼小录》《诗词曲语正诠》《询刍录》《应用碎金》《新刻增校切用正音乡谈杂字大全》《蜀语》等；清代的《言鲭》《通俗编》《方言藻》《通诂》《剿说》《直语补正》《土风录》《恒言录》《恒言广证》《通俗常言疏证》《异语》《谈征》《晋宋书故》《证俗文》《迩言》《燕说》《常语寻源》《常谭搜》《里语征实》《释谚》《语窦》《世事通考杂字》《俚俗集》《称谓录》《异号类编》《方言别录》《南通方言疏证》《吴下方言考》《越谚》《越语肯綮录》《越言释》《蜀方言》《正音撮要》等。《发展史》考察面之广，由此可见一斑。

作为一部语文辞书发展史，作者对不同发展阶段的划分及其特点的概括也非常准确。如"传统辞书"分为"先秦萌芽时期""秦汉开创时期""魏晋南北朝探索发展时期""隋唐五代成熟时期""宋辽金元兴盛时期""明清集大成时期"等六个时期；"新式辞书"分为"新旧转型期""探索变革期""复兴发展期""开拓完善期"四个阶段。这种划分有助于读者从"史"的角度来把握汉语辞书及辞书现象。

二、人略我详，注重比较

语文辞书发展史本质上就是语文辞书编纂史，一部部语文辞书像一颗颗珍珠，经过能工巧匠精心设计，巧妙地把它们串在"史"的链条里。因此，对有代表性的语文辞书的评介自然是辞书史的重要内容。考虑到许多辞书前人已有研究，有的研究成果还非常丰富，于是作者拟定了"人略我详、人详我略"的原则，灵活处理。"如已有成果论述《说文》颇多则略，论述《字说》较少则详。又如杨文全《近百年的中国汉语语文辞书》和曹先擢、陈秉才《八千种中文辞书类编提要》等列举已有辞书较详，本书就略举而不一一赘述。"这一原则无疑是很合理的。

"中编·传统辞书"介绍常见辞书往往简明扼要，而对于别人论述较少的辞书则作比较详细的评介。比如，隋唐五代辞书重点介绍了《桂苑珠丛》，宋辽金元辞书重点介绍了《字说》，明清辞书重点介绍了《华英字典》。《桂苑珠丛》一百卷，隋代曹宪、诸葛颖等编，阮元《揅经室集》谓"《桂苑珠丛》久亡佚，间见引于他书。其书谅有部居，为小学训诂之渊海"。徐时仪先生曾撰《佛经音义引〈桂苑珠丛〉考》一文，对该书进行考证，"据我们比勘和董理，除去重复，辑得《桂苑珠丛》146条。从佚文可知《桂苑珠丛》旨在规正文字，体例仿顾野王《玉篇》，按汉字形体分部编排。主要收释单音词，且多为汉以来的新词，还收释了一些复合词"。作者的梳理，帮助读者弄清楚了隋代这部卷帙浩繁而又久已失传的重要辞书的基本面貌。王安石的《字说》曾盛行于当世，但学界褒贬不一，贬多褒少。徐时仪先生曾撰《王安石〈字说〉考论》（上、下）对它进行深入研究。《发展史》根据前期研究成果对《字说》进行了详细介绍，在"《字说》的编纂体例和特点"一节中分"按韵编排，以韵系联""采用小篆，辨形析义""据声考源，声符表意"

"正名百物，注重实际""兼收博采，唯是是从""附托经义，经世致用"等六个方面叙述，在"《字说》的渊源和影响"一节中分"《字说》对前代辞书的继承""《字说》对后世辞书的影响""《字说》对后人的启发"等三个方面叙述，全面、客观地评价了《字说》，对读者很有启发。马礼逊编的《华英字典》是第一部英汉和汉英词典，开创了汉英双语词典编纂与出版的新局面。《发展史》详细地介绍了《华英字典》的编纂目的、编纂过程、编纂体例、收词及引例的特色，还附带介绍了后出的《汉英韵府》《汉英词典》《英华字典》以及中国人编的《华英通语》《英汉词典》《华英字典汇集》等。关于双语辞书，同类型的著作几乎都没有谈到。

"下编·新式辞书"第二章"字典"比较详细地介绍了李圃主编的《古文字诂林》，认为它在"厘清古文字形音义的脉络""勾勒古文字学研究的学术史""提供探考汉字演变线索的依据"等方面作出了重大贡献。第三章"词典"对断代词典、新词词典着墨较多，这两类辞书都产生于 20 世纪 80 年代，至今仍然处于兴盛时期，而过去的辞书史著作又很少论及，故有必要重点介绍。"词典"第十节"其他"部分，介绍了两岸词语差异词典如《两岸现代汉语常用词典》《两岸常用词典》《两岸差异词词典》，以及学习型词典如《当代汉语学习词典》《商务馆学汉语词典》《汉语图解词典》《新华多功能字典》等，体现了发展的眼光和务实的精神。

在论述过程中，作者很重视运用比较法，包括不同朝代的比较、不同版次的比较、同类辞书的比较等，通过比较来彰显特点，揭示差异。如通过对《说文解字》《康熙字典》《新华字典》三部辞书"人"字释义的比较，说明"我国古今语文辞书的释义经历了一个由笼统含混到明确清晰的复杂演变过程"；通过对《辞海》1936 年版、1965 年版、1979 年版的比较，说明辞书编纂带有其所处时代的深刻印迹；通过对《现代汉语词典》1996 年版、2005 年版、2012 年版"同性恋"一词释义的比较,以及对《辞海》1936 年版、1979 年版、1989 年版、1999 年版、2009 年版"民主""科学""人权""父母官""辛亥革命""虎""鲸"等词语释义的比较,说明辞书释义的变化反映了人们价值观念的变化,对世界认知的变化。尤其是下编第四章第四节"专书辞书"部分,有两部《世说新语》词典的比较、两部《水浒》词典的比较、两部《金瓶梅》词典的比较、两部《红楼梦》词典的比较等,评析公允,很有见地。

三、博采众长,富有创新

"学问之道重在传承,治学之道贵在创新。"撰写一部汉语辞书发展史,理应站在前人的肩膀上,充分吸收已有研究成果,尽可能地反映当前研究的最高水平,在此基础上有所开拓,有所创新。《发展史》在传承方面做得很好,对浩繁的辞书史资料进行了系统的梳理,兼收博采,融会贯通,取舍有道,裁择得当。难能可贵的是,作者具有很强的创新意识和开拓精神。徐时仪先生长期从事古典文献学方面的研究,主要研究方向有两个,一是辞书文献的考证研究,一是白话文献中俗语词的考释,这两个研究方向都与辞书史研究关系十分密切;又参加过《汉语大词典》的编纂工作,有丰富的辞书编纂经验。这两个优势为作者撰写辞书史奠定了坚实的基础。查书后所附的"参考文献",列有徐时仪先生有关辞书学的论著 53 种,其中专著 8 部,论文 45 篇。这些论著内容广泛,涉及辞书编纂、辞书理论、辞书史等各个方面。如通论方面的有《汉语古今辞书的类型》《社会需求与辞书编纂》《儒家经学与中国古代辞书编纂》《科举干禄与语文辞书编纂》《明清传教士与辞书编纂》《西学东渐与中国近代辞书编纂》《汉字文化圈与辞书编纂》《〈辞海〉编纂和中国社会的发展》等,有关辞书释义的有《古代语文辞书释义特征探微》《声音相训与辞书训释》《语源义研究与词典释义溯源》《词组义与词典释义考探》《语文辞书词义系统探略》等,有关专书研究的有《〈慧琳音义〉研究》《玄应〈众经音义〉研究》《王安石〈字说〉考论》《阳承庆〈字统〉考探》《略论〈古文字诂林〉在语言文字研究与字典编纂上的学术价值》等,有关同类辞书比较研究的有《两部〈金瓶梅词典〉的比较》《两部〈水浒词典〉的比较》《两部〈红楼梦词典〉的比较》《两部〈近代汉语词典〉的比较》等,有关专书词典和断代词典的有《专书词典编纂蠡论》《汉语断代语言词典编纂蠡论》《数据库建设与断代词典编纂》等,有关双语辞书的有《语言文化的比较和双语词典的编纂》《双语词典编纂的灵魂》《略论双语词典释义的理据》等,有关网络、信息化与辞书编纂的有《面向新世纪的网络词典编纂刍探》《网络词典编纂蠡探》《信息化与古文字工具书编纂》等。正因为有如此丰富、如此扎实的前期研究成果做支撑,所以《发展史》一书充满真知灼见和创新的内容。下面试举数例:

1."字典"之名始于何时,这是辞书史上大家关心的一个问题。修订本《辞源》云:"字典之名,始于清康熙年间张玉书等纂修的《康熙字典》。"这是学界普遍看法。其实作者早在 20 世纪 80 年代就发表了《我国最早以"字典"命名的辞书考辨》一文,提出不同观点。《发展史》在中编第三章第一节"概述"里据以申说:考《慧琳音义》中引用《字典》一书凡九处,"说明唐代或已流传有《字典》一书","如果慧琳所说的《字书》《字典》不是专指某一部字书或字典,那么至少可证其时'字典'一词已出现,其词义与'字书'一词相当"。

2.唐代武玄之所撰《韵诠》是一部记载当时实际语音的新兴韵书,今已失传。作者曾根据《慧琳音义》所引《韵诠》三百多条佚文对其进行考证,撰有《唐代新兴韵书〈韵诠〉考探》一文。《发展史》在中编第四章第三节论述隋唐韵书时,据以重点介绍,分析其收词、注音、析形和释义的体例和特点,探讨其渊源和编纂特色,论述其在语言研究和辞书研究等方面的学术价值,填补了辞书史研究中有关此书的研究之阙。

3.在比较胡竹安《水浒词典》与李法白、刘镜芙《水浒语词词典》对同一词语的释义差异时说:如"老郎"一词,李书释为"精明干练的老手",胡书释为"老练",引例为四十三回:"拣一只疾快小船,选了几个老郎作公的,各拿了器械。"例中"老郎"为形容词,修饰名词"作公的"。胡书释义为长。又如"退居"一词,李书释为"位于寺观后面闲静的居住之所",胡书释为"舍弃不再住人",引例为第六回:"却说鲁智深来到廨宇退居内房中,安顿了包裹、行李。"从例中可以看出"退居"仍在使用,并非"舍弃不再住人"。又第四十五回:"本房原有个胡道,今在寺后退居里小庵中过活。"例中"退居"中住的胡道是一个地位低下的僧人。相较而言,李书释义为长。……作者对古白话词汇做过系统研究,擅长白话作品俗语词考释,因而评判合情合理,切中肯綮。

因为篇幅关系,《发展史》对有些辞书的评介略嫌简略;又因为作者是一位宽厚长者,评介辞书往往以肯定为主,对有些辞书存在的质量问题批评显得不足;个别辞书的归类还可斟酌,如下编第二章"字典"之第二节为"《新华字典》与《四角号码新词典》",其中《四角号码新词典》似放到第三章"词典"中去叙述更为合适;个别文字有错讹,如第133页"又子一人,天子自称也",前一"子"为"予"之误,第419页"成语词典自21世纪初问世以来","21"当作"20"等。这些只是大醇小疵。总之,《发展史》以新理念、新视角、新材料全面系统地探讨了汉语辞书发展的历程,对我国辞书理论建设和辞书编纂实践必将起到积极的推动作用。

(原载《辞书研究》2017年第2期)

辞书学之圭臬，辞书史之样板

——读《辞书学探索》

　　邹酆先生是湖北大学古籍所离休教师，自 1980 年起，在《辞书研究》《词典研究丛刊》等刊物上陆续发表了 70 多万字的论文（笔名丰逢奉、刍邑等），受到了辞书界广泛的关注，引起了良好的反响。在 74 岁高龄之际，邹先生从已经发表或留用待发的论文中，精选 51 篇（其中 35 篇曾刊于《辞书研究》），共 44 万余字，结集为《辞书学探索》（以下简称《探索》，湖北人民出版社 2001 年版）公之于世。笔者近日拜读，深感这是一部探索我国辞书理论和历史的力作，复旦大学胡奇光教授致函作者称誉《探索》是"辞书学之圭臬，辞书史之样板"，诚非虚美。下面，拟就《探索》框架结构、内容特色、研究方法等三个方面谈谈粗浅的看法。

一、四维构架，全面探索

　　辞书学作为既古老又年轻的学科，内涵十分丰富。要全面地研究辞书学，首先要弄清这一学科研究的基本范畴。《探索》全书分为四个部分，即辞书原理、辞书与辞书学专著评论、中国辞书学史、著名学人辞书观，基本上涵盖了辞书学领域的主要方面。这四个部分既相对独立，又密切联系，构成一个完整而系统的整体，全面探讨了汉语辞书编纂理论，揭示了中国辞书学发生、发展和成熟的历史脉络。

这种四维构架的格局，也表明了作者具有广阔的学术视野和融会贯通的治学能力。

"辞书原理"共有 9 篇文章组成，探讨语文辞书一般理论。作者从 1978 年起参加《汉语大字典》编纂工作，在编写实践中积累了丰富的经验和资料，也发现了许多值得探讨的问题。这组文章正是针对当代辞书学的一些重大问题展开讨论，内容涉及词典学学科的地位、辞书编纂与社会需求的关系、语文词典质量评估标准、辞书评论的现状、任务和改进途径、义项的概括与"分合"、义项的结构与排列、"义界"理论与词典编纂及语文词典专科词处理问题等等。词典学的性质、地位问题，自 20 世纪 50 年代以来辞书学界一直存有分歧，一种意见认为它是语言学或词汇学的分支学科，另一种意见认为在现阶段它应该是一门从语言学脱胎而出的独立学科。邹先生明确表示"赞同后一种意见"，并从五个方面进行了论证。对词典学地位的准确认定，有助于词典事业的兴旺发达和词典学科的繁荣发展。从这个意义上说，邹先生的"独立"论是颇有前瞻性的，是有积极意义的。辞书是社会文化学术概貌的一面镜子，辞书既要反映社会发展又要服务于社会发展，于是作者呼吁"辞书应为满足社会需求而编纂"，"要建立辞书是文化商品，辞书编纂应把用户利益摆在首位的服务观念"，并提出了按社会需求改进辞书编纂工作的三条措施：辞书诠释应兼顾科学性与实用性，辞书功能应兼顾注释性与阅读性，辞书品种应兼顾传统性与多样性。这些论述反映了作者与时俱进的全新的辞书理念。在我国词典编纂日益繁荣、各类词典如潮涌现的情况下，建立一套辞书质量评估标准极为必要。《汉语语文词典质量评估标准试论》系统地阐述了这一问题。作者认为，词典质量概念具有广义性，"词典质量既指已达到的编纂质量，又指在投入使用后所展示的实际水平"，因此，作为评估词典质量的标准，也不能作狭义的理解，而要建立一个"以编纂质量标准为核心，评论角度质量标准为鉴镜的词典质量评估标准的有机完整体系"。"评论角度质量评估是从使用者、鉴赏者角度,对词典实际表现出的编纂水平,作客观的验收性的鉴定与评价",并提出了评论角度的词典质量评估标准四条,这是富有创见的。《论我国辞书评论的现状、任务和改进途径》针对目前辞书评论"多介绍少评论与只评不论,特别是缺少就事发挥,作创意性的理论发明"的现状,提出了正确处理评与论辩证关系二十字原则:"既评又论,边评边论,评中出论,论里置评,以论定评。"这对改进辞评工作无疑是有指导意义的。有关"义项"的系列文章有的侧重讨论义项概括原则,有的侧重讨论义项排列原则,有的侧重讨论多义词的义项结构,也都新见迭出,富有启发性。尤其是《词义引申与多义词义项结构》一文,根据词义"四多"引申规律(多原则引申、多方位引申、多侧面引申、多中心引申),力主在大型词典中建立纵横兼顾、源流并重的开放型的空间化、立体化的多义词义项系统,破除纯纵向线型的封闭型义项结构的传统观念,具有很高的理论与实践意义。

我国辞书编纂源远流长,早在汉朝,一批重要辞书如《尔雅》《方言》《说文》《释名》等就相继问世,汉魏以降,代有佳作。古代辞书在编纂实践中积累了丰富的经验,形成了各自的特色,是十分宝贵的文化遗产。对这些辞书重新评价,既可再现其历史价值,又可指导今天的辞书编纂,是一件很有意义的工作。《探索》第二部分"辞书与辞书学专著评论"主要内容就是评论从《尔雅》到《康熙字典》的8种辞书。尽管这些著作前修时贤多有评说,但作者从独特的视角切入,紧扣辞书编纂学的主题,挖掘出许多新的东西。如评《尔雅》,着重讨论义训法,"对它的义训原则、立项标准、义项系统、义项模式和释义方式等进行全面探讨,作出公正评价"。评《说文》,着重于字义辨析,因为字义辨析"是《说文》解说系统的重要组成部分,是这部字典释义的精华所在"。《释名》作为声训词典,论者多从词源学角度评价它的价值,作者则另辟蹊径,"从编纂法的角度,探讨声训在《释名》义项训诂中所起的作用"。《广韵》《集韵》是韵书，但又具有字书的功能，是按韵编排、训释字义的特种字典。作者认为，"《广韵》音序编排法最宜于显示同韵母字字义间的共性与个性，能从较深层次上表述汉字音近义近的特点。这是按部首编排的字典所无法比拟的"。而"《集韵》第一次提出十二'韵例'的编纂理论纲领"，"使韵书按韵目检字系统逐渐完善，在音韵为字训服务方面也作了一些可贵的探索，从而使韵书的切音解义，达到了当世所能达到的质量高度"。作者还从四个方面概括了《集韵》字训理论与实践所取得的成果。对《字汇》，作者竭力推崇其在字典编纂法上的创新，列举四项——"正俗兼收，重在通俗""义项形式，初步建立""部首归类，更趋合理""设立附录，提高效用"，充分肯定了它的历史功绩。《康熙字典》是我国古代收字最多、规模最大、价值最高、影响最广的一部大型汉语字典，而且在《御序》《上谕》《凡例》及某些释义、按语中，发表了颇为精湛独到的字典编纂理论。作者从"并行编入""体制醇确""切音解义""旁罗博征""按字标明"等五个方面系统地梳理了《康熙字典》编纂理论，使我们对这部字典的编纂特色有更全面的认识。《从"字本位"到"词本位"——〈汉语大字典〉在字典编纂观念上的推进》则是《探索》收录的唯一一篇评论当代辞书的论文，文章高度赞扬了《汉语大字典》在推进字典编纂由"字本位"到"词本位"转化方面所作出的巨大贡献，以及以"词本位"观念指导字典编纂实践所取得的卓越成就，同时也证明了理论创新、观念转变对辞书编纂的重要意义。

《探索》第三部分"中国辞书学史"和第四部分"著名学人辞书观"则从另外两个角度进行探讨（详见下文论述）。总之，《探索》的四大坂块可以看作一个有机统一体，从不同的侧面、层次和视角全面地探讨了辞书学的各个领域。

二、致力写史，重点突出

我国辞书编纂已有 2000 多年的历史，历代字典词典也难计其数。然而，有关辞书学理论研究却长期滞后于编纂实践，特别是辞书史及古今学者辞书观的研究，显得尤为薄弱。有鉴于此，邹先生从 20 世纪 80 年代末开始对中国辞书史和古今著名学人辞书观作了全面系统深入的探讨，收录在本书的 10 篇有关辞书史的论文及 18 篇有关古今学人辞书观的论文就是这一研究的结晶。探求辞书史，这是本书的重点和特色，也是本书创获最多的地方。关于本书辞书史，笔者认为以下四点值得一提。

1. 史家眼光，视野开阔。做任何学问，搞个案研究易，搞宏观研究难。就辞书学来讲，研究一部辞书、一家辞书理论相对容易些，而要研究一个（或几个）朝代、一个时期辞书编纂理论与实践，进而构建中国辞书学史，却并非人人可为，只有具有史家学识、史家眼光的学者才能胜任这项工作。邹先生长期以来潜心于辞书研究，对历代有影响的字典辞书作过评论，对古今著名学人辞书观作过探讨，积累了丰富的资料，形成了独到的看法。正是这种扎实的专业基础，使他能够站在学术制高点，居高临下，左右逢源，以史家的眼光写出一部中国辞书学信史。

2. 分篇叙论，一线贯通。我国辞书学"发端于两汉，成长于魏晋唐宋，成熟于明清"。要理清绵延 2000 多年的汉语辞书学研究的历史脉络，揭示各个时期辞书学研究的成果、特点与不足，诚非易事。作者采用单篇论述又前后贯通的办法，对两汉、魏晋、隋唐、宋元、明清等不同时代的字典编纂理论进行了爬梳和阐述，对中国现代词典学的萌芽、生长、初步形成和系统化的过程及所取得的成就进行了具体的描写和评论。在单篇分述的过程中，又做到前后相承，融会贯通，从而使纷繁杂乱的辞书发展过程顺理成章，脉清络明。

3.古今兼顾，侧重现代。古人留给我们的辞书遗产十分丰富，但他们的辞书思想和理论零星见于序跋、凡例、某些释文及其他论著中，总量并不太多；另外，古代字典编纂理论虽不乏合理、精辟之处，但大多系自发的、粗糙的，还不是严格意义上的词典理论，真正系统而完整的中国现代词典学理论是五四前后才开始萌芽的。从 20 世纪初到今天近百年间，中国现代词典学经历了萌芽期、生长期、初发形成阶段和系统化阶段，其理论探索经历了从局部到全面、从初级到高级的持续发展的过程，理论创新多，借鉴意义大，因此更有研究价值。正因为如此，作者有关辞书史的 10 篇文章中，4 篇讨论古代，6 篇讨论现代。这种安排，体现了作者古今兼顾、立足现代的匠心。

4.多种角度，互相补充。《探索》第三部分"中国辞书学史"共收文章 10 篇，但这并不等于说全书只有这 10 篇文章是探讨辞书史的。辞书史由辞书人物、辞书作品、辞书理论等诸多要素构成，本书第二部分"辞书与辞书学专著评论"、第四部分"著名学人辞书观"其实也都可以看作是辞书史的有机组成部分。只有把历代有影响的辞书编纂特色、编纂思想论述清楚了，把古今有代表性的辞书人物、辞书理论评价到位了，一部汉语辞书学史才能形象丰满，具有立体感。可以说第三部分是辞书史的骨架，第二、四部分则是辞书史的血肉；第三部分是综合考察，第二、四部分则是个案分析。总之，这三部分相辅相成，彼此互补，共同承担了构筑中国辞书学史的光荣任务。

对历代著名学人辞书观作评述，挖掘其理论精华和创新特色，揭示其历史价值和现实意义，这也是本书一大亮点。作者选取扬雄、刘熙、陆德明、徐锴、方以智、段玉裁、王国维、章太炎、黄侃、胡适、蔡元培、林语堂、黎锦熙、王力、吕叔湘、周祖谟、陆宗达、陈原等 18 名古今学者，人各一篇，把他们的编纂实践同编纂思想联系起来进行探究，发明良多。如扬雄重在字典功能、方言字典框架构建和方言字义训释;刘熙重在声训、名实和义类;徐锴首次涉及字义引申问题,首次创编字典系列附录;方以智则对辞书功能特征、体例建构、历史变化、词目诠释、因声求义、名物解说等作了全方位多侧面的考察透析;王国维提出了以"地下"证"纸上"的字典形训二重证据法;章太炎提出了"以词义为中心"的词典纲领;胡适主要探究词典的功能、收词、释词和排检;黎锦熙主张大词典应重点收集唐宋元明清通俗语词资料;周祖谟主张在字典中"建立'词'的观念","形音义三者兼顾","用历史发展的眼光来说明词义的发展";词义引申论与义界论是陆宗达辞书观的核心内涵;从信息学角度来诠释词典学则是陈原词典论的精粹。以上论述又以历史为经,串联起来,就是一部中国辞书思想史,而辞书思想史又是中国辞书学史的重要组成部分。

三、宏微兼观,述论结合

《探索》在研究方法上,也有值得称道和借鉴的地方。表现在:

1.宏观与微观相结合。汉语辞书史上下 2000 年,其间产生了数量繁富的辞书人物和辞书作品,形成了博大精深的辞书编纂理论。研究辞书学,探讨辞书史,需要从宏观着眼,微观入手,宏微兼观,方能使人既得全貌,又明眉目。《探索》这方面做得很出色。从总体看,第三部辞书史是宏观考察,第二部分辞书评论和第四部分辞书观是微观剖析。但即便是宏观审视,也不乏微观描写;反之,微观解剖中也有宏观论述。例如,《两汉字典编纂理论概观》为断代的辞书史研究,文章讨论两汉字典理论历史背景、主要特征及重大成果自然是从宏观来把握的,但字典的社会功能、收字条例、义训原则等,却是从《尔雅》《说文》《释名》等叙及某些字条释文的只言片语中发掘出来的,属于微观研究。两者结合,使文章既有高屋建瓴之势,又有精雕细刻之巧。

2.纵向与横向相结合。上文已经说过,《探索》重在写史,尤其是第二、第三、第四部分,无不贯串着史的思想。既是写史,理顺纵向的垂直线索自然是题中应有之义。值得一提的是,《探索》又非常重视横向的断面联系。请看中国字典编纂理论概观这组系列文章,在论及字典理论的时候,总是把这一时期字典理论赖以生存发展的社会背景、文化特征和语言文字发展概况交代清楚,从各种因素的横向关联中雄辩地说明字典理论的成因。又如论述明清字典编纂理论,把戴震、段玉裁、王念孙父子、朱骏声、阮元等学者的字典学说作横向系联,从而全面展示了清代字典理论的精髓。正是这种纵横交错的网络结构,为我们勾画出中国辞书与辞书学史的经纬轮廓。

3.述介与论析相结合。作为一部探索辞书学的著作,阐述与介绍辞书原理、古今辞书、辞书编纂理论和辞书观固然必不可少,尤其是在前人很少涉足的情况下,甚至还很需要。但"述而不作",势必影响其学术性。《探索》于两者关系处理得很好:有述有作,述作结合。第一部分辞书原理侧重于"作",第二、三、四部分侧重于"述"。侧重于"述"的也并非无"作",而是寓作于述,在述介中有论析,在述介中多创见。北京大学何九盈教授致函作者称其书"四大板块,块块有新章",是为知言。

4.理论与实践相结合。这有两层意思。一是本书既研究辞书编纂理论,又研究辞书编纂实践,两方面研究既相对独立,又浑然一体。二是作者在系统挖掘古今辞书编纂理论精华的同时,十分重视用科学的辞书编纂理论来指导当代辞书编纂实践。第一部分《语文词典专科词处理问题浅识》《论义项的概括与"分合"》《"义界"理论与词典编纂》《语文字典的义项排列》等即是理论联系实际、理论指导实践的佳作。

综上所述,《探索》一书全方位、多层次、多侧面地探讨了辞书学领域的方方面面,其中对辞书史的探求用力最勤,创获也最多。因此,《探索》可以说是一部辞书理论研究史的缩影,一部辞书学史的简编。本书的出版,必将对我国辞书学的研究和发展产生积极的影响。

下面顺便提一下本书的几个小问题。一是个别例子及分析还可推敲。如在谈义项排列原则性与灵活性时,举了 1979 年版《辞海》"半"字义项排列的例子:①二分之一。②极言其少。③不完全。④犹言中。作者认为这样排列"使字义清晰明朗,浑然一体"。(第 94页)其实,合理的顺序应该是:①二分之一。②犹言中。③极言其少。④不完全。因为"二分之一"就是"中间",二者关系最密切。《汉语大词典》《汉语大字典》《现代汉语词典》正是采用后一种排列法。再如在谈《字汇》首次在大型字典中反映字义词性兼类时,举到"锄"字,说《说文》《玉篇》都只反映了名词义,《字汇》:"锄,所以去秽助苗也。"此则反映了动词义。(第 146 页)实际上,《字汇》所释仍是名词,因为释文有"所以"二字。二是文字问题。引用古书时,有些繁体字、异体字没有用规范字转写,如"孙贻讓"(第 434 页)当作"孙诒让","醒悞"(第 149 页)当作"醒误","浍流索润"(第 394 页)当作"沿流索润","求汎博"(第 485 页)当作"求泛博"等;有些用字不规范,如"探啧索隐"(第 226、229、230 页)"啧"当作"赜","精萃"(第 159、228、241、278页)当作"精粹","响导"(第 173、437 页)当作"向导";至于《干禄字书》作《干禄全书》(第 238、239、244 页),恐怕是印刷之误了。这些,当然是小疵,无损于本书的成就与价值。

邹酆先生 30 岁以前从事文学理论的教学与研究工作,在文艺学领域崭露头角。但在 1957～1958 年中国大陆中南地区一场文艺论争中,受到不公正待遇,然后是整整 20 年的漂泊生涯。1978 年,应邀参加《汉语大字典》武汉师院(湖北大学前身)编写组,当时已年过半百。一个搞文艺学的人这么大的岁数转到辞书编纂和研究上来,其难度是可想而知的。凭借着崇高的事业心和顽强的钻研精神,邹先生在辞书园地里辛勤耕耘,孜孜无怠,即使是 1989 年离休后,仍然笔耕不辍，本书大部分文章就是离休后完成的。天道酬勤，艰苦的付出换来了丰厚的回报：从 1982 年至今，邹先生连续 22 年被《辞书研究》聘为特约撰稿人，光在《辞书研究》就发表了 40 多篇学术论文；除本书外，另有一部 20 余万字的书稿准备出版。我们期待着邹先生在辞书学领域不断有新成果问世。

（原载《辞书研究》2004 年第 2 期）

从《阿拉宁波话》修订
谈进一步挖掘和研究宁波方言

《阿拉宁波话》修订版 2016 年 10 月由宁波出版社出版。修订版既是对初版的增补和订正,也可以看作是宁波方言研究的新成果。本文主要介绍第二版修订工作,在此基础上,谈谈深入挖掘和研究宁波方言的一些想法。

一、修订概况

《阿拉宁波话》是时任宁波师范学院院长的朱彰年先生带领薛恭穆老师、汪维辉和我一起编写的,1991 年 8 月由华东师范大学出版社出版。这是当代第一本全面系统地描写、研究宁波方言的著作,出版后反响比较好,它的价值主要体现在以下三个方面:作为方言研究成果,是当代宁波方言研究的奠基之作,此后研究宁波方言,一般都把它列为参考文献;作为方言资料汇编,是广播台、电视台制作方言类节目的重要参考书,也是宁波方言爱好者的重要参考资料;作为方言文化读物,曾被宁波市用作对外交往时的特色礼品,在联络海内外宁波帮乡土情感方面发挥了积极的作用。

但由于成书仓促,加上当时资料有限,作者又大多是初次涉猎宁波方言研究,学术积累和研究水平都有欠缺,因此,书中也存在着许多不足甚至错误的地方。另外,时隔 25 年,宁波话发生了一定的变化,宁波话的研究也取得了长足的进展。就后者而言,不计论文,宁波话研究著作或相关读本就有朱彰年等《宁波方言词典》(以下简称"朱编本")、汤珍珠等《宁波方言词典》(以下简称"汤编本")、周时奋《活色生香宁波话》、董鸿毅《宁波俚语漫谈》、赵德闻《宁波谚语》、傅瑞庭《宁波谜语新编》和《宁波童谣》、贾军《宁波老话宝典》、周志锋《周志锋解说宁波话》以及乐建中《宁波方言读本》等,其中有许多语料和见解足资参考吸收。有鉴于此,我们启动了《阿拉宁波话》的修订工作。由于四名作者中的两位师长已经不在了,本次修订由我与浙大汪维辉教授主持。经过三年多的努力,终于完成了修订任务。

本次修订,我们确定了两条原则:一是保持原书体例,进行全面修订;二是突出重点,主要修订方言词和短语部分。修订版基本完成了既定目标。初版共收录宁波方言常用词语3937条,短语276条,谚语2007条,歇后语70条,谜语93条,绕口令13条,歌谣110首;修订版共收录方言词语4896条,短语428条,谚语2345条,歇后语72条,谜语100条,绕口令14条,歌谣132首。对比以上两组数据可以看出,全书正文七个部分,每个部分或多或少都有增补,这还不包括初版被删去的内容。

方言词和短语是本书的核心部分,最能体现学术性,也是我们修订时用力最勤的。下面就以方言词和短语两部分为例,谈谈我们所做的一些修订工作。

1.收词更加丰富。方言词扣除被删去的部分,实际增收1028条;短语扣除被删去及被挪到方言词中的部分,实际增收246条。新增的方言词语大多来自笔者平时听到、看到和想到的,同时也参考吸收了朱彰年等《宁波方言词典》、汤珍珠等《宁波方言词典》、周时奋《活色生香宁波话》、董鸿毅《宁波俚语漫谈》、赵德闻《宁波谚语》、傅瑞庭《宁波童谣》及乐建中《宁波方言读本》等著作中的语料。尽管我们力求收录齐全,但是方言词语收不胜收,遗漏的恐怕仍不在少数。

2.释义更加准确。宁波人都会说宁波话,但要对某个方言词语下个定义,给出一个确切的解释并非易事。同一个方言词语各家的解释往往不一样,有的甚至相差很大。我们运用分析词形、考察用法、参考辞书、比较相关方言说法等方法,尽量做到解释科学准确,简明扼要。修订版纠正了初版不少释义错误,也纠正了同类著作许多释义错误。此外,在释义过程中,充分注意一个词语的不同意思,增收了一些被漏略的义项,使方言词语的义项更加齐全。

3.例证更加贴切。例证既能证明释义,又能帮助说明用法,好的例证同时又是宁波话的生动范例。初版在举例方面有一定欠缺,存在着一些方言与普通话夹杂的情况。这方面,汤编本做得比较好,所举用例都是很地道的宁波话。修订版借鉴汤编本成功经验,力求用纯正的宁波话口语作为例证,大大增加了本书的科学性、可读性和趣味性。

4.词形、注音、引证等方面也有一定程度的改进。弄清方言的字形、词形一直是个难题,初版存在的问题是,过于强调本字和出处的考证,使用了许多冷僻字。其实,很多方言字词难以找到本字,有些考证结论也似是而非,经不起推敲。修订版采取比较客观的态度,能考则考,不能考则从俗从众。注音尽量选用同音字,初版用"音如某"注音的,改为"音某平(上、去)声"等,表述更加准确。凡是引用古代字书、韵书及其他文献资料的,逐一进行了复核,做到准确无误。

方言词和短语两部分文字改动总量达50%以上,应该说,质量有了明显提高。这两部分可以分别看作按义类和按笔画编排的方言词典。

二、创新之处

修订版对初版的改进和创新是多方面的。下面仍然以方言词和短语两部分为例择要介绍。

(一)关于收词

修订版的最大特点是词条更加丰富,收词更加齐全。如"名物类·地理"部分,新增的词语就有"田塍、墈、河塘墈、塘、大塘、碶、大水、大水头、小水头、泥涂、航船埠头、河埠头、井头跟、园地、烂泥麸、里、顶、兜当中、后屁股、上横头、下横头、正厅位子、笡对头、做堨、各堨、近横里、荡横里、该只角、眇到各处、团团圈圈、路里、街里、路街里"等 33 条;"短语"新增的比例最高,以三字短语中首字笔画 1~6 画的为例,新增的就有"一只鼎、三勿像、占相因、见肧鬼、勿出产、勿在乎、勿讨妙、勿舍得、未见得、打后手、打独溜、打探动、只欠多、仗人势、仗毛力、甩翎子、头出角、出大汗、出披头、发呆劲、吊心火、吊燥水、吃小苦、吃勿落、吃老苦、吃死饭、吃后扑、吃花菜、吃轮饭、吃面孔、吃赔账、回脚出、自晓得、自管自、多花头、忖野心、安阴阳、安落去、讲忮话、讲空话、讲故事、寻造孽"等 42 条。

在增补词条过程中,特别注意收录过去被忽略的、字面与普通话相同而意思有一定差别的方言词。例如:"里",普通话指"里面",宁波话还可表示"上"(路里、墙里、面孔里);"熬",普通话指"忍受(疼痛或艰苦的生活等)",宁波话"熬"的用法不限于此,义即为忍(眼泪水熬勿牢嘀、笑末笑勿来、勿笑末真真熬勿牢);"搬",普通话指移动较重或较大的物体的位置,宁波话还可指端饭菜(搬饭、搬下饭);"痰盂"普通话指盛痰用的器皿,宁波话还可指便壶、尿壶;"缎子",普通话与"绸子"相对,有厚薄之别,宁波话只说"缎子",不说"绸子","缎子"泛指绸缎、丝织品(缎子被面、缎子衣裳);"行业",普通话指"职业的类别",宁波话还指职业、工作(好行业交关难寻);"淡菜",普通话指"贻贝的干制品",如今贻贝一般不晒成干吃了,宁波话指新鲜的贻贝;"打倒",普通话指"击倒在地""攻击使垮台",宁波话还指足够、使满足、搞定(我酒盠吃个,一瓶啤酒好打倒嘑)。

有些词语,它的某个词义或用法《现代汉语词典》等已经收了,似乎不属于方言,但在宁波话里使用频率远远高于其他普通话同义词,我们认为很有特色,也予增收。如"塘"之堤坝义、"拣"之挑选义、"调"之调换义,普通话里都有。但宁波话堤坝不说"堤",虽说"坝"但意思与"塘"不同,主要说"塘";挑选一般不说"挑"或"选",就说"拣";调换也说"换",但最正宗的说法是"调"。于是就补充了"塘""拣""调"等条目。

在增补的同时,也删除了一些过于古旧、过于冷僻以及特色不够明显的词语,如"良士"(旧称老板)、"良士婶"(旧称老板娘)、"镢"(音足,用小锄头钩取)、"瘪忸忸"(忸音纽,形容干瘪发软的样子)、"红赪赪"(赪音层,形容微红)、"酸臒臒"(臒音如翁,形容酸臭的气味)、"地皮"、"毛豆"、"帐子"、"识相"、"准定"、"穿连裆裤"、"戴高帽子"等。被删去的词语总共有200多条。

(二)关于词目用字

1.更换了一批音义不切的词目用字。例如:

颥　音原。头转动:～转就走|考试辰光头莫～来～去。《集韵》:"～,头不正。虞怨切。"(初版)(释文中出现的被释字或词语,一律用"～"代替,下同)

斛　音如挑。给人好处、甜头:～～侬,介好生意拨侬做。《集韵》:"～,一曰利也。他彫切。"(初版)

馓浆　馓音起。煮菜时加入淀粉使变成糊状:该下饭馓眼浆的好吃。《集韵》:"馓,一曰黏也。去演切。"(初版)

"颥""斛"及"馓浆"的"馓"都很冷僻,音义也都有一定距离。"颥"其实就是"扭"的音转,意思也不仅仅指"头转动",修订版改为"扭,音原。头或身体转动……"。"斛"仅凭《集韵》"利也"之训很难判定即为本字,且"斛"为阴平,方言实际读音是阴上。这个词吴语很多地方都有,一般写作"挑"。修订版改为"挑,读上声。给人机会或好处……"。"馐",初版"浆"条举例作"芡浆",汤编本也作"芡浆",[1]写作"勾芡"的"芡"似乎更加合适。修订版改为"芡浆,勾芡,煮菜时加入淀粉使变成糊状……"。又如:

斜　音如麝。斜视:眼睛～来～去。(初版)

记情　感谢;记住恩情:大人辛辛苦苦赚来咯铜钿统统交拨小人,小人也弗一定～。(初版)

正够　完全足够:该碗饭吃落～了|钞票用用～了。徐仁甫《广释词》:"正犹'真'、犹'极'。"(初版)

"斜""记情""正够"字面与词义似乎很吻合,其实不然。"斜"与"麝"读音有距离,本字实为"射"。"射"一般读入声,但本音读"麝","射"与"麝"同隶《广韵》《祃韵》,都读神夜切。修订版改为"射,音麝(《广韵·祃韵》神夜切)。斜视……"。"记情"当作"见情"。"见情"习见于清人作品,如《地府志》第二十六回:"加了他一半,他断断不会嫌少的,不会不见情了。"字面意思是明白别人的情意,引申为领情、感激。修订版改为"见情,领情;感激……"。"正够"当作"尽够"。"尽"有两个读音,一读 jìn,《广韵·轸韵》慈忍切,从母字;一音 jǐn,又作"侭",《广韵·轸韵》即忍切,精母字。"尽(侭)够"一词近代汉语习见,如《红楼梦》第六十二回:"大夫不许我多吃茶,这半钟尽够了。""尽(侭)"读即忍切,与宁波话音义密合。修订版改为"尽够,尽音紧(《广韵·轸韵》即忍切)。完全足够……"。

2.纠正了其他方言著作词目用字的一些疏失。例如:

珓背　占卜用具,通常用一正一反两片竹片制成。(汤编本)

浪食　浪费食物:桌凳里饭一粒一粒撮进,莫～。(汤编本)

浪　稀疏;间隙大:头发出勒～～个。也可以说"浪泛泛"。(汤编本)

"珓背"当作"珓杯","珓杯"即"杯珓",《集韵·效韵》:"珓,杯珓,巫以占吉凶器者。居效切。"该词初版不收,修订版即以"珓杯"出条。"浪费食物"叫作"浪食",似乎合情合理,实则不然,单个"浪"无浪费义,字当作"狼籍"或"狼藉",文献有用例,如唐李商隐《杂纂》:"狼籍米谷。"该词初版不收,修订版词目改为"狼藉"。"浪"字汤编本下面加了个小圆圈,表示同音替代,初版则作"食",都不确,本字就是"朗"。凡物稀疏则透光,则明亮,故"朗"由明亮引申为稀疏义。文献用例很多,如《文选·嵇康〈琴赋〉》:"朗密调匀,华绘雕琢。"修订版改为"朗"。

3.考证了一些方言本字。例如:

搦 音肉。两手用力揉搓:～衣裳|～面粉……《集韵》:"～,搐～不申。女六切。"(初版)

遭 音如斩。变换(时间或地点):明朝大家吭没空,会就～到今末开|该里人忒多,阿拉～个地方谈。《玉篇》:"～,转也,移也。张连切。"(初版)

耥 音烫。在长竿上系网兜或竹器,用它在河底推拉以撮取螺蛳:～蛳螺。(初版)

绞身 绞音沼。用毛巾擦洗上身:今末汗出弗多,绞个身算了。(初版)

两手用力揉搓义的本字一般都认为是"搦",但书证《集韵》的"搐搦"其实同"缩朒",《玉篇·月部》:"朒,缩朒,不宽伸之皃。《说文》曰:月见东方,谓之缩朒。""搦"与揉搓义其实无关。而"搦"音搦(女角切),有揉捏义,如元乔吉《水仙子·赠柔卿王氏》曲:"胭脂粉搦成的孩儿,眼角头传芳事。"清范寅《越谚》卷下:"搦,昵角切。手揎柔软之物。搦面饽。"修订版改为"搦"。"遭"字意思讲得通,但音不合。而"趱"也有此义,如宋周密《癸辛杂识前集·贾母饰终》:"初择六月初九日安厝,以急于入觐,遂令趱前于五月九日安厝。"音义均吻合,修订版改为"趤"。"糔"字音义都不够密合,考《玉篇·手部》:"扬,他浪切。推也。""扬"字音义更接近,修订版改为"扬"。"绞身"的"绞",本字实为"噍","噍"有擦拭义,如《广韵·小韵》:"噍,拭也。子小切。"修订版改为"噍身"。

(三)关于释义

1.纠正了初版一些释义疏误。例如:

福利　旧指用作祭祀的猪腹背肉:三牲～。(初版)

灯笼裤　裤腿宽大、下端扎松紧带的布裤,练功的人多穿之。也说"笼裤"。(初版)

老弗出　怕难为情;举止不大方:呕其到阿拉屋里吃饭,恐怕其～咯|该小娘交关～。(初版)

"福利"当作"福礼",《古今小说》第三十八卷:"连忙请一个塑佛高手,塑起任珪神像……虔备三牲福礼祭献。""三牲"古代指祭祀用的牛、羊、猪,后来也可指祭祀用的猪、鸡、鱼。举例既然是"三牲福利",可见"福利"不仅仅跟"猪"有关系。其实,"福礼"指祭祀用的动物做成的供品,宁波俗语有"黄狗管福礼"之说。"灯笼裤"《现代汉语词典》等已收,作为方言词典不需要收录了。而"笼裤"不是"灯笼裤"的简称,是正宗的方言词。修订版改为:"裩裤,渔民及旧时农民套穿在裤子外面的大裤子。歇后语:泥菩萨穿裤——虚胖。陈训正《甬谚名谓籀记》卷一:'裩,绔踦也。即今渔民所著裩裤。'也作'笼裤'。应钟《甬言稽诂·释衣》:'今稗贩所御襞裪大裤,韬于裤外者曰笼裤。'""老勿(弗)出"有形容词、动词两种用法。从所举例子看,首例是动词,次例是形容词(义同"幼羞"),初版混在一起,都看作形容词了。修订版改为:"老勿出,①形容词。怕羞;举止不大方:该小娘交关老勿出,看张生头人,面孔红仔,闲话也勿敢讲。②动词。因怕羞而不敢见人或做某事:呕其上台去唱歌啊? 该其老勿出个|自家找对象老

勿出，人家介绍勿中意。"

2.纠正了其他方言著作一些释义疏误。例如：

灶头　灶,宁波的家用灶一般为两眼灶;有心勿用～立,呒心脚骨要立直(主人有心,你就有吃;主人无心,你怎么着也没吃)。(汤编本)

扶藤　＝〖攋藤〗＝〖了藤〗瓜类等长出了藤蔓:番薯～|丝瓜～。(汤编本)

一手一脚　比喻做事有条理,不凌乱:书看好～安好,莫摊的。(汤编本)

"灶头立"解释为"灶立",明显讲不通。很多方言管灶叫"灶头",宁波话"灶头"则指锅台、灶台,这个词初版不收,修订版释为:"灶头,①灶台;锅台:揩灶头。②指灶边。俗语:有心好舀灶头立,呒心脚骨要立直。""扶藤"释义大误。初版释为"瓜类了藤",朱编本释为"瓜类收藤",[2]也不够明确具体。"扶藤"相当于普通话的"拉秧",修订版释为:"扶藤,扶音大文读。拉秧;瓜类过了生长期后,把藤蔓清理掉……""一手一脚"不是形容"做事有条理,不凌乱",而是形容一个人独自完成某项事情、独自使用某个物品等。这个词初版不收,修订版释为:"一手一脚,形容一个人独自(做某事、使用某物品等):账目一手一脚弄,嗲弄赚嗝|该顶伞我一手一脚来的用,用了十年还蛮好个。"

3.释义更加具体准确。例如：

听　支付:～利钿|～医药费。(初版)

硴　用石块砌筑崖岸、路堤等:～石塯|～海塘|路～阔眼。明李实《蜀语》:"砌石曰～。"(初版)

怕惧　畏惧(名词):该小人～呒没咯。(初版)

"听"与"解"有区别,不是一般的支付,而是支付补偿性的钱款。修订版改为"支付(补偿性的钱款)"。宁波话里,不是所有的砌石都

314

叫"磡","磡"的位置有讲究,路堤等侧面砌石叫"磡"。修订版改为"用石块砌筑(崖岸、堤坝、道路等的侧面)"。"怕惧",汤编本释为:"使人畏惧的力量:做领导一眼～也呒没个,下头人一个也差勿动⋯⋯"以上两个解释都不够全面。修订版改为:"畏惧;对人畏惧的心理或使人畏惧的力量:该小人怕惧没个,无法无天个|阿伯怕惧呒没个,儿子只怕阿娘。"

(四)关于义项

1.补充了许多被漏略的义项。例如:

天亮　又音踢娘。早上:～饭。也说"天亮头"。(初版)

撮佬　①扒手。《说文》:"撮,一曰两指撮也。"仓括切。②指鬼:今末运道噎介坏啦,碰着～的了!(初版)

翻向　器物颠倒、覆转:汽车～|矮凳～。(初版)

搭　①对:其～我点点头|该本书～我蛮有启发咯。②跟:其咯眉眼～其阿爸活脱印过介|俗语:穷弗～富斗,富弗～官斗。③替;给:侬～我帮帮忙。甬剧《呆大烧香》:"我～师父去摊被头。"(初版)

"天亮"除了指早上、清晨外,其实还可指上午。修订版改为:"天亮,①早晨:天亮吃泡饭。也说'天亮头'。②上午:天亮上了四节课|天亮开会,下半日有空。"宁波话里,"撮佬"与"充手"都有扒手的意思,但"撮佬"的含义要比"充手"丰富得多。除了指鬼,至少还有两个意思。修订版改为:"撮佬,①扒手。歌谣:九曲巷弄撮佬多,日新街花轿多。②指鬼:今末运道噎介坏啦,碰着撮佬的嗬!③泛指不好的人或物:该种撮佬,好孬搭其客气个|撮佬介冰箱,用呒没用着咦坏掉嗬!④表示不满或否定,相当于'什么''狗屁':烦撮佬|其是旺兴丁啦,有撮佬花头啊!""翻向"还有两个意思可以增补,修订版改为:"翻向,①翻倒;覆转:矮凳翻向|汽车翻向。②比喻吵闹或乱得天翻地覆:老公轧姘头拨老婐晓得嗬,屋里翻向嗬。以上两个意思也说

315

'翻大向'。③里外倒过来:衣裳翻向晒,殓褪色嚸。"初版"搭"的介词用法列了以上三种,不够全面。除了作介词,虚词"搭"还可作连词、副词等。修订版改为:"搭,①跟;同:儿子搭阿爹一样长嚸。②替;给:搭我帮记忙。③对:其搭我点点头。④把:搭人家玻璃窗敲敲碎,还要装小货。⑤到:侬搭阿里去?⑥从:搭阿里介走?⑦连词。和;跟:包搭手机莫错落。⑧又音塔。副词。都:该事体侬忖搭好朆忖个。⑨副词。倒:东西搭还好,价钿忒辣。"

2.合并或删除了一些义项。例如:

尊　①自以为尊贵,使人难以接近:该人交关～,凑队弗拢略。②吝啬;小气:其交关～,借借书也弗肯。《广韵》:"～,～卑。又重也,高也,贵也。祖昆切。"(初版)

宕　音趟街之趟。①东西很重而下坠:糖果齿勒袋袋～落。②用绳子拴住往下送或往上拉:泥桶～落来|大橱从阳台～上去。③摇荡:钟摆～来～去。④悬挂:钥匙～勒腰里。(初版)

"尊"的第二个意思可疑,因为"该人交关小气"不能说成"该人交关尊",而"其交关尊,借借书也弗肯",只是难以接近和交往的一种表现形式,修订版合为一个义项:"自高自大,难以接近和交往"。"宕"义项分得太细,四个意思可以合并为一个,修订版释为"悬;悬挂"。

(五)关于举例和书证、考证

1.例句更加贴切,更加口语化。例如:

木　头脑迟钝,动作不灵敏:～家|该人交关～。(初版)

木　反应迟钝;动作不灵敏:其人老勒交关快,上两年神还绽猛,该回碰着人～～～嚸|该人真～嚸,人家和总退房嚸,其还来房间里整东西。(修改版)

鸭屎臭　办事不硬,不光彩:其做出事体来～。(初版)

鸭屎臭　屎音书。形容做事不光彩:该领导勿搞专业个也来该

评职称,有眼～个|介两块麻将铜钿也要赖,侬人～哦! 也作"鸭屎臭",《歇浦潮》第五十二回:"我吗,可早已如数还了木器店咧,不像你这般鸭屎臭。"(修订版)

初版在解释某类形容词时,往往用"该人交关木(戆、艮)""做事体鸭屎臭(爹头娘脚、哈答糊涂)"等作为例句,过于简单,起不到帮助释义的作用。修订版例句内容具体化了,从中可以看出"木""鸭屎臭"等词义特征。又如:

打相打　打架:小朋友要团结,弗好～。(初版)

打相打　打架:两兄弟来该～嘞,快去拖拖(音泰平声)开! (修订版)

呒设法　没有办法可想:有眼事情当我～时候,我会来找侬商量嗬。(初版)

呒设法　想不出办法:我真真～嘞,只好呕侬帮忙。(修订版)

以上两条初版例句书面话色彩比较浓,修订版则是地道的宁波话,例句所表现出来的生活情景活灵活现。

2.增加书证来帮助释义并提示源流。例如:

许　音撼。①许婚:该小娘已经～掉了。②嫁:其拉囡～勒交关远。(初版)

许　音海,又音罕。①许婚:该小娘已经～掉嘞,明年出嫁。《史记·高祖本纪》:"吕媪怒吕公曰:'公始常欲奇此女……何自妄～与刘季?'"②嫁:其拉囡～勒交关远。《糊涂世界》第十二回:"不过既～了岑府上,又生过子女,活着是岑家的人,死了是岑家的鬼。"(修订版)

打势　势音水白读。鸟类雌雄交配:鸡～。(初版)

打水　水白读。禽类交配:鸡～。清徐时栋《烟屿楼笔记》卷六:"一老姬言将伏卵时,取此卵向灶门,呼曰:'雄鸡～。'随以釜底心之煤点卵上,伏之雏即出矣。"也作"打势",清范寅《越谚》卷中:"打势,

鸡鹅鸭鸟孳尾皆名打势,本于宫刑男子割势之势。"(修订版)

"许",汤编本只列"女子嫁人"一义,我们认为有"许婚"和"嫁"两个意思。修订版增加两个书证,加强了说服力。"禽类交配"有"打水""打势"两种写法,前者音更合,后者义更合。修订版引用清代宁波学者徐时栋、绍兴学者范寅的说法,说明这两种写法皆渊源有自。

熟 老态龙钟;反应迟钝:老王七十多眼年纪,人已经～～嗝。东汉安世高译《阴持入经》:"老相为何等? 为转～,是为老相,令从是致堕死处。"《型世言》第四回:"他祖母年高,渐成老～。"(修订版)

各有人 因人而异:老酒会吃燴吃,～个|有星人要晕车,有星人燴晕车,～个。三国魏曹植《辩道论》:"寿命长短,骨体强劣,～焉。"(修订版)

"熟""各有人"两条初版不收,修订版增补了,还分别引用书证,从中可以了解方言词语的历史传承情况。

3.有些词语增加了适当的考证。例如:

望潮 望音网。即章鱼,体短,卵圆形,触须长而喜缠物。(初版)

望潮 望音网。章鱼的一种,软体动物,生活在海底,卵圆形,有八条长的腕足。俗语:九月九,～自吃手。明屠本畯《闽中海错疏》卷中:"鱆,腹圆,口在腹下,多足,足长,环聚口旁,紫色,足上皆有圆文凸起,腹内有黄褐色质,有卵黄,有黑如乌鲗墨,有白粒如大麦,味皆美,明州谓之～。"(修订版)

发霪 霪音扑。涨大:～泥螺|死尸～。《说文》:"霪,雨濡革也。"匹各切。(初版)

发霪 霪音朴。①在水里浸泡后体积增大,也泛指涨大:死尸～|～泥螺。②脸或身体浮肿、发胖:激素打过,面孔～嗝|其该几年～嗝,样子也哗没嗝。《说文·雨部》:"霪,雨濡革也。"匹各切。段玉裁注:"雨濡革则虚起,今俗语若朴。"清梁同书《直语补证》:"霪,俗以物

着湿雹凸隆起谓之霏。"(修订版)

"望潮"宁波人都懂,故初版释义比较简单。修订版引了明代宁波学者屠本畯的一个解释,有助于加深认识,且"明州谓之望潮"的说法,也使宁波人感到很亲切。"霏"字冷僻,《说文》"雨濡革"的训释也不好懂。修订版增加了一个义项,还援引《说文》段注和《直语补证》作进一步说明,对读者理解"霏"与"发霏"的词义发展演变脉络无疑是有助益的。

三、研究展望

尽管宁波方言研究已经取得了很大成绩,但研究的空间仍然相当大。单就方言词语来讲,有待于进一步深入挖掘的东西还很多。笔者认为,今后的研究工作可从以下几个方面入手:

田野调查。方言词语收不胜收,遗漏的肯定还有不少。因此,调查记录宁波方言词语是一项长期性的工作,要持之以恒地通过各种渠道广泛收集方言资料,使宁波方言词语资料日臻完善。

成果梳理。古今学者有关宁波方言的研究著作已经不少,但也存在良莠不齐的情况,需要甄别和梳理。要善于吸收前人的优秀成果,剔除其中似是而非的东西。特别是民国年间应钟撰写的《甬言稽诂》,里面有许多精湛的考证,至今还是以稿本的形式藏在天一阁,需要尽快整理出版,以便学者研究和利用。

横向比较。包括宁波方言与普通话的比较,与全国方言的比较,与其他吴语的比较,与宁波大市各县市区的比较等。近年来,市内各县市区的方言研究成绩喜人,其中鄞州、北仑、宁海、象山、余姚等地都先后出版了区域方言研究著作;新一轮地方志一般也都设有方言专章。借助这些材料,可以进行宁波大市内部的方言比较,在比较中彰显宁波方言的特色。

纵向溯源。许多方言词语来自古汉语,有自己的来历和源头。要继续考证方言字的本字,追溯方言词语的出处,进一步理清方言发展演变的脉络。溯源时,视野要更加开阔,方法要更加缜密,结论要经得起检验,防止以讹传讹。

经过几年的努力,在条件成熟时,编纂出版《宁波方言大词典》及宁波各县市区方言词典。

参考文献:

[1] 汤珍珠、陈忠敏、吴新贤:《宁波方言词典》,江苏教育出版社1997年版。

[2] 朱彰年、薛恭穆、汪维辉、周志锋:《宁波方言词典》,汉语大词典出版社1996年版。

(原载《宁波大学学报》2016年第6期)

从"钱锺书"的"锺"谈汉字规范

　　钱老的名字应该写作"钱锺书",还是"钱钟书"? 这个问题已有多篇文章讨论过了,见仁见智,意见不一。近日从网上看到《"钱锺书"还是"钱钟书"?〈咬文嚼字〉主编详解》一文,引发了我们一些思考。原文不长,为了方便讨论,先移录于下:

　　某拍卖行宣布公开拍卖钱锺书书信手稿引起杨绛强烈不满的消息近日引起广泛关注,各大媒体纷纷予以跟进报道。细心的读者会发现,这些消息中有的称钱老为"钱锺书",有的却称"钱钟书",到底是此"锺"还是彼"钟"? 记者今日采访了《咬文嚼字》原主编、知名文字学家郝铭鉴先生。

　　郝铭鉴表示,钟字现在可见的共有 4 种写法:钟、锺、鍾、鐘。其中后二者为繁体字。鍾(锺),意为感情集中,如锺情、锺爱、情有独锺等,也可作姓氏。这是钱老名字的原用字,意即他特别喜欢书籍,这里面还有个小故事:钱锺书出生当日,刚好友人送来一部《常州先哲丛书》,所以伯父就为他取名"仰先",字"哲良"。周岁抓周时,他抓到的是一本书,祖父、伯父和父亲都非常高兴,所以按"锺"字辈分排下来故名"锺书"。

　　"鐘"的含义是一种响器或计时器,例如"当一天和尚撞一天鐘"、鐘表等。

　　鍾与鐘是两个意义完全不同的字,但是在简化字中,二者都被简化成了钟。"钱鍾书"也就成了"钱钟书"。但钱老生前不认可自己名字中的"钟",他的手迹中一直自称"鍾"。后来为了折中,出现了"锺"字。钱老的家人,包括杨绛先生的手稿中,也使用"锺"字。郝铭鉴介绍,"锺"是后来出现的,专门用于钱老的名字,但后来于2000年前后被收录进了汉字字符集,现在也是规范汉字。第6版《现代汉语词典》中也有收录。

郝铭鉴表示,一般来说,现在提到钱老的名字,还是"钟"更为常见。但中国有"名从主人"的传统,考虑到钱老本人的意见,"钱锺书"也是准确的表达,因此两种写法都不算错。①

郝铭鉴先生上面的看法很有代表性,虽然不能说错,但是仍有值得商榷的地方。我们认为,从汉字规范的角度讲,钱老的名字应该写作"钱钟书",而不能写作"钱锺书"。下面略作分析,就教于专家和读者。

1."钟"是"鍾""鐘"二字的简化字,自从20世纪五六十年代推广简化字以来,简化字已经深入人心。大家都知道,"钟"与"鍾"是完全等义的,不管钱老名字是取义于"鍾情"的"鍾",还是取义于"鍾字辈"的"鍾","鍾"写作"钟",命名之意丝毫不受影响。同样,"錢鍾書"写作"钱钟书",也丝毫不会改变钱老在人们心目中的形象和地位。

2.简化字和繁体字绝大多数是一对一的关系,但也有一对二、一对三甚至一对四的,这种情况出现在人名中的也不少。比如著名画家程十发,"发"是"發""髮"二字的简化字。"發"是发射的意思,读fā;"髮"是头发的意思,读fà。"程十发"繁体当作"程十髮"(来源于《说文解字》"程,十髮为程")。著名学者胡适,"适"是"適"的简化字。但"适"字古代就有,《玉篇·辵部》:"适,古活切。疾也。""适"是疾速的意思,多用作人名,春秋时期孔子有个学生叫南宫适(见《论语·宪问》),宋代有个金石学家叫洪适,两个"适"都读kuò。而"胡适(shì)"自然不是"胡适(kuò)"。如果因为"钟"是"鍾"和"鐘"的简化字,容易产生歧义的话,那么"程十发""胡适"的名字更加会引起歧义,因为用作名字的简化字与另外一个字不但意思不同,而且读音也不同。

　　3."锺"表面上看是由"鍾"类推出来的"简化字",其实它是一个不伦不类的字。根据我们考察,1986 年重新发表的《简化字总表》中没有这个字,我国目前最权威的历史性语文辞书《汉语大字典》和《汉语大词典》也都不收这个字。1994 年出版的《中华字海》最早收录这个字,《中华字海·补遗》说:"锺,'鍾'的类推简化字。"2013 年进入《通用规范汉字表·三级字表》。现代汉语辞书是 2010 年以后的收录此字的,如《现代汉语规范词典》(2010 年第 2 版):"锺(鍾),名姓。'鍾'另见第 1708 页 zhōng'钟²'。"《新华字典》(2011 年第 11 版):"锺(鍾),姓。'鍾'另见 653 页'钟'。"《现代汉语词典》(2012 年第 6 版):"锺(鍾),名姓。'鍾'另见第 1689 页'钟²'。"2016 年第 7 版《现代汉语词典》解释相同。以上字典词典都说,作为"鍾"的"简化字","锺"只用于姓。《现代汉语规范词典》(第 2 版、第 3 版)"钟²(鍾)"义项四列有"名姓",《现代汉语词典》(第 6 版、第 7 版)"钟²(鍾)"没有"名姓"的义项。两部词典这样处理,问题也就来了:据《现代汉语规范词典》,"锺""钟"都是姓,既然有了"钟",为什么还要来个"锺"? 读者可能会产生误会,把"钟"与"锺"的关系看作跟"于"与"於"、"谷"与"穀"的关系一样,当作两个不同的姓。据《现代汉语词典》,"钟"不是姓,"锺"才是姓氏的专字,这恐怕不符合大众汉字使用实际情况。比如,中国工程院院士钟南山,从百度查找"锺南山",一条记录都没有,所有信息全部写作"钟南山"! 另外,如果说"锺"作为姓氏要专门造个字,那么姓氏"錢"是不是也应该造个专字"钱"呢? 因为"钱"姓不管来源是什么,它与表示铜钱、钱财、货币的"钱"毕竟是不一样的。

　　4.上引文章说,"郝铭鉴介绍,'锺'是后来出现的,专门用于钱老的名字"。我们推测,"鍾"之所以被简化成"锺","锺"又能够进入辞书和《通用规范汉字表》,恐怕与钱老的名字不无关系。但词典、字典又不好明说"锺"是钱老名字的专门用字,于是就把"锺"说成是姓氏。但是,把"锺"处理成姓氏"鍾"的简化字,钱老的名字还是照顾不到。为了弥缝其阙,2014 年第 3 版《现代汉语规范词典》"锺(鍾)"字条在"名姓"的释义后面,用手形符号加了一个提示:"'鍾'用于姓氏、人名时,可简化为'锺'。"不得不承认,这是一个很巧妙的处理办法,似乎既解决了作为姓氏的普遍问题,又解决了作为人名的特殊问题。但是,问题其实并没有真正解决。其一,如果承认"锺"是规范汉字,那么它应该完全等同于"鍾",也就是说,在现代汉语里,表示情感等集中、专注等意思的"鍾"也应该写作"锺",如"锺爱""锺情""锺灵毓秀",而不能仅仅局限于姓氏和人名,否则就有顾此失彼、自相矛盾之病。但"钟爱"等写作"锺爱"等,显然是简化字的倒退,不足取。其二,不可否认,人名中的确有一些特殊用字,比如北朝北魏文成帝拓跋濬,元代书画家赵孟頫,明代作家凌濛初,其中"濬""頫""濛"一般不简化成"浚""俯""蒙"。②但这种情况只限于古人人名,目的是求真存古,不至于引起歧义。现代人名不宜采取这种做法。这方面有过经验教训,比如"镕"字,第 2 版《现代汉语规范词典》是这样解释的:"①名〈文〉熔铸金属的模型。②名古代指矛一类的武器。③用于人名。"其中第三个义项显然是为前总理朱镕基的名字而特意设立的。目前我国对人名用字还没有出台专门的规定,原则上凡是规范汉字都可以用作名字,辞书自然也不需要为每个汉字增设一个"用于人名"的义项。第 3 版《现代汉语规范词典》注意到了这个问题,删除了义项三,这是完全正确的。

5."名从主人"不能没有约束。众所周知,对于有特殊读音和意义的地名、人名,在进行语言文字规范的时候,有一个"名从主人"原则,但这一原则在具体使用过程中是非常谨慎的,是要受到许多因素制约的。比如,陈寅恪先生名字中的"恪"有 kè 和 què 两读,但在

1985 年 12 月公布的《普通话异读词审音表》中,明确规定"恪"统读为 kè;第 2 版、第 3 版《现代汉语规范词典》"恪"字下都有特别提示:"统读 kè,不读 gè 或 què。"因为如果一味地"名从主人",规范也就无从说起了。上引文章说,"钱老生前不认可自己名字中的'钟',钱老手迹中一直自称'锺'。后来为了折中,出现了'锺'字。钱老的家人,包括杨绛先生的手稿中,也使用'锺'字"。老一辈读书人习惯使用繁体字,钱老生前喜欢写"鍾"或"鐘",那是很自然、很正常的事情,但我们没有必要以此作为理由,在已经有了简化字"钟"的基础上,再特意造出一个"锺"来。程十发先生书画作品的署名和印章都用"髪"字,如果我们同样尊重程老本人的意愿和用字习惯,那又该如何处理呢?

6.汉字已经够多够复杂了,"锺"字没有提供新的信息,反而造成了文字使用混乱,增加了学习汉字的困难。这恐怕不是钱老的本意,也不是"钟"姓人氏的普遍诉求。

综上所述,我们认为,简化字"钟"完全能够表示"鍾""鐘"二字所具有的意思,"鍾"已经有了简化字"钟",就没有必要再造一个简化字"锺"。"钱钟书"是钱老名字唯一正确的写法,目前出版物中文字混乱的现象应该予以纠正。"锺"字尽管在社会语言生活中有一定使用量,尽管已经进入 2013 年版《通用规范汉字表》,但其"规范"性值得进一步推敲。规范型语文辞书不应该收录"锺"字,而且对"锺"字的解释也不够准确:用作姓氏,不符合语用实际;用作人名,不符合汉字规范。文字是全民的,在汉字规范面前人人平等,不能因为一人一姓而轻易更动。我们敬重钱老,是要敬重钱老学贯中西的学问,敬重钱老一丝不苟的治学精神,敬重钱老在学术上的重大贡献。如果仅仅在钱老名字上做文章,那是舍本逐末了。这个事例也告诉我们,语言文字规范是一项长期任务,需要全社会共同关心和参与。

注释:

① 见 2013 年 5 月 29 日《济南日报》,作者李雪萌。

② 魏励先生《对〈通用规范汉字表〉的点滴意见》一文认为:《简化字总表》无条件地把"縠""嚮""濛"分别简作"谷""向""蒙"欠妥,《通用规范汉字表》不应该照搬。见《辞书研究》2016 年第 6 期,第 45 页。

(原载《宁波大学学报》2017 年第 4 期,与研究生李泽敏合作)

后　记

　　2019 年 11 月初，宁波大学中文系学科负责人聂仁发老师告诉我，中文学科准备组织出版"宁波大学中国语言文学系学术文库"丛书，要我也整理一本。我既很感谢，又觉得颇有压力。自大学毕业以后，虽然一直在高校从事汉语言文字学的教学和研究工作，也写过一些论文，出过几本书，但回过头看看，自己满意的不多。而盛情难却，只得从命。于是利用今年这个特殊的春节假期（新冠肺炎肆虐，居家自我隔离），对自己以往的文章进行了筛选和整理，最后形成了这部书稿。

　　我的研究方向是古汉语文字训诂，对近代汉语、语文辞书和吴方言尤感兴趣。本书主要内容就是讨论近代汉语和语文辞书的，也有一小部分是讨论吴方言的，而后者往往与前两者交织在一起，因而定名为《近代汉语及语文辞书研究》。

　　全书分上、下两编。上编 16 篇文章侧重于近代汉语研究，内容涉及近代汉语俗字、俗语词、方言词和新词新义，还探讨了两种特殊句式。下编 15 篇文章侧重于语文辞书研究，内容涉及《汉语大词典》《汉语大字典》和几种近代汉语词典，还有对两种辞书学研究著作的评论等（最后两篇文章，《从〈阿拉宁波话〉修订谈进一步挖掘和研究宁波方言》，《阿拉宁波话》的核心部分是"方言词""短语"，其性质与词典相似；《从"钱锺书"的"锺"谈汉字规范》，本质上是对《现代汉语规范词典》等辞书"锺"字条处理方式提出商榷）。两编内容互有交叉,相辅相成,即近代汉语研究多有补订语文辞书的,语文辞书研究也往往以近代汉语作为语料或本身讨论的就是近代汉语词典。

书中文章绝大多数是已经发表或即将发表的,少数几篇是新写的。衷心感谢《中国语文》《古汉语研究》《语言研究》《语言文字应用》《辞书研究》《宁波大学学报》以及人大复印报刊资料《语言文字学》等刊物对我研究工作的帮助和支持! 在整理过程中,订正了一些文字差错,有的补充了若干例子,还对"附注"和"参考文献"的格式作了一些调整,以求全书体例相对统一。

本书有几篇文章是与研究生梁逍、李泽敏合写的,感谢他们的劳动和付出!

感谢宁波大学中文学科、宁波大学科学技术学院对我的研究工作的大力支持!

限于水平,书中还存在着这样那样的缺点甚至错误,欢迎读者和专家批评指正。

周志锋

2020 年 3 月 1 日

于宁波大学科学技术学院

图书在版编目(CIP)数据

近代汉语及语文辞书研究 / 周志锋著. —杭州：
浙江大学出版社,2021.5
ISBN 978-7-308-21233-5

Ⅰ.①近… Ⅱ.①周… Ⅲ.①汉语－辞书－研究－近
代 Ⅳ.①H16

中国版本图书馆 CIP 数据核字(2021)第 058515 号

近代汉语及语文辞书研究

周志锋　著

责任编辑	胡　畔	
责任校对	黄梦瑶	
封面设计	周　灵	
出版发行	浙江大学出版社	
	（杭州市天目山路 148 号　邮政编码 310007）	
	（网址：http://www.zjupress.com）	
排　　版	浙江时代出版服务有限公司	
印　　刷	浙江新华数码印务有限公司	
开　　本	710mm×1000mm　1/16	
印　　张	20.75	
字　　数	300 千	
版 印 次	2021 年 5 月第 1 版　2021 年 5 月第 1 次印刷	
书　　号	ISBN 978-7-308-21233-5	
定　　价	68.00 元